广告媒体运作

主编 蔡学平 董 旭 宋蓓蓓

中南大学出版社
www.csupress.com.cn

总序

　　广告业的繁荣在中国也就是十几年的时间。十几年间，中国大体上完成了计划经济向市场经济转型，广告业伴随着市场经济的发展而发展起来。同时，它也是市场经济的有机构成。广告业在市场经济中发展，市场经济在广告业中展示。

　　不过，广告作为传播商品或商品生产信息的形象手段，却由来已久，大约有两千多年了。声音广告、实物广告、标志广告、色彩广告、语言广告等，先秦至汉就不断地普遍起来。历史是文化的构成与展现形态，又是文化的过滤器。在漫长的历史过程中，很多存在过甚至繁荣过的东西消失了，很多先前没有的东西产生了并且繁荣了，更有一些东西消失了复又产生，产生了又再消失，几起几落，这就是历史的文化过滤作用。历史过滤有历史根据历史标准，合于这根据的东西就保留和繁荣起来，不合于这根据的东西就被滤除或者淘汰。这历史的根据或标准又不断地变化，此一时彼一时，这就有了此时被淘汰而彼时又生出的情况。再有，这历史的过滤作用又有空间地域的差异，在此一地产生的东西在彼一地未必产生，在此一地被淘汰的东西在彼一地未必淘汰。比如中国的京剧在西方就没有，而西方规模宏大的教堂群在中国也没有。时间与空间是历史的基本形态也是历史过滤作用的基本形态。不过，不管历史怎样发挥着过滤作用，怎样使不少东西被滤除使不少东西消而又生或生而又消，也不管历史怎样地体现为空间或地域差异，广告却在历史中长盛不衰。这样，广告及广告业就成为一种普遍的历史现象。当然，广告业作为"业"而产生并繁荣这是社会分工的结果。社会分工有社会分工的条件，当广告业作为"业"而独立并繁荣时，相应的历史条件便是商品经济的一定程度的发展与发达。据史记载，唐宋两代是中国广告业相当繁荣的两个时期，专门有一批技艺高超的手艺人在专门的场所从事着花样繁多的精美的广告制作，当时，车船、房架、院墙、廊柱、铺面、门脸、摊亭等都作为广告媒体被开发出来。唐宋时期，正是中国商品经济空前发展的时期。有人说，盛世广告多。这话不假，不仅唐宋，历史上凡值盛世，便都有广告的繁荣。从这一意义说，广告是建立在商品经济基础上的社会繁荣的晴雨表。

广告及广告业与商品经济的内在联系则在于广告乃是商品经济的表象，商品及商品经济经由广告及广告业创造的表象而自我表征、传播信息、营造市场并赢得市场。"酒香不怕巷子深"是因为好酒借助于人们的口碑广告而走出深巷，广为人知，进入市场。有些人认为商品好没有广告照样不愁买主，这种看法的迂腐处在于它不知道一传十十传百的好口碑本身就是广告，同时它也不知道大家所以乐于传乐于使自己成为那好酒的活广告，乃是因为那好酒需要广告，需要广告才有一传十十传百的广告效应，也才有那酒的更好；此外，这迂腐还在于，迂腐者没有想到，如果那好酒有了更多的广告宣传形式，它会获得更大的市场，它将由深巷进入闹市，再由闹市走向全国乃至世界。

这就涉及广告与商品、与厂家、与市场、与消费者、与媒体的关系。这是一个复杂的关系群。构成关系群的每一方都在不停地变化，而任何一方的任何一点变化都会经由这复杂的关系引起其他各方的变化。问题是所有这些方面又都在不断地变、同时地变，这就是变幻莫测了。不少商品，不少厂家，不少广告部门，不少广告媒体，就是因为没有很好地顾及各方之变，顺应各方之变，进而以应万变而寻求自身发展的不变，而终于每况愈下甚至淘汰出局。商品经济愈发达，广告业愈繁荣，由上述诸关系方面组成的关系群也就愈千变万化、充满玄机，愈要求眼观六路耳听八方，随机而起应时而动。这样一来，专门研究广告的广告学就成为综合各方的、动态的、机智的、富于创造性的学问，从广告业的经营与发展角度说，这几乎成为一门事关存亡的学问。

当下，中国的市场经济进入繁荣期，很多专家学者认同这样的说法，即随着市场经济的更加繁荣，中国的社会发展已呈现出众多的历史盛世特征。这样一来，就盛世广告多的历史一般性而言，中国广告业的更加繁盛正成为不争的事实。广告业的繁盛自然要集聚一大批广告从业人员，即所谓广告人；而广告学事关经营之存亡与发展的严重性，又使得这门学问成为广告人及有志于广告的人无可回避、必须精修的学问。由此，广告便有了相当普遍而且强烈的求教与施教的社会需求。一些专门从事广告学教学的院校或专业陆续被催生与发展，一批专事广告教学及研究的教师先后进入角色，更多急欲求知的学生也带着广告人的梦想走进课堂。20 世纪 90 年代初，极少数率先开设广告专业的教学者还被业内人士讥笑为投市场经济之机巧，曾几何时，大家又都唯恐不先地挤入这块专业教学领域。这又一次证明任何选择都无从离开发展变化的现实，发展才是硬道理。

真正有成效的广告教学离不开适宜于广告发展现实的教材。然而现实发展太快，广告学问的社会需求也来得太猛烈，而任何一门知识的教材又需要一个积累沉淀的过程。虽然可以借鉴，借鉴邻近学科的教材，借鉴先行的他国同类学科教材，但这毕竟是借鉴而且也只能是借鉴。中国的广告教材如果不适宜中国广告的发展规律，那就只能是花拳绣腿误人子弟。

适宜于中国广告业实际、适宜于中国广告发展、适宜于中国广告人才需要的广告教材，成为急切的时代呼唤。

摆在读者面前的这套"21 世纪广告智能运作书系"正是应时代呼唤而生，应时代的广告教学需要而生。它承载着历史的广告业的坎坷起落而来，积聚着广告的经验积累而来，负载着广告人的热切期待而来，承担着广告学及广告业繁荣的压力而来。它是一个风尘仆仆的赶路者，带着喧嚣的市场风尘进行冷静的思索。

广告这门学问是一个综合性很强的学问，它须直面充满活力并变动不居的现实复杂的广告场景，须对解答实践着的广告及广告业难题提供富于实践意义的启发与引导，它还必须提供广告开发与创造广告精品、更充分地发挥广告效应的方略。这就是广告学的现实具体性特征。在所有的学问中，具体性的而非抽象性的学问是极具知识综合性的学问，没有众多知识的融会贯通就没有现实具体性的学问性及实践性的实现。广告策划、广告创意、广告经营、广告媒体开发、广告制作等，都直接面临具体的实施效果问题，而每一个效果的获取又都涉及众多方面知识。广告策划的总体方略，怎样既合于商家又合于市场更合于消费者的关注？这就既要知晓商家的经营之道及经营状况，又要了解市场的变化规律、变化现实，还要了解消费者的消费期待、消费水平、消费习惯。这里的每一个方面都靠相关的知识支撑着：工商管理学的知识、经济学的知识、市场学的知识、消费学的知识、心理学的知识、美学的知识、文化学的知识、民俗学的知识、传播学的知识、媒体学的知识、设计学的知识、写作学的知识，等等。这众多知识如血液贯体般地流转于广告学问及其应用中，任何一方面知识的不足都会给施教与应用带来窘迫与尴尬。有人说广告的学问在广告之外，这话当然是有道理的。当广告人不是很难，也就是个谋业与敬业问题，但要成为广告界精英、成为呼风唤雨的广告大师，那就大不容易了。其中的难就难在这需要大量的知识积累，需要从业于广告的人是一个真正意义的通才。按照这样的标准来编写广告学教材，要通过这样的教材去培养广告人，去为广告业精英、广告大师打下坚实的广告学基础，不突出广告学的知识综合性特点，显然不行。

此外，广告学问既非知的学问亦非技的学问，但它又离不开知与技，它介于知与技之间，是知的具体运用是技的经验向着知识的升华。中国古人称这类学问为"术"，古希腊的亚里士多德则称之为"艺"。广告学的教材如果按照纯然的知识类教材去编写，对定义范畴特点功能等，条分缕析，成识成体，不能说这类教材没用，这也只是专业知识的入门之用。而且，不管这类教材如何追求知识的体系性，理论的精深性，它也比不上那些理论性很强的专业。眼下不少这类关于"术"或"艺"的教材，特别在知识性理论性上下工夫，整个体例建立在原理、特点、功能等的知识性阐述的基础上。使用这样的教材，学生知道了是这么回事甚至知道了为什么是这么回事，但却不会动手动脑去做这事，这就是问题了，这显然有违教学的初衷。像这样的以知为重的教材，在广告学的各类学问中，在总类或重要分类中有一本两本概论性的东西也就够了。至于少数人要进一步深造，要在广告学领域做大学问，如攻读硕士或博士学位，进而成为这一领域的理论家，那当然须有更富于理论性的教材，但那又绝不是概论性的东西，而只能是专题研究的专著性教材。像现在不少教材那样，应用而不能用，专题研究却既非专题又不得专题之究，就不伦不类了。

当然，走另一种极端，把广告学问做成技术性教学，只是在动手、动口能力上下工夫，使学生所学仅止于如何市场调查，如何谈判，如何做灯箱广告路牌广告等，这也不合于广告的学问规定。这些具体动手或上手的技术性的学习或训练确实应该有，应该学与练，但不能仅止于此，还要进一步向知识学问的高度提升，即不仅使学生会动手去做，更要使学生知道为什么应这样去做，知道何以这样做行而那样做就不行。一则电视广告，从形象到言辞到场景和音乐，做出来播出来了，看上去似乎原本就应该如此，其实从制作者角度说，他着手制作时是面临着众多选择的，每一个局部或细部都有众多选择，对每一个选择他都要进行大量比较，而最终所以这样来做而不那样去做他都必须有所根据。这里是容不得盲目性的，也非随意之举。为什么有些电视广告，从模特表演到场景，音乐、言辞、摄制技术都很不错，受众也乐于观看，但十几遍播过去了，就是记不清所宣传的商品叫什么名称？为什么一些报纸广告整版地做，不断地做，受众应合率却远不如预期那么高？为什么一些优秀的现场广告可以技压群雄，从其他现场广告中脱颖而出一下便抓住受众的注意，而其他广告反倒成了陪衬？为什么一个广告策划可以救活一个企业、创出一个品牌，而更多的广告策划却无助于企业走出打不开市场的困境？为什么有些广告语美则美矣却乏力于促销，而另一些看似平常的广告语却产生出强而有力的关注效应，甚至一语定乾坤？这类问题主要并不是技术或技艺水平问题，这里有众多学问的灵活运用。仅从心理学角度说它就涉及感觉强化问题、知觉注意问题、同构问题、认知问题、想象问题、记忆问题、情感问题、共鸣问题，等等。对于制作者来说，桃李不言可以，心中无数则绝对不行。这心中的数就是学问。这学问的体现及获得这学问之方法的重要习得处所就是教材及使用教材进行教学的课堂。

广告学的"术"或"艺"的学问，在亚里士多德的"识"、"智"、"艺"的三元划分中属于"智"。"智"，即智能，这是开启、运用、展示聪明才智的能力。它不同于观念的知，也不同于技术技艺的技，智能是知与技的汇聚场所。无知则无智，同样，无技也无智，专门的知汇成专门的智，专门的技受导专门的智。而广告学问的综合性又决定了广告之智乃是综合的智，它由众多知识支撑又向广告所需的众多技艺敞开。广告学问做成知的学问或做成技的传授都未见其本分，唯基于广告知识的广告智能开发，才是这门学问的起点与归宿。概括地说，就是如何进行广告学的智能传授与训练。这套"21 世纪广告智能运作书系"就是奠基于广告学智能的传授与训练，并以此组合知识、转用知识、综合知识，再以此为根据形成思路和体例，建构以智能实训为特征的学问体系。

广告学的智能实训，需以教为引导以训为主元。教，主要讲授待训之智能的性质、结构、心理特征、训练根据、训练方法根据、训练要求、训练目的等等；训，则分导训、助训与自训，引导学生成为智能开发的主体。这类教与训再与相应的广告学知识关联起来，以相应的广告专业知识为专业智能实训的知识提领并据此营造相应的知识场景与应用场景，专业知识由此被讲授。在这样的学问系统中，专业知识铺设进去了，专业知识向专业智能实训的转化展开了，提升专业智能的目的也现实化了，学生学成后用于专业开发的业绩也就随之而来。就这样的知识—实训—智能提高—专业应用四位一体的教材学问构架及学问体系而言，这是一套应广告及广告业现实发展的实际需要，实现知识智能转化的富于创新性的教材。这套教材的构架与体系，决定着旨在开发智能的案例分析，旨在进行智能实训的专业场景式、专业课题式、专业情境式训练题目的设立，以及学生的实训参与、实训参与过程设计、实训成果检验这三个方面，它们在教材中占据重要位置。这里的难点及特点并不在于案例分析及训练题目的设立形式——这类形式在其他教材中也都不同程度地引起关注并设立，而在于把这类形式的根基设立于智能开发的基点。显然，让人知道一件事与教人做好这件事并不是一回事。出于知识的基点与出于实训的基点，两者即便用到同一个案例与设立同样的习题，其要求、其侧重、其具体分析与展开过程也大不相同。其中的差别，与告诉人南极旅游的知识和亲自组织旅游团到南极旅游是完全不同的两回事一样。

这套教材中的半数以上内容在此前三年中已在辽宁广告职业学院及部分从业人员培训中不同程度地试用，并在试用中得到了不同程度的修改与完善，收到的教学效果是令人振奋的。一些综合性大学的广告专业也已引入或正在引入这样的教学思路及这套教材此前已然成形的部分。

广告业的繁荣与发展催生着与之适应的广告学教学，卓有成效的广告学教学通过源源不断地为广告业输送开发了专业智能的人才而促进广告业的更加繁荣与发展。这个过程中，作为广告业及广告人才的答谢式馈赠，以智能实训为基点的广告学教材也在实践中如根基于沃土的苗木，饱受阳光雨露的滋养，正长成繁茂的森林。

现在，这套教材向读者们交付了，它需要在读者的批评中不断完善。

以此为序。

高凯征

目 录

第一章　广告媒体概述

知识要点

1. 理解和掌握广告媒体的概念及特性。
2. 了解广告媒体的分类。

案例导入

印度"小儿麻痹日"广告：杂志媒体的创造性利用

这是印度孟买 JWT 为印度 1 月 7 日的小儿麻痹日设计的杂志宣传。广告的焦点集中在一个非常小的角落，但这并不影响广告的效果。在页面右上角只画着一双鞋子，而鞋子的上面被遮住了。看到这些，人们一定会产生好奇心，想看看被折叠住的地方是什么。当他们把被折叠的地方打开后，就可以看到整个广告的真面目：一支因为小儿麻痹而留下后遗症的腿和一句广告语：万一你忘了……1 月 7 日是小儿麻痹症日。

这是一个非常有策略性的杂志广告，在媒介的选择和发布形式上可谓独具匠心。这一激发读者好奇心和主动参与的举措，必然会使人们记住小儿麻痹症日。在印度的许多地方，人们对预防小儿麻痹和注射疫苗存有误解和抵触，加强对这个特殊日子的宣传非常有必要。在这则广告中，既直观地告诉你不注射疫苗的严重后果，同时也很好地提醒着人们，尤其是孩子的家长，1 月 7 日是小儿麻痹症日(图 1－1)。

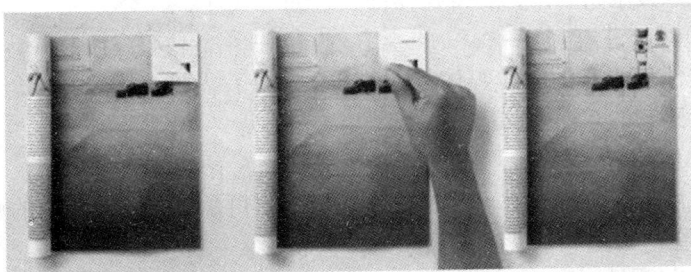

图 1－1　1 月 7 日小儿麻痹日杂志宣件

第一节　广告媒体及媒体代理公司

媒体是广告的重要组成要素。在广告活动中，离开媒体，广告客户的信息就无法传递，也就是说，离开媒体，就没有现代广告。但不同媒体具有不同特性，对媒体的使用情况直接关系到广告的效果，因此，对媒体的研究非常必要。

一、广告媒体的含义

媒体，就是信息借以传递的载体、工具。广告媒体就是承载和传播广告信息的物质载体(工具)。在广告宣传中，凡能刊载、播放广告作品，能进行信息传播的物质和工具都可称为广告媒体。

广告与媒体之间有着密切的关系。首先，广告与广告媒体是互相依存的关系。广告必须借助广告媒体来传递广告信息，而广告媒体不进行广告信息的传播也就不能成其为广告媒体了；其次，广告媒体与广告之间是表现与被表现的关系。广告媒体表现广告的内容，是表现者；广告只有在一定的媒体上被表现出来其信息才能被消费者注意，才能发挥促销的作用，所以，广告是被表现者。

现代广告离不开媒体，同样，由于发布广告的费用是媒体重要的收入来源，因此，媒介单位也都非常重视开拓广告业务，利用自己所拥有的媒体，创造良好的经济收益。

二、广告媒体的特性

这里所说的广告媒体的特性指媒体的物质特性。不同的广告媒体作为广告信息的发布手段，各有各的特性(如在范围、速度、对象、表现力等方面)。但从一般意义上讲，作为广告媒体都具有如下共性。

(一)物质性

物质性指所有的广告媒体都是物质的，是看得见、摸得着的，都是客观世界中可感知的东西。

(二)信息性

信息性指广告媒体都可传递广告信息。它可承载、传递一定的商品或服务信息，在广告主和消费者之间架起一座桥梁。

(三)时间性

时间性指广告媒体在传递广告信息时有一定的时间性，有的时间长、有的时间短；有的时间快、有的时间慢。

（四）空间性

空间性指任何广告媒体都是在一定的空间范围传播的，各种媒体都有各自的信息传播范围。

（五）适应性

适应性指由于不同的广告媒体的物质形态不同，因此，其对广告活动的具体要求的适应性各不相同（如范围、受众的多少，对象阶层、时间长短、快慢等）。

三、广告媒体的功能

（一）广告媒体的商务功能主要表现在以下两个方面

1. 传输广告内容

广告媒体能够承载一定的广告信息（语言、文字、画面），将广告内容传输给广告受众。

2. 引发消费意识

广告媒体可利用自身优势（特点）引起受众注意，刺激其视觉、听觉等，使其关注广告内容，引发受众对广告商品或服务的购买欲望。

（二）广告媒体文化功能

"文化"是指人类在社会历史发展过程中所创造的物质财富和精神财富的总和，它有丰富的内容，包括文学、艺术、教育、科学等。广告媒体既是一种信息传输手段，同时也是广告艺术表现的阵地。广告需要借助一定的艺术形式来增强其魅力，发挥其影响人们心理和情感的作用，因此，它可以起到愉悦人、教育人、让人得到精神享受和介绍商品、服务知识的作用，具有一定的文化功能，而离开广告媒体，这种功能也就不存在了。同时，广告媒体本身也具有一定的文化功能，这种功能具体的表现为：

1. 广告媒体能实现对广告艺术的创造

广告媒体能够利用自身的物质条件和特点，实现广告人的艺术构想和创造，创造出独特而美的广告艺术作品，从而，丰富艺术宝库。

2. 广告媒体能体现不同的文化色彩

不同时代、不同国家的广告媒体，都能体现它那个时代或那个国家的文化色彩。

3. 广告媒体能丰富社会文化生活

广告媒体既是一种经济信息的载体，也是一种文化载体，通过广告媒体传递的广告文化，丰富了人们的社会文化生活，满足了人们的精神需要，使人得到精神的陶冶和愉悦。

四、媒体代理公司

1996 年 10 月由盛世长城广告公司与达彼思广告公司合作成立的中国实力媒体（Zenith Media China）在北京宣告成立，1997 年 11 月由智威汤逊（JWT）与奥美合作成立的传立媒体（Mindshare）在上海成立。与此同时还有电扬广告的通扬媒体（TOTAL Media），奥美的 Network，精信广告的 Media-com，以及国内广告公司广州旭日广告的东升媒介。这些隶属于母广告公司的媒体购买公司自成立以来，发展迅速，其中实力媒体 1997 年营业额达到 18 亿元，传立媒体 1997 年营业额也达 9 亿元以上。

那么专业的媒体购买公司为什么会应运而生，而且发展迅速呢？专业媒体购买公司较之于广告公司的媒介部，具有更大的规模和实力，它们立足于媒体信息的研究，占据大量的媒体资料和信息进行专业的分析，为客户提供更为全面的媒体咨询服务；值得一提的是媒体购买公司拥有原广告公司的客户资源作保障，客户规模相对较强大，因此可以实现规模购买，又由于它们背后的广告公司多为跨国广告集团的分支机构，可以借助集团的实力和资金实现资本运作，对媒体广告时间和版面大量或优先、集中、规模购买，从而为客户提供较好的、较优惠的时段和版面，而且付款方式上享受更多的优待。过去，许多企业广告是由多家广告代理承担的，擅长创意和设计的公司代理企业广告的策划、创意和制作业务，而媒体投放则交由其他媒体代理的广告公司，这些媒体代理公司往往能够提供给客户较多"点"的回报。随着这些较大规模广告公司成立自己的媒体购买公司，开始实现规模运作、资本运作之后，它们所能为客户提供的服务将更为全面、更为细致，为客户更科学地进行媒体投资，从而获得最大的回报。

正当国内企业在为中央电视台标版争得热火朝天之时，那些跨国集团或合资企业却"甘于寂寞"，而同样是跨国集团的那些广告代理则已经为它们的客户制定好了全年的媒介投放计划。它们占据了大量的信息，包括媒介的、竞争对手的资料，消费者的消费行为与态度，产品和市场的第一手信息。它们把大量的数据经过专业的分析转化为有用的资讯，它们研究客户品牌的定位及与之相配合的媒体策略，它们研究客户产品的地理扩张策略以及媒体投资的地理性策略，它们研究客户媒体购买操作的合理性，它们会去跟踪测试、调查、分析，向客户提出更为合理的购买方式，它们会与创意人员共同商讨配合创意策略的媒体策略。有了这些规范和科学的运作方式，才不会出现盲目挤占黄金时段，只求一时轰动效应的冲动之举。然而事实上，通过它们的服务，它们的客户在中国稳稳地扎下了根，甚至造就了本土化的著名品牌。飘柔、潘婷、玉兰油、达克宁、舒肤佳、康师傅、芬必得都成为在中国家喻户晓的品牌。我们可以看到这些品牌从未出现在媒介的黄金时段，然而它们的广告却深深地印在了消费者的心中，除了创意和诉求的到位外，媒体选择的成功当然也不可忽略。

媒体购买公司依靠其强大的信息占有和专业的分析能力不仅能够为客户提供详细的媒体资料和媒体策略，同时依靠自身实力和信誉，对媒体的广告资源集中性和规模性控制，采取独家代理、优先代理、买断经营等手段介入媒体广告资源的营销，不仅可以买得到需要的广告时段和版面，而且能向客户提供有折扣的广告价格。这一点对于媒体的购买公司尤为重要。当它占有了大量的时段和版面时，对于竞争对手就会产生巨大的压力，而自己无论在同行之间、客户的竞争对手面前，甚至媒体面前都会占据主动。

近期不断在专业杂志和报纸上刊登一些媒体购买公司的资深人员的访谈，一时间，媒体购买成为业内人士较为关注的话题。而媒体购买公司的资深人士也总是在传媒面前众口一词谈"服务"。他们为自己制订了很高的目标，在业务上强调只有不断学习和提高，才能满足客户的需求。

各大跨国广告集团在中国纷纷成立独立的媒体购买公司，预示着一场围绕着媒体集中购买的革命将在我国广告业界进行。纵观我国改革开放以来的广告业发展历程，我们不难发现我国广告业已由初期的以设计制作为核心，逐渐演变为"以创意为生命"。然而，随着广告国际化程度的加快，已经在国际上逐渐盛行的媒体购买潮流，开始在我国涌动。随着国内媒体管理的日益规范化和媒体广告营销意识的逐渐树立，专业媒体购买公司在中国的发展将会形成一种不可抵挡的趋势。它们的意识和操作方式都将对于提高本土广告作业水平起到推动作用。

第二节　广告媒体的演变与分类

一、广告媒体的演变

在人类历史长河中，广告媒介的发展大致经历了六个发展阶段：
（一）以口耳、体态为媒介的个体的物质性的单一传播
远古时代，人类从灵长目到早期猿人的进化过程中，由于生产力水平极

其落后，生产工具也只有一些简单的石器，正在向猿人进化的人类祖先每天都处于抵御野兽、与恶劣的自然环境的斗争中，他们要为生存而奔波、战斗。为此，他们群居生活，并随时需要互相进行沟通，交流信息。而由于当时人类大脑还无法进行复杂的思维，喉、舌、唇等也还不具备发出人语的功能，于是出于遗传、本能及生存的需要，他们只好运用彼此可以理解的尖叫、呼喊及手势、面部表情和肢体语言来表达自己的想法和意见。这种原始的个体间传播代表了人类特定时期传播需要，信息传播处于一种接近于物质性和动物性的本能传播阶段，传播也属于人类生存的本能需要。

（二）以语言为媒介的群体性传播

在距今4万前左右，人类语言基本形成。带有人类思维色彩的主观传播行为开始产生并逐步发展。人类传播开始从简单的口耳、体态向以语言为传播媒介的群体性传播发展。有了语言，人类就可以更加方便地记忆、传递、接受和理解信息，也就可以准确地表达要传播的内容。任何个体也就可以向集团群体传播信息。而氏族公社的产生和发展使人类社会性的群体性传播开始盛行。这一时期，信息传播的内容得到了拓展。人类的生活、生产经验、习俗文化等也可以传递给后代。歌谣、谚语等语言形式把四季变化规律、种植农作物经验等信息也以口口相传的方式一代代传承下去，从而成为这一时代的典型的新闻信息产品。

（三）以文字为媒介的面向大众传播时期

大约5000年前，在古代埃及、两河流域和中国的一些地方开始产生图形文字。公元前4000年，在古埃及出现了世界上最早的象形文字。公元前3500年左右，我国殷商时代出现了中国最早的文字——甲骨文。最初的文字刻在竹简、兽骨、青铜器、或布、帛上。但文字载体的笨重、昂贵限制了文字的传播。公元105年，我国东汉宦官蔡伦发明的造纸术使文字传播速度和广度得到了提升，到唐朝，我国产生了官场手抄报纸——邸报。公元11世纪，我国北宋的毕升发明的泥活字标志着活字印刷术的诞生，这也是中国古代"四大发明"之一，载入史册，造福千秋。到公元15世纪中期，德国工匠约翰·古登堡发明了金属活字印刷术，从而人类开始把文字印刷在书籍、刊物、公报上向社会群体传播，知识与信息也就以前所未有的速度在普通民众中传播开来，同时，信息与知识也得到最大限度的保存。报纸的发行，使文字为媒介的新闻信息传播广度得到了前所未有的拓展。1609年德国出版了世界上现存最早的周报《报道与新闻》，1660年，德国出版了世界上最早的日报《莱比锡新闻》。19世纪末20世纪初，正当世界主要资本主义国家从自由资本主义向垄断资本主义过渡的时候，产生了 19 世纪 30 年代的"大众化"报纸。1833 年，《纽约太阳报》在美国纽约街头低价销售，成为世界上第一份成功的大众廉价报纸。人类从读书识字的技术中获取生活、生产能力和达到娱乐的目的并达到了交流经验、积累和学习知识的需求。书籍和报纸逐步融入人们的生活，并成为人类传播新闻信息的主要工具，促使以文字为媒介的平面传播逐步走向繁荣和成熟。但这一时代的社会传播仍然局限于有文字阅读能力的群体中。

（四）以近代科学技术——初级电子技术为媒介的立体传播阶段

录音机和照相机、录像机的产生使人类的听觉和视角功能得到了保存，并可以突破时间和空间的限制，电台和电视台的产生使人类传播开始进入立体传播阶段。1920 年，世界上第一家广播电台 KDKA 在美国匹兹堡正式播出。1936 年，英国广播公司在伦敦郊外的亚历山大宫正式开播，成为世界上第一座电视台。这一时期，人们可以同时运用听觉和视觉来接收音画面俱佳的信息，传播媒介进入立体阶段。这些立体传播媒介，特别是电视这一综合文字、声音和画面的传播媒介，使得人类接受新闻信息变得更为便捷，也就成为人类接触社会、接受教育和娱乐的最重要工具。

（五）以现代科学技术——数字网络为媒介的大众传播时代

1979 年，世界上第一座移动电话通信系统在美国芝加哥开通，标志着手机通信的产生。20 世纪 60 年代末期，互联网的前身美国陆军网络 APRA-NET——先进网络基础结构产生。1994 年 4 月 20 日，我国正式接入国际互联网。现在，当照相机、摄像机和手机结合，当数码相机和家用数码摄像机进入平常百姓家中，当电脑网络进入千家万户，一直被动接受新闻信息的大众终于拥有了记录和发布新闻事件信息的工具。这使得任何人都有可能在新闻事件发生的第一时间从现场向全世界发出画面、声音和文字消息。新闻事件的现场记录必须等待专业记者到来，新闻信息纪录、传播一直依靠媒体记者的宣告时代结束。而随着科学技术的进一步发展，手机的摄影、摄像和接收功能不断完善。手机开始综合电视功能、提升摄像质量，成为一个微型的新闻现场直播和音视频文字接收工具；车载电视将和轿车一起全面普及；电子眼的全面推广使公共场所的动态事件处于 24 小时全天候监控中，必要时可随时进行新闻事件的现场直播和录像重播。液晶壁挂电视将遍布世界的每一个公共场所。至此，一个社会大众参与传播和为社会大众传播的大众时代终于到来。有趣的是，目前时兴的手机短信和网络交流，正是原始社会人们既做传播者又做接受者的自然平等的原始状态在现代社会的高层次的体现。这种传播以其传播信息的迅速和信息发布的自由性和平等性而备受社会大众青睐，博客和BBS发帖、微博互动等新型交流工具的出现满足了社会大众追求新闻信息平等交流的欲望。手机传播除了收发方便、快捷迅速、互动性强等特点外，更重要的是实现了随时随地地传播和接收新闻信息的功能。而随着手机技术的发展，手机接收新闻信息的功能将得到不断加强，变得随时随地。手机将综合目前的电脑功能，成为一种新的新闻媒介和完善的新闻信息发送的传播工具，从而推动大众传播走向成熟。这一时代，新闻信息的传播和接收学习已经成为社会大众生活的一个重要内容，人类代与代之间的经验、知识的传承开始变得多样化。社会大众共同参与新闻信息的采集、传播和接收成为社会平等的一种标志。而这也正是这一时代区别于前一时代和以往所有时代的显著特征。

（六）电子传播时代

从以上的传播媒介分析中我们不难发现，一直以来，人类的传播都是由人类自己或者人类借助科学技术完成的。就是在传播最发达的大众传播时代，新闻信息传播活动中，电子设备等科学技术只不过是人类传播的辅助工具。人类才是新闻信息采集、编辑和发布的主体，也是传播媒介的主体。但到了电子传播阶段，人类在新闻传播过程中将退居后台，并逐步成为纯粹的新闻信息的接受者和传播作品的享受者。电子传播时代，电子技术设备成为传播媒介的主体，新闻信息的采集、编辑、发布将全部由电子机器完成。2007年，两名匈牙利科学家称已经找到合适的算法，将能使电脑的围棋程序达到围棋职业棋手的水平。这标志着一个人类制造的电子产品全面参与人类文化活动的全新工程已经成功启动。几十年、几百年以后人类制造的智能机器人将逐步替代人类本身，独立进行新闻信息的采集，并开始参与新闻信息的编辑和发布，人类就可以专心地享受智能机器人采集、传播的新闻信息和文化产品。

二、广告媒体的分类

媒体有广义、狭义之分。人是人类社会中最基本的媒体，但同时对于人来说，媒体又是他们所面对的这个世界。人之所以能被认为是媒体，在于人既是信息传播的起点，又是信息传播的终点。大众传播媒体的作用，不过是对人的传播能力的延伸。有了人与人之间的传播，才有了之后的大众传播。在整个传播过程中，人作为媒体的存在，是第一性的、决定性的存在。

对于人来说，媒体又是他们所面对的这个世界。离开了人，人的对象世界不会自动转化为可供人所利用的信息；同样，离开了人的对象世界，人们可供传递的信息符号，就失去了构成内容。因此，广义媒体的全部内涵是：普天之下，莫非媒体。

狭义媒体指的是以报纸、杂志、广播、电视为代表的大众传播媒体。它们应时代之要求，得以长足发展；因时代之发展，得以成为强势，成为主流。但是对媒体的认识，从一开始就不能只停留在对狭义媒体的认识上，否则将无法认识过去的媒体，如我国的石碑刻等。在没有引入传播媒体这一理念之前，传媒便早已存在，如击鼓传讯、烽烟、驿站等这些古已有之的传递信息的方式也都是传媒，因为它们都是人们传媒能力的延伸。但是在至今为止的信息传播活动中，我们关注和利用得最多的，只在于狭义媒体——报纸、杂志、广播、电视等为数不多的几个方面，因为它们具有大众、广泛的特征，优势明显，既经济又有很高的传播效率。

媒体包括的范围非常广泛，各媒体因传播方式不同而有不同的特征，为了方便运用媒体，把握不同媒体的传播特性及功能，可以按媒体类别对其进行细分。

（一）按表现形式分类

按广告媒体的表现形式进行分类，可分为印刷媒体、电子媒体等。印刷媒体包括报纸、杂志、说明书、挂历等。电子媒体包括电视、广播、电动广告牌、电话等。

（二）按功能分类

按广告媒体的功能进行分类，可分为视觉媒体、听觉媒体和视听两用媒体。视觉媒体包括报纸、杂志、邮递、海报、传单、招贴、日历、户外广告、橱窗布置、实物和交通等媒体形式。听觉媒体包括无线电广播、有线广播、宣传车、录音和电话等媒体形式。视听两用媒体主要包括电视、电影、戏剧、小品及其他表演形式。

（三）按影响范围分类

按广告媒体影响范围的大小进行分类，可分为国际性广告媒体、全国性广告媒体和地方性广告媒体。国际性媒体如卫星电路传播、面向全球的刊物等。全国性媒体如国家电视台、全国性报刊等。地方性媒体如省、市电视台、报刊、少数民族语言、文字的电台、电视台、报刊、杂志等。

（四）按接受类型分类

按广告媒体所接触的视、听、读者的不同，广告媒体可分为大众化媒体和专业性媒体。大众媒体包括报纸、杂志、广播、电视，专业性媒体包括专业报刊、杂志、专业性说明书等。

（五）按时间分类

按媒体传播信息的长短可分为瞬时性媒体、短期性媒体和长期性媒体。瞬时性媒体如广播、电视、幻灯、电影等。短期性媒体如海报、橱窗、广告牌、报纸等。长期性媒体如产品说明书、产品包装、厂牌、商标、挂历等。

（六）按可统计程度分类

按对广告发布数量和广告收费标准的统计程度来划分，可分为计量媒体和非计量媒体。计量媒体如报纸、杂志、广播、电视等。非计量媒体如路牌、橱窗等。

（七）按传播内容分类

按广告媒体的传播内容来分类，可分为综合性媒体和单一性媒体。综合性媒体指能够同时传播多种广告信息内容的媒体，如报纸、杂志、广播、电视等。单一性媒体是指只能传播某一种或某一方面的广告信息内容的媒体，如包装、橱窗、霓虹灯等。

（八）按照与广告主的关系分类

按照与广告主的关系来分，广告媒体又可分为间接媒体和专用媒体（或称租用媒体与自用媒体）。间接媒体（或租用媒体）是指广告主通过租赁、购买等方式间接利用的媒体，如报纸、杂志、广播、电视、公共设施等。专用媒体（或自用媒体）是指属广告主所有并能为广告主直接使用的媒体，如产品包装、邮寄、传单、橱窗、霓虹灯、挂历、展销会、宣传车等。

复习思考题

1. 什么是广告媒体？
2. 简述广告媒体的特征。
3. 站在不同的视角，媒体的分类是不一样的，谈谈你对于广告媒体分类的理解。

实践训练题

2011 年 7 月，华硕电脑 N43 笔记本即将上市，针对该款产品的时尚、个性、中高端定位，并经过多方认证与考虑，最终在无线新媒体领域中首选了 VIVA 畅读作为无线新媒体合作伙伴，对华硕 N43 笔记本进行产品推广及深度报道。值得一提的是，本次的推广不仅让华硕 N43 通过 VIVA 畅读的 15 本高端杂志（数码类、新闻类、时尚类、娱乐类）进行品牌全屏曝光和深入报道，更通过 VIVA 本身强大的移动运营商资源：中国移动、中国联通、中国电信进行了消费者 PUSH + PULL，并通过中国移动通讯自有活动夺宝奇兵活动，有效增加用户参与。不同类型的资源整合为华硕 N43 品牌的推广起到了非常积极的作用。在投放过程中，华硕 N43 笔记本通过 VIVA 畅读的杂志封面、杂志软文、全屏广告、及客户 WAP 页 API 外链以及中国移动 WAP 页面 PUSH、杂志推送、读者互动的方式进行推广，华硕 N43 的投放在读者层面得到了非常好的推广效果。在投放的 39 天中，N43 在 VIVA 畅读客户端的总体曝光达到了 2000 万次以上，软性深度曝光在线浏览量达到了 200 万次以上，包含华硕 N43 的 15 本杂志总体达到了 270 万次的下载量，参与活动的人数也达到 23849 人，注册率达到了 2.68%。

评析华硕电脑 N43 笔记本媒体运用优劣？

第二章　传统广告媒体

知识要点

1. 灵活把握传统大众广告媒体的现状与发展；理解和掌握各种广告媒体的特性。

2. 重点掌握电视广告媒体的广告发布主要形式。

3. 熟练掌握户外媒体存在的问题。

案例导入

央视 2013 年度广告招标

中央电视台 2013 年黄金资源广告招标竞购大会，在"大胆参与、保持理性"的幽默声中开槌。尽管国内经济正处调整阵痛，这个被视为"中国经济晴雨表"的广告竞购活动，仍吸引了新老企业的积极参与。汇源 3.3999 亿元中标《星光大道》冠名权，新闻联播标版组合 10 秒广告 1 单元正一位置，被加多宝以 8600 万元拿下，再创新高。

新闻联播标版调整

与上届相比，按照广电总局有关规定，2013 年的招标会取消了电视剧中插播广告，减少了部分时段广告时长，加上 2013 年缺少奥运会这样的大赛事，总体广告资源比往年要少，尤其是现场招标部分。

同时，央视对原"新闻联播后标版"和"A 特段"进行改造，延续多年的"新闻联播后标版"调整为"新闻联播标版组合广告"，包括《新闻联播》后标版、CCTV - 1《晚间新闻》前后、CCTV - 新闻频道《东方时空》后三个播出段位组合。"A 特段"调整为"A 特黄金组合广告"，包括《焦点访谈》前、CCTV - 1 黄金档电视剧第二集下集预告前后、22 时 30 分精品节目中插广告组合。

加多宝拿下"第一标"

第一轮暗标结果揭晓。当首标《星光大道(超级版)》独家冠名被 861 号汇源果汁以 3.3999 亿元的结果揭晓时，"开门红"的数额就让现场响起掌声，比《中国好声音》2亿元的独家冠名权又上了一个台阶。而《舞出我人生》的独家冠名被6号相宜本草公司以1.0999亿元的中标价拿下。

"来参加之前，我们就对这个栏目志在必得，3.3999亿元的价格虽然比心理价位稍微增加了一点，但还是非常值得。"汇源果汁集团党委书记赵金林介绍，《中国好声音》的冠名招标会他也去参加了，举牌举到了1.99亿元，"《中国好声音》只是季度栏目，《星光大道》有着广泛的受众和影响力，冠名费不算高。截至目前，汇源累计已经在央视投入约4亿元的广告，包括春节晚会和元宵晚会。"

号称"第一标"的第一个明标《新闻联播》标版组合10秒广告1单元正1播出位置开始竞标，2900万元的底价，15家企业入围竞标，充满了更浓厚的火药味。当价格增加到8000万元时，现场有一段焦灼思考期，出现了两次50万元的加价，而从8300万元开始，举牌又变成了"双雄争霸"，仅在766号企业和885号企业之间竞争。最终，经过15轮的举牌，885号企业以8600万元的最终价力压群雄。据了解，885号企业为砸下《中国好声音》冠名权的加多宝。

广告招标继续"限"酒

据了解，根据广电总局的79号令，央视明年仍对酒类投标企业进行了限制，仅有新闻联播提示、新闻联播报时等4个标段允许投放酒产品广告，其他标段如果酒企中标只能播放企业形象广告。另外，在新闻联播后提示收看广告标段，对中标酒类企业的数量也有限制，1月、2月以及9到12月中每个月不得超过4家，3到8月每个月不得超过3家。

除了国有银行、大型保险企业、医药汽车等"老面孔"外，IT电子商务企业成为今年参与招标的新生力量，包括京东商城、苏宁易购、国美库巴、淘宝等都现身现场招标竞购环节。

传统广告媒体，本书主要指电视、报纸、广播、杂志四大媒体及一些20年前常用的其他小众媒体如户外广告媒体。

第一节　电视广告媒体

自1936年英国建成世界上最早的电视以来，70多年过去了，虽然如今各种媒体层出不穷，但电视广告媒体仍是各类媒体中的老大，虽饱经风霜，但仍鹤发红颜。

一、目前我国电视媒体概况

1.四足鼎立，央视及省台上升，城市台下降

中国电视广告媒体呈四层"金字塔"结构，塔尖是中央电视台，第二层为省级卫视，第三层为省级非卫视频道，第四层为城市电视台。

作为中国最广的电视媒体，中央电视台 2004 年前两个季度，广告花费 144 亿，占全部电视媒体花费的 13.2%，投放量比上年同期增长了 54% 左右。其中 CCTV-1 仍是央视最主要的频道。2004 年，其收入占央视该年总收入的 40% 左右。

省级卫视频道，是广告花费增幅最为明显的频道。2004 年两个季度的广告费比 2003 年同期增长了 67%，市场份额从 2003 年的 19% 增长到 21%，长了 35%。

2.各类电视广告市场概况：主要品类话费增加，食品和药品类所占比例下降

2004 年上半年的电视广告投放花费中，化妆品及浴室用品类以 189 亿的投放量排名第一；食品类 132 亿，名列第二；药品 99 亿，名列第三；零售及服务性行业 71 亿，名列第四。

3.上海、湖南、陕西、天津等地方广告花费增加比例较高

2004 年中国各省市的广告花费都比 2003 年有所增加，增加比例较高的省市有上海、湖南、陕西、天津等。

重点城市中，电视广告花费最多的是上海，上半年总花费 51 亿，北京 26 亿，重庆 24 亿，天津 14 亿。从省份来看，经济发达的广东省以 88 亿排名第一，浙江为 56 亿排名第三，江苏为 45 亿排名第二。

总之，截至 2004 年的上半年，全国各种媒体花费中，电视媒体仍是远远高于其他媒体，全国电视媒体广告市场基本是呈上升的趋势。投放总量达 789 亿，比 2003 年同期增长了 35%。

二、电视广告媒体的特点

（1）偏向感性，具有演示功能；
（2）强制性，具有较高的同时注目率；
（3）覆盖率高，速度快，适应性强；
（4）具有广泛性，娱乐性和家庭渗透性；
（5）制作、播出费用高，转瞬即逝，观众接触广告的态度被动。

需要指出的是：从世界范围看，电视传播所到之处，也就是广告所到之处。但就某一具体的电视台或者某一具体的电视栏目或者电视广告而言，其传播范围又是相对狭窄的。电视媒体传播范围的广泛性同时也会衍生出传播对象构成的复杂性。不论性别、年龄、职业、民族、修养等，只要看电视就会成为传播者，但这并非等于所有受众都是广告主的顾客。

由于相关技术的提高，目前电视的彩色影像、超大屏幕的普及等，其商品视觉效果与实际效果越来越接近，从而加强了电视广告媒体的竞争实力。

与其他新兴媒体如与手机短信的整合，使其互动性上有了长足的进步。

三、电视媒体广告的主要形式

1.直截了当式

直截了当式是电视广告中最古老的、最简单的一种形式。此形式通常由一个人（多半是电视台的播音员）播放销售讯息，可能配有背景音乐。几乎适用于所有产品或条件。

在电视广告中，播音员既可以出镜头，也可以不出镜头，作为旁白来传递销售讯息。地方广告主、非盈利机构和政治体经常在午夜电视节目中采用直截了当式广告。

2.主持人式

主持人式是用一个人或角色来表现产品，传递销售讯息。

3.证言式

用心满意足的用户告诉观众产品如何如何的好，这在电视广告中显得非常可信。名人当然引人注目，但他们必须令人信服，且不得喧宾夺主，削弱产品。实际上，各行各业的人都可以扮演推荐人角色，无论是著名人物，还是无名小卒，或非专业人士。至于采用哪种类型的人充当推荐人，这要视产品的属性和广告的战略而定，满意的客户是最好的证人，因为他们的真诚一般都最有说服力。

4.演示式

电视特别适宜进行视觉演示，演示比口头讯息能更快更好的说服公众。

可以演示产品的使用状态、竞争状态或使用前、后的状态，这些技法有助于观众直接看到产品具体有什么性能。

5.音乐式

音乐式广告又是歌谣式。如果处理得好，音乐式广告可以获得巨大的成功，甚至超过普通的非音乐式广告。但若处理得不好，则有可能浪费广告主的预算，不仅不让人信服，并且令人生厌。

音乐式广告有以下几种形式：

（1）将整个讯息编成歌谣；

（2）在歌谣中穿插旁白；

（3）用合唱、交响乐或流行歌曲编排。

另外，也有许多广告创造者用统一的音乐主题作为广告背景或广告结尾。

广告的音乐来源有三个渠道：

（1）从版权所有人那里购买曲子的使用权（通常费用较高）；

（2）利用已无版权问题的曲子；

（3）专门请人创作一段原创曲子（有些原创歌曲，如著名的可口可乐广告"我想教这世界一齐唱"，最终也变成了流行歌曲）。

6.生活片段式

生活片段式按现实生活情景进行表演。生活片段式广告的关键在于简洁，广告应突出表现一个产品利益，使之深刻难忘。利用助记手段往往可以使产品利益更加生动，从而迅速唤起观众的记忆。

7.生活方式式

生活方式式重点在表现用户而非产品。

8.动画式

动画式主要包括卡通、木偶和电脑动画，是处理那些较为麻烦的讯息和到达特殊市场（如儿童）的非常有效的方式。

第二节　报纸广告媒体

从职业和教育程度来看，阅读报纸的阶层可以说是媒体中文化层次相对较高的一个阶层。

由于报纸的发送上的特点，实施地域性的广告计划会比较容易。报纸配送地域明确，以定期订阅者为主要对象，所以说报纸是最有计划性的稳定的媒体。

一、我国报纸广告现状

1.总量增加，增速放缓

截至2004年10月底，根据慧聪媒体研究中心对1000余份报刊的统计，我国报刊广告市场总额为495.56亿元，比2003年同期增长了17.55%。从总量上看，报刊广告市场规模进一步扩大，但与前两年相比，增速已经放缓。这一方面是受国内经济大环境的影响，另一方面则是我国传媒业市场发展到一定阶段的结果，随着市场竞争逐步规范化、秩序化，报刊市场已经度过了早期较为混乱的跑马圈地式的高速增长期，目前已经进入了一个平稳发展期。

2.不平衡依然显著

《综合都市报》可以看作是这种不平衡的代表。2004年1至10月，《综合都市报》的广告刊登额共为371.24亿元，占报纸广告总量的75%，是其余所有报纸广告总额之和的3倍。

另外，各地域之间报刊的发展水平也有不同。2004年1至10月，前十大城市的报刊广告总额达到259.92亿元，占报刊广告总额的48%，这些城市均是直辖市或各省的省会城市，其中北京、广州、上海这三大经济中心城市就集中了报刊广告总量将近1/4的份额，广告资源向经济发达的大城市报刊集中的趋势明显。

3.四大行业投放趋缓，医药广告水涨船高

2004年1至10月份，房地产行业广告依然高居榜首(76.84亿元)，医疗服务机构、机动车、通讯、药品等行业广告紧随其后，前10大行业累计投放了325.57亿元，占报刊广告总量的60%。

机动车行业的广告投放在2004年1至10月份也有所放缓，而通讯行业是前十大行业中唯一出现同比负增长的行业，主要是手机广告的减少。计算机行业持续了前3年的低迷，只增长了4.53%，有进一步减缓的趋势。

虽然以上这些传统大行业在2004年的广告投入放缓或下降，但医疗服务机构、药品、保健食品这些和消费者个人健康相关的行业广告大幅度增长，这一方面是由于2003年春季爆发的SARS使得老百姓的健康意识有了空前的提高，给了这些医药保健企业很大的市场空间。另一方面，由于国家广电总局对电视上医药广告加大了监督力度，使得一部分医药保健广告主将投放重点转向了平面媒体，从而促进了报刊广告中相关行业广告额的增长。

二、报纸媒体的特点

(1)纯平面视觉，偏向理性；

(2)非强制性收视，读者对阅读内容选择性较强；

(3)比较经济，能灵活配合促销；

（4）可信度较高。

还需要指出的是：由于印刷媒体的讯息并不随时间消失，且报纸阅读是读者主动的选择，所以讯息的接受较为深入，商品讯息因此易于获得较为完整的理解。这些特征性使报纸媒体在关心高度、理性选择，且需要完整深入说服的品类的广告及在承受复杂的广告讯息方面具有绝对的优势。

报纸是提高阅读率且阅读人口集中于都市区的大众传播媒体，文字对不识字人口的限制以及媒体内容偏向于新闻，使报纸媒体成为拥有高素质的受众，且较具有权威性的媒体。

整体上说，报纸为商业广告提供一个高涵盖且具有说服深度的媒体，但印刷品质的不足则限制了需要高质感广告的品类的运用。

第三节　广播与杂志媒体

一、广播媒体

1. 我国广播媒体现状

截至 2004 年年底，全国有广播电台 306 座，广播节目 1983 套，每天播出广播节目 22838 小时，广播人口综合覆盖率为 93.34%，广播广告年收入约为 22 亿元左右。专业频率已增设到 28 个，在 9 个城市或地区新开办了广播业务，新批准开办数字、卫星、有线等广播节目 15 套；各级广播电台基本完成了频率专业化改革，推出了一大批有影响力的名牌节目；广告经营路子进一步扩大。据中国广告协会广播委员会统计数据显示，在作为"广播发展年"的 2003 年里，广告收入过亿元的有 6 家，超过 5000 万元的则多达十几家。北京电台 2003 年以创收近 3 亿元的佳绩在此拔得头筹，而令业界侧目的是，他们是在前一年 2.3 亿元的超大基数上继续保持如此高速的增长。

据 2004 年著名媒介调查机构尼尔森媒介研究的一项最新调查显示，拥有 13 亿人口、3.4 亿个家庭和超过 1000 家电台的中国，已成为仅次于美国的全球第二大广播市场。

尼尔森媒介 2004 年的一项调查显示，中国有近半数的 15 岁以上人口每周都会收听电台节目。未来几年，随着中国经济的持续走好、汽车保有量的不断增加，随着电台节目的日益多样化、音乐及娱乐资讯的丰富化，电台在众多媒体中的重要性将不断加强，其广告潜力也将迅速释放。

调查还显示，近半数 15 岁以上的北京人每周收听电台广播，平均每周收听14.5小时。上海市民的电台接触率达93％，接近悉尼、新加坡等国际性城市，人均每周收听电台节目超过14小时。此外，新闻节目在各类节目中最受欢迎。在京沪两地，新闻节目均居收听率排行榜首，其中北京交通台的交通新闻、上海人民广播电台新闻频道上海早新闻的收听率最高，这两家电台在当地占据了最大的覆盖率和市场份额。

2.广播媒体的特点

(1)简便迅速、时效性强；

(2)覆盖面广、受众广泛、费用低廉；

(3)更具想像力和情绪感染力；

(4)信息稍纵即逝，保存性差。

广播曾是一般家庭重要的讯息载具，随着电视的发展，广播的讯息及娱乐功能逐渐为电视所取代，因此，电视的收视高峰往往形成广播的收听低潮。反之亦然。广播与电视的互相取代性，提供了广播媒体接续电视印象的机会，即由广播去延续电视广告讯息，以加强露出频次。

由于广播媒体的家庭性功能为电视所取代，广播逐渐成为个人化媒体，个人化的结果使广播在接触上比较不受时间和空间的限制。

广播媒体在使用上，由于听众在收听时通常并不是非常投入，且收听习惯较不稳定，加上只能传播声讯，创意的冲击力相对较轻，因此在露出频次上的要求也相对较高。

3.广播广告的主要类型

(1)联播。广告主可以订购某一全国性广播网联播电台的时间，同时向全国市场传播自己的讯息。

但广播网只能为全国性广告主和区域性广告主提供简单的管理，因而无法灵活选择联播电台，而且订购广告时间所需的预备期也较长。

(2)点播。直播点播可以迅速播出广告——有些电台的预备周期可以短至20分钟，并且广告主可以借助电台的地方特色快速赢得当地听众的认可。

(3)地方电台。地方广告的播出既可以采用直播方式，也可以采用录播方式。大多数电台采用录播节目与直播新闻报道相结合的方式。采用录播方式，可降低成本并保证播出质量。

4.目前我国广播广告播出上的两大问题

(1)播速太快，像机关枪扫射，气都不喘地连击你的耳膜。播音员竭力把30秒的话压成一张黏糊糊的熏肉大饼糊在你的耳朵上，像似搞听力训练。

制作成本太低、广播人素质差、广告费便宜，这样的广告，你贵的起来吗？

其实，作为没有图像的广播，能用一分钟把一个广告诉求表达得清清楚楚，让听众听得明明白白，就已经是一件了不起的事情了。所以要有话好好说。

国外广播广告界曾有一句名言："我在收音机里亲眼目睹。"这才是广播广告播出的最高境界。

（2）节目主持人做广告。电台节目主持人能不能做广告？当然能。但最好别做，因为当广告出了问题时，遭麻烦最多的也就是主持人了。

但也有人认为，从效率和资源的利用上讲，主持人做广告，可以节省台里的人力物力。因为电台有电台的特殊性。要求一个"快"字，且广告制作专业性不强、灵活、简便、成本低，所以主持人无论是做广告还是播广告，这都是他们份内的事。

表面看起来是这样，但这却是不计后果的短视行为。因为让主持人做广告，实际上既不是他们专业内的事情，也不是他们份内的事情，因为这样会造成两种后果：要么，力不从心；要么，心有余而力不足。长期如此，将会严重影响他们的积极性。

主持人这宝贵的人力资源，是电台资本中很重要的一部分。而电台却轻易地把这代表着电台形象的主持人交由广告主使用，是资源的一种浪费。设想一下（排除政策因素），如果广告主希望央视著名主持人为自己的产品做广告，单单给 CCTV 广告播出费，CCTV 会答应吗？

目前，许多广播电台尤其是地方广播电台，主持人做完节目后，还会在后半个时段主持医疗"讲座"，或者其他一些以"讲座"为幌子的广告"节目"；或者干脆，广告就是节目的主打内容，再辅以流行音乐，然后由电台的主持人来主持，至于一些零零散散的插播广告，就全部由电台主持人来制作、配音。

某地方电台的一个主持人，曾经主持过一个增高产品的"讲座"，"讲座"被安排在他的节目之后。因为他的节目很受听众欢迎，听众也很喜欢他，所以就有一些听众在听完节目和"讲座"之后购买了产品，然而产品效果却不是很好，于是就有听众打电话到台里向他反馈，因此弄得这位主持人很为难。终于在一次节目中，他语重心长地的告诉听众："我主持广告，并不代表我以及电台的观点和立场。这完全是出于工作需要……希望收音机前的大家，以后无论做什么事情都要三思而后行，不要盲从……"

总之，将电台主持人与广告播音员的角色区分开来，既有助于调动主持人的积极性,完善主持人的形象;又能使广告做得更专业,让客户更满意,还有助于广告业务的攀升。归根到底,最终的、也是最大的受益者,将还会是电台。

二、杂志媒体

杂志媒体具有以下特点:

(1)针对性较强、读者群较稳定;

(2)有较强表现力和接触深度;

(3)具有较高的重复阅读率和传阅性;

(4)信息生产周期长,广告安排灵活性差。

杂志媒体是目前四大媒体中最耗费消费者金钱的媒体。这也限制了商业杂志媒体的发展。但也因为花费方面对消费者的"过滤",杂志读者群的结构具有较高品质,且接触深度高于其他媒体。

相对于同为印刷媒体的报纸,杂志具有更为固定的编辑方向,因而阅读人口较为固定且具有一定的特质,在读者区隔清晰的情况下,能提供给广告土明确的选择方向。

杂志的发行周期一般为周或月,传播速度较慢,使杂志媒体的使用受到一定限制。

卓越的印刷品质、有限的发行量、固定的接触人群加上深度的说服,使杂志成为小而细致的媒体。

第四节　户外广告媒体

现代户外广告是繁华都市的时装。

户外广告媒体主要包括路牌、海报、交通工具、灯箱、霓虹灯、电视墙、电子广告牌、空中飞翔物等。

效果评估与监测一直是户外媒体业的弱点和难点。

一、户外广告媒体的特点

1.都市的门面

自 20 世纪 90 年代中后期以来,中国城市环境不断美化,让城市"亮起来",成为全国各地中心城市不约而同的市政建设目标。户外媒体自然受益于此,获得了长足发展。户外广告牌、漂亮的候车亭、宽敞气派的大道,与繁华商业区齐辉。

2. 暴露度高

收入提高与休闲时间增多，使得人们的户外活动激增。而城市化的加快与私车猛增，也导致道路人口更加密集。根据美国权威媒体数据，自 1970 年以来人们每日搭乘交通工具的机会增加了 110%，而路上的车辆也陡增了 47%。对于很多人，看得比较多的广告媒体，主要是交通堵塞时路边的灯箱、候车亭和射灯广告牌。

3. 科技含量高

户外媒体往往最先利用高科技材料。户外媒体可调用的创意手段越来越丰富。例如：形象、语句、三维物件、动感、音效、周围环境和高新科技等，形成立体感官刺激。再加上精美的电脑喷绘、照明等技术，使得广告价值提高，对受众的吸引力也显著增强。

4. 广告投入成本低

北京王府井，364 平方米的巨幅广告广告租费仅每年 260 万元，香港公共汽车单面车厢广告，月成本仅 3000 港元。

5. 视觉冲击力

一块设立在黄金地段的巨型广告牌，或处处碰面的候车亭，是任何想建立持久品牌的形象的公司的必争之物。很多知名的户外广告牌，因为它的持久和突出，成为某个地区远近闻名的地标。

6. 全天候

很多户外媒体是持久、全天候发布广告，每天 24 小时、每周 7 天伫立，传播时间最充分。网上媒体也有类似的优势，不过是在虚拟世界，受众需要一系列先决条件才能接近，而户外媒体，因为物理空间的唯一性，这种优势发挥得更为彻底。

7. 位置优越、醒目，信息冲击力强

许多户外广告建在交通要道或高大建筑顶端，视线所及，一览无余。同时，户外媒体可以调动多种现场表达手段，营造出综合的、丰富的感官刺激。

8. 暴露频次高

通过策略性的媒介安排和分布，户外媒体能创造出理想的到达率和频次。正确地选择时间、地点，加上使用正确的户外媒体，可实现在理想的范围、接触到几乎每个层面的人群，甚至可与受众的生活节奏配合得天衣无缝。

9. 无孔不入

不管是单立柱、霓虹灯、墙体等类型的单一媒体还是候车亭、车身、地

铁、机场和火车站等类型的网络化媒体，户外广告的不可代替之处，就在于往往能接触到其他媒体无法到达的受众。

10.保存时间久，效率高

缺点是：所能到达的受众有限，只能是被不自觉地看到，传递的信息量有限。

资料显示：

北京大学现代广告研究所进行了全国性大型户外广告受众调查。

一、受众日常生活的三分之一是在户外度过

数据显示，调查对象每天用于户外的时间为5.06小时。这是个惊人的数字，也就是说如果除去睡眠的时间（按8小时计），每天大约有1/3时间都在户外度过，户外生活的时间，从某种程度上讲，就是与户外媒体可能接触的时间，这超出了与电视等其他媒体可能接触的时间。随着经济的发展和人际交往的频繁，人们更多地走出家门，将时间用在户外。另一方面，随着城市版图的扩大，加之交通堵塞，人们花在交通上面的时间和费用更多了。这个趋势对于户外广告的发展可谓天赐良机，户外广告逐渐成为新兴的大众媒体，正如Asiaposter（亚洲户外）公司的CEO史默伍德说："户外广告才是真正的大众媒体。不是所有人都看电视、读报纸或者上网，但是任何人只要离开家，就会看到户外广告。"

另外，调查发现，30~39岁年龄段群体在户外的时间最长，而且男性调查对象平均每天在户外活动的时间比女性调查对象长半小时左右。这一年龄段的人正是年富力强，无论是社会角色还是消费角色，他们都是主角，更多的社会活动与交往需要使得他们在户外的时间最长；而他们恰恰是强力消费群体，是单位的中流砥柱和家庭核心，他们有一定的财富积累，有一定的消费能力和比较成熟的消费理念，是很多市场和产品的目标群体与必争对象。户外广告对于这一人群显然很有传播优势，可以利用这一点更有目的地传播产品和企业信息。

按城市比较看，广州、西安、武汉的调查对象平均每天在户外活动的时间最长，均超过6个小时。这和各个城市的生活形态有关。中国地域范围大，各个城市由于气候、地理位置、风俗、工作方式、生活节奏等的差异性，人们的生活习惯也有很大的区别，加之经济发展的不平衡，使得人们户外活动的时间不尽相同。成都最低，户外活动时间不到4个小时，广州最高，超过了6个小时，差别还是较大的，这为户外广告投放的城市选择提供了重要依据，尤其是全国性的品牌，在哪个城市选用哪种媒体更有效？如何在不同的城市进行户外广告的投放？应当参考这个城市人群户外活动的时间。

二、公交车是受众首选交通工具

人们出行，要选择交通工具。中国曾经是个自行车大国，但是在现今越来越大的城市里面，依靠步行和自行车显然已经不够，由于私家车在中国大多数城市还只是人们的梦想，每天乘出租车也不是工薪阶层能够承受的，地铁则仅仅是北京、上海、广州等特大城市才有，所以各个城市都在大力发展公共交通系统。调查显示，有接近70%的人最经常使用的交通工具是"公交车"。越来越多的公交线路，越来越多的车次，给人们的户外生活带来便捷，也使人们和公共交通系统的联系越来越紧密，为公交车和候车亭广告的受众高"收视率"创造了条件。而且在短时期内，国内的交通工具使用分布状况也不会有太大的改变，私家车的普及在北京、上海这样的城市也还要数年，更何况，中国庞大的人口数目也不允许普及私家车，修建地铁的庞大工程也不是一般城市所能做到的。

以不同城市来看，略有差异。在北京，排在前三位的交通方式依次是公交车、步行、地铁，在上海和广州，地铁使用率稍高，前三位依次是公交车、地铁、步行。北京的城市面积比较大，地铁线相对少，随着北京更多地铁线路的建设和开通，想必会和上海、广州一样，地铁使用率还有很大的上升空间。没有地铁的城市，排在前三位的出行方式都是公交车、自行车和步行，值得一提的是在成都，自行车排在第一位。

三、从接触频度看，户外广告已成为第三大广告媒体

就接触的频繁度而言，户外广告居于第三位，接近60%的人选择了此项。调查对象接触得最为频繁的仍是电视广告，有92%选择率：此外，还有超过70%的调查对象表示经常接触报纸广告。在座谈会上，受众也都表示电视是最常接触的媒体，户外广告只要一出门就能看到，也常接触。

电视作为较为传统的媒体，其传播地位还是高高在上。生活节奏加快，阅读习惯的改变，使人们更倾向于接受易得的、易理解的、可视化的信息，作为传统四大媒体的广播和杂志，在这点上逊于电视和报纸，所以他们的接触度被户外媒体赶超。人们户外活动的时间不断增加了，户外广告已成为填补人们"视觉饥渴"的"风景"。值得注意的是，网络作为新兴媒体，其地位和作用越来越重要，已经掀起一场媒介革命，传播和接受的互动性使受众拥有前所未有的主动性，因而网络作为广告媒体拥有极强的优势，很可能成为户外广告未来强劲的对手之一。但是户外广告可以说是一年365天，一天24

小时都暴露在受众面前，受众户外活动时间的增加，使户外广告传播的频率加大。也许某一天，人们走在户外，不是看街景，而是只低头看着手中的"电视"或网络浏览器，恐怕那一天才是户外广告的末日。

不同年龄段群体中，经常接触户外广告的人的比例分布比较均衡，均在60%左右，其中50岁及以上群体和30～39岁群体中，比例比另外两个年龄群体略高。这和他们的户外活动时间是相对应的，30～39岁年龄段群体在前面已经做过分析，而50岁及以上群体则可能是因为退休、没有家庭负担而增加了户外活动时间，多以休闲为主。

个人经济状况对于户外广告的接触有没有影响呢？收入增加，意味着休闲时间相应增多，社交需要相应增加，个人的户外活动也相应增大，事实上调查结果也显示，随着个人月收入的上升，经常接触户外广告的人的比例有上升的趋势；个人月收入在4000～4999元的群体，经常接触户外广告的比例最高。或许这是一个临界点，收入再高的人则会有更多的工作压力和新的生活方式，而户外时间则减少了。

四、户外媒体的黄金时间是周末和上下班时间

电视有黄金时间，24小时暴露的户外媒体是不是每时每刻都有效呢？我们的调查发现，绝大多数的调查对象都是在"逛街时"或者"上下班（或上下学）途中"接触到户外广告的。座谈会的被调查者也表示，接触户外广告多是在上下班的时候，逛街的时候，等车的时候，还有高速路上的时候，尤其很多人提到会利用等红绿灯、等车时的空闲时间来看广告。那么，在什么时候逛街最关注户外广告呢？实力传播的有关调研发现，周末和工作日外出的情况有所不同，周一到周五上班、上学、购物，81%的人每天是有固定路线的，而周末逛街、访友，外出的目的和心情不一样，与户外媒体的关系也会不同，所以可以发现一个受众户外活动对户外媒体意义重大的规律，就是户外媒体的黄金时间是周末。综合起来可以发现，户外媒体的黄金时间是周末和上下班时间。

这样看来，户外媒体也有自己的黄金时段，而且恰恰可以有效弥补电视等媒体无效的时段，说明了户外媒体在媒体组合中的意义和地位，它能配合其他媒体制造广告的"立体声"效果。其次，对于户外广告的发布地段选择和品牌选择也有指导意义。

五、商业区仍是黄金地段，交通媒体潜力大

调查对象最经常接触户外广告的地点是"繁华商业区"，有85%的人在这里接触到户外广告；其次是"街道两旁"和"交通工具上"，大约有60%左

右的人在这里接触到户外广告；有超过50%的人在"候车亭"接触到户外广告；30%～40%的人在"住宅区"、"电话亭"和"地铁站"接触到户外广告；20%～30%的调查对象在"火车站、机场"和"工作的地方"接触到户外广告；20%的人在"高速公路上"接触到户外广告。

显然这和上面的受众户外媒体接触时间密切相关，并且结果一致。位置一直是户外广告的生命线，从广告发布者的角度讲，户外广告的价值主要在于人流量，现在从受众行为方面也可以证实的确是这样，因为逛街时是受众接触户外媒体的黄金时间。那么除了商业区，人们对交通工具和候车亭广告的接触也很多，而且随着出行时间和频率的增加，势必还有上升的趋势。

但是在座谈会中发现，受众对非商业区的广告比商业区的广告印象深，因为商业区的广告数量较多，"噪音"就相对较大，同时，像机场和高速公路户外广告虽然接触少，但这批消费者是数量有限的高端人群，有独特的价值，是高端品牌追逐的对象。所以，虽然点位的选择十分重要，但是如何使得高额投入能产生高倍效果？是不是无论什么产品都要抢占商业区？非商业区的低投入是否能创造高效果？这些问题仍然值得探讨，而且需要有更先进的效果测评方法的配合才能解决。

六、车身广告是受众接触最多的广告类型

在所列举的户外广告类型中，接触过"车身广告"的调查对象的比例最高，达到了总体的83%，这是和受众选用的交通工具、接触广告的地点密切相关的，由于经常使用公交车，所以车身广告接触最多在意料之中。

接触过"霓虹灯广告牌"、"灯箱广告"和"候车亭广告"的调查对象的比例也比较高，超过了70%。霓虹灯广告和灯箱广告已经历史较长了，而候车亭广告也是和交通相关的，因此接触很多。此外，接触过"射灯广告牌"、"墙体广告"、"电子屏"和"人行道广告牌"的调查对象的比例也不低，超过了60%。这些都是比较常见的户外广告类型。"机场和火车站广告"、"路标广告"、"充气造型广告"、"场地广告"、"单立柱广告"接触都超过了50%，"地铁广告"超过了40%。调查对象中，接触过"三面翻"的人的比例最低，仅为总体的33%。三面翻因为成本较高，容易出故障等原因，在应用中比较少，也是接触少的原因之一。

二、户外广告目前存在的问题

1. 什么都想说

比如高速公路上的高立柱广告牌，不仅写有公司名称、公司荣誉(名牌、驰名商标、×××理事单位、×××指定品牌等），而且还把产品简介和功能也包含在内，仿佛是一张放大的产品说明书。而且地址、电话、传真、网址、董事长、总经理也没有遗漏。这样的广告牌基本上连 10% 的效果也实现不了。因为，高速公路上，除非有特殊目的，没人会把车子停下来仔细欣赏广告牌上写了什么。这样做的公司一定程度上是因为广告牌的费用昂贵，认为多说一点才"划算"，但是这样做的结果往往是事与愿违。

2. 盲目攀比

有的企业老板把能够做户外广告当作是企业综合实力的象征或公司综合实力的体现，认为谁的户外广告多、地段好，谁的综合实力就强。

例如，某公司看到竞争对手在高速公路旁上做了较多的广告牌，为了更好地显示出自己的综合实力，便做出了 6 块高立柱广告牌，其中有四块高立柱广告牌连在一起。但是，羊毛出在羊身上，客户也可能会这样想：这么丝毫没有理性做广告，不仅浪费经济资源，而且暴露出该公司成本管理上的不足。既然这样，该公司会为我们考虑成本吗？我们还会放心与该公司合作吗？更何况每家公司的广告费都要分摊在产品的成本上。

3. 为了"艺术"而"艺术"

广告内容过分地追求"艺术"或"美感"，忽视广告受众的理解方式和理解能力。实际上，简单直观就是最佳的艺术。为了艺术而做一些无用功，既浪费客户金钱，也给受众带来理解上的不便。甚至有些艺术设计师，打着艺术的幌子，为了"艺术"而广告，甚至为了"拿奖"而广告，更是直接造成大量广告资源的浪费。

广告有效才是硬道理。

4. 频繁更换广告位置

一些公司在一个位置的广告牌做了一年就换另外一个位置继续做，或者认为广告效果已经达到，为了省钱干脆不做了，于是原有的受众就很难再继续看到该公司的广告牌。这样做就会迫使经常关注该公司的受众联想到：这家公司是不是出了问题，所以户外广告的位置一旦选定，在公司能力允许的情况下，还是稳定一个位置比较好。除非万不得已，否则不要轻易更换位置。

5. 到处"变脸"，形象不统一

一个位置一个形象，广告做到哪，形象就换到哪。这样做同样十分浪费，目标受众很难形成对品牌视觉形象的统一认识，更难对品牌形成稳定的视觉记忆。

复习思考题

1. 亚洲户外(Asiaposter)公司的CEO史默伍德说："户外广告才是真正的大众媒体。不是所有人都看电视、读报纸或者上网，但是任何人只要离开家，就会看到户外广告。"

你对他的话有何评价？

2. 原沈阳至大连的直达特快列车"辽东半岛"号被《辽沈晚报》买断为"辽沈晚报号"，你对此怎样看？

3. 世界著名的实力传播广告公司的一位总监亚当·史密斯说："大公司不再热衷于在电视上曝光，而这正是过去10年电视广告竟然暴涨的原因。发布市场的广告主正将资金从电视向互联网转移，这令广告价格的上升得到抑制。一个突出的例子就是，全球广告大户宝洁公司今年大幅削减了电视广告的费用支出。电视广告可能进入一轮长期的'报纸广告式'的下跌期。

整个20世纪80年代，报纸广告一度占据全球市场份额的40%，今日却已跌至30%并趋于稳定，自1995年以来一直成为广告主'宠儿'的电视媒体也将步报纸的后尘。我敢肯定电视广告已经到顶了。"

你同意他的观点吗？为什么？

4. 你认为上述特点中，哪一项最具竞争力？哪一项最不具竞争力？为什么？

实践训练题

户外广告在眼下很具有潮流性的广告形式，户外广告案例也是很多的，经典户外广告案例给了人们很重要的资源。通过分析户外广告案例会使设计者掌握户外广告市场，更有自信地完成户外广告(图2-1)。

图2-1　户外广告

图 2-1 是 2012 年 4 月在广州地铁正佳通道、公园前换乘区内一则户外广告案例,主要是为日化产品力士所做的户外广告宣传,请同学们结合户外广告的特点进行分析。

第三章　网络广告媒体

知识要点
1. 了解网络广告媒体的历史和现状；
2. 掌握网络广告媒体的运作。

案例导入

网络数字出版让党的十八大精神传播更广

　　党的十八大报告和《中国共产党章程》的电子书 2012 年 11 月 21 日在中国理论网、中国移动、当当网、京东商城、四川文轩九月网、中文在线等网络渠道上线发行。尽管上线只有一周时间，但党和国家重要文件、文献出版物首次实现纸质、数字同步出版，受到了广泛关注。截至记者发稿时，在百度搜索"十八大电子书"可查询到 283 万条搜索结果。据京东商城透露，十八大文件、文献电子书在京东的单本日点击数已接近 5000 次。

　　电子书与纸质书形成合力

　　"为了适应网络发展的新形势，满足不同读者多元化的阅读需求，人民出版社对十八大文件、文献的出版发行工作进行了通盘考虑，在确保纸质图书顺利出版发行的同时，利用新媒体、新平台开展网络销售与电子书发行，以通过全媒体出版的方式更好地服务于十八大宣传工作。"人民出版社常务副社长任超在接受《中国新闻出版报》记者采访时表示，该社社长黄书元在十八大文献出版的筹备阶段就率先提出了全媒体出版的思路。

　　"5 年前，网络书店还不成气候，而 5 年后的今天，网络销售已经发生了很大变化，在整个图书市场中占据了不可或缺的分量。"任超表示，为顺应产业发展的新趋势和阅读群体的新取向，使不同层面的阅读群体能更好地学习党的十八大精神，让实体书店发行、网络发行和电子书形成有序的良性的互动，人民出版社对此次出版发行进行了系统考虑和统筹安排：纸质图书延续各省（区、市）租型的传统做法；为避免实体书店和网络书店形成不正当竞争，人民出版社专门制作了纸质书网络专供版，并在上市时间上进行有限区分，对价格实施严格限制；电子书则与纸质书同步上市。

让数字出版优质有序高效

11 月 20 日晚，电子书上线前一夜，对人民出版社数字出版中心团队来说又是一个不眠夜，这样夜里加班、连轴转的日子已经持续了近一周时间，办公室和出版社附近的宾馆成了他们临时的"家"。

电子书的制作生产对人民出版社数字出版团队来说已是轻车熟路，人民出版社从 2007 年就开始布局数字出版，经过 5 年的运营，以中国共产党思想理论资源数据库(中国理论网)为代表的项目使得人民出版社数字出版在技术、人才、流程、管理和制度等方面形成一套相对成熟的机制。

"对我们来说，这是厚积薄发的一个突破点。"数字出版中心主任马杰对人民出版社多年来在数字出版方面的积淀颇具信心，但他同时也表示，十八大文件、文献出版物首发电子版是史无前例的一次探索，不管是出版社还是各网络平台都没有任何经验可循，这就要求双方进行更精心的准备，把问题想全了，把工作做足了。

通过数字化平台发行党的重要文件、文献比一般电子书的难度大得多，"更讲求质量、更讲求时效"，为此人民出版社组织了 20 多人的团队，全程参与电子书的出版发行工作，在分管社领导沈水荣的带领下将纸质书的质量要求呈现在电子书上：网络平台在数据转换和加工过程中要精转精编精校，并要求其最终展现形式与人民出版社的版本进行比对时，保证完全一致，在电子书上线前还要经过人民出版社相关部门的再次检查。

"人民出版社深度参与十八大文件、文献电子书的质量把控，与网络平台进行双重把关，以保证电子书与纸质书一样'零差错'。"马杰表示，电子书制作完成的时间以小时为单位，以确保电子书出版的时效性。

新媒体助力重要文献传播

值得一提的是，网络平台对传播党的十八大文件、文献数字出版物也极为重视。

记者在京东商城图书音像部看到，两名专门负责十八大文件、文献出版物电子书购买问询的客服人员正在对消费者在电子书购买、客户端安装、下载阅读中可能遇到的方方面面的问题进行"自问自答"。京东商城图书音像采销部相关负责人介绍，这仅仅是京东商城为十八大重要文件、文献电子出版所做的一项准备。为做好十八大文件、文献的数字出版，所有相关部门的人员都调动了起来。

"从资源交接、创建商品编码到加工制作、审核、加密、上线、宣传等，每一个环节每一项工作都落实到具体的责任人，包括授权部门、营销部门、制作部门、审核部门、研发部门、财务部门等在内所有相关部门都在积极配合，随时'待命'。"该负责人表示，在制作上京东商城对十八大文件、文献电子书以最严格的标准去制作，而在流程上一切都为十八大文件、文献的数字出版开绿灯。

四川文轩在线电子商务有限公司副总经理庞××在接受记者采访时也表示，九月网在电子书加工、商品上架、营销活动等方面配备了专门的人力资源，并制定了电子书加工和上架的快速通道，以保证十八大文件、文献出版物能够第一时间呈现给读者。

与纸书相比，电子书阅读更为便捷，党的十八大文件、文献将通过网络平台更高效地到达读者中。"纸书＋电子书"的多媒体出版方式将使党的十八大精神传播得更远更广。

第一节　网络广告媒体的历史与现状

广告是确定的广告主以付费方式运用大众传媒劝说公众的一种信息传播活动。所以，网络广告就是确定的广告主以付费方式运用网络媒体劝说公众的一种信息传播活动。就网络广告而言，广告媒体就是网络，这既是指互联网（Internet），也是指万维网（Word Wide Web）。互联网在 1993 年以前主要是一种基于文本的媒体，没有 GUI 图形用户界面。1993 年万维网出现之后，Web 的多媒体特性大大刺激了互联网上的商业兴趣和行为。万维网是建立在超文本传输协议 Hypertext Transport Protocol（简称 HTTP）上的。HTTP 允许我们通过网络传输图形、音频和视频文件。这样一来，万维网就可以为互联网用户提供彩色的多媒体界面，商业单位就可以利用 Web 站点在全世界范围内提供 24 小时在线服务。

一、网络广告媒体的历史

广告从诞生的那一天起，因其强调传播能力的特点，就注定要与新科学技术结合在一起。网络技术以其极高的知识、技术内涵、广泛的传播范围和雄厚的传播实力，成为 20 世纪人类的最具价值的传播媒体之一。互联网在美国问世不久，理所当然地引起了嗅觉敏锐的广告人的注意。网络广告发源于 1994 年的美国。当年 10 月 14 日，美国著名的 Wired 杂志推出了网络版（www. hotwired. com），其主页上开始有 AT&T 等 14 个客户的横幅广告

(banner)。这是广告史上里程碑式的一个标志，它为网络服务商和广告商以及广告客户开辟了一条崭新的发展之路。时光飞逝，目前这种广告形式不但没有衰退的迹象，反而越来越显示出其顽强的生命力。1996 年美国网络广告收入仅为 2.67 亿美元，占广告总收入的 0.2%，而 2003 年美国网络广告收入总额已达到 150 亿美元。AC 尼尔森 2003 年 8 月 7 日公布的一项研究结果表明，到 2004 年底全球网络广告收入有望达到 244 亿美元，将首次超过广播、电缆、电视以及消费类杂志等传统媒体广告。

在中国，IT 业界也较早地意识到了网络广告的明朗与广阔的前景。网络广告媒体的历史可以追溯到 1995 年 4 月，留美学者马云创办的"中国黄页"在中国内地开始推广网络广告理念；1996 年 8 月 19 日，《计算机世界》发表《Internet 上的广告现状》一文；1996 年 12 月 8 日，中国广告协会与北京燕兴广告公司开始共建"中国广告商情网"（www.cnad.com.cn）；1997 年 1 月，中国通环球信息网（北京视觉广告艺术有限公司承办）开办网络广告代理业务，提出在互联网上"我们垫钱为您做广告"。自此之后，陆续开始有广告出现在国内一些网站上。1998 年 6 月，国中网报道世界杯足球赛获 200 万元人民币广告收入一事，标志着网络广告媒体已经初步形成，此举大大推动了中国网络广告的进程。1998 年 3 月 16 日，《中国计算机报》（www.ciw.com.cn）刊登了《1997 年京城网上广告点评》一文，明确提出"应组织 ISP 和广告公司共同研讨国外广告商业运作情况，得出适合我国国情的解决方案；最后，建立标准，积极与国外通用法接轨"。

1999 年 3 月 30 日，由中国互联网信息中心与《互联网周刊》联合主办，中国广告商情网协办的"1999 年中国网络广告研讨会"成功举办，北京、上海、广东各大网络热点、广告代理及媒介购买、广告主、各有关政府部门、协会领导、研究及监测公司/机构的负责人应邀出席。同年 6 月，"中国 ICP 联合发展高层会议第三次会议"在北京召开。会上，国家工商局广告检查司管理所副处长王树军专门就网络广告发表重要讲话，标志着网络广告作为商品被正式纳入规范化和法制化轨道。事后，www.eway.8848.com 以"网络是肥羊——看各传统势力抢占网络管理权"为题发表了相关报道。

2000 年 5 月，国家工商局向全国 27 家知名企业颁发"广告经营许可证"，开展网络广告经营登记试点工作。其中北京共 11 家，包括北京新浪互联信息技术服务有限公司、搜狐爱特信信息技术（北京）有限公司，北京方正互动网络技术有限公司、中公网络信息技术与服务有限公司、北京首都在线科技发展有限公司、沙岭信息技术（北京）有限公司、北京东方魅力资讯科技有限公司、北京万象迪哲网络工程技术有限公司、北京超网网络服务有限公司、国际网络传讯(上海)有限公司、找到因特网(北京)有限公司等。

2003 年上半年,突如其来的 SARS 不仅给中国带来了恐惧和灾难,也给网络媒体带来了更大的发展机遇。户外活动不能搞,户外广告看的人少,那些拿着大量广告预算的广告经理开始把预算更多地给了这个新型的媒体——网络。据统计,2003 年中国网络广告市场达到了 10.8 亿人民币,比 2002 年的 4.9 亿增长了一倍多。虽然网络广告市场飞速发展的原因主要是上网的用户越来越多,最新数据显示中国的网络用户在 2003 年底已超过了 7800 万人,但是 SARS 事件确实在网络广告发展的"干柴烈火"时期起到了火上浇油的作用,使网络广告行业从 2003 年 5 月底开始,突然以同比超过 100% 的速度加速发展。2003 年对于房产类和游戏类网站广告而言,也是快速发展的一年。作为房产类的网站,如搜房网、焦点网等,在 2003 年都获得了过千万元的网络广告收入。安家网作为上海的地方房产类网站,以提高网络品牌,开展了房产中介二手交易担保等服务,收益颇丰。另外,网络游戏是 2003 年中国最热门的行业之一,盛大公司的成功催生了大量新的网络游戏公司。这些公司依托国内外资金的支持,代理或开发网络游戏作品,进入中国网络游戏市场。但怎样才能够在强手如云的网络游戏市场中迅速获得更多的游戏用户,网络广告自然是最好的宣传途径。17173 和新浪游戏频道作为中国最大的网络游戏专业网站,成为这个热门市场的直接受益者。2004 年底,搜狐以 3 亿人民币的总价一并收购了 17173 和焦点网,也说明广告媒体行业对这两个网站的高度认可。

二、网络广告媒体的现状

目前网络广告的市场正在以惊人的速度增长,网络广告发挥的效用也越来越重要,以致广告界甚至认为互联网将超越路牌,成为传统四大媒体(电视、广播、报纸、杂志)之后的第五大媒体。美国互联网广告署最近一项调查结果显示,美国互联网广告收入增长迅猛,客户投放方向日益趋向少数几个大型商业网站中。

网络由于其对操作者物质设备的要求,对操作者文化水平的要求,对操作者经济收入的要求,天然地对广大消费者作了第一层次的市场细分,从全体消费者中分离出了"网民"这一具有某些共同特质的消费者群。据中国互联网信息中心(CNNIC)2001 年 1 月份公布的统计数据,我国的网络用户中,男性占 69.56%,女性占 40.44%。我国的网络用户年龄主要分布在 18~24

岁，未婚与已婚比约 2:1，用户地域分布主要在京、沪、粤、鲁、苏、浙等经济科技发达地区，同时 4/5 的网络用户学历在大专以上，近 60% 以上的用户人均收入在 1000 元以上。而且，网络广告的传播范围广泛，可以通过国际互联网把广告信息全天候不间断地传播到世界各地。目前全球网民已超过3 亿，中国超过了 1600 万（IDC 国际数据公司统计），并且用户群还以每年10% 的速度不断发展壮大。这些网民具有较高的消费能力，是网络广告的受众，他们可以在世界上任何地方的互联网上随时随意浏览广告信息。这些效果，传统媒体是无法达到的。2003 年 12 月，尼尔森互联网研究（Nielsen NetRatings）宣布，在中国市场正式推出网站第三方测评服务（Site Census）：新浪、搜狐、网易和 TOM 将成为第一批签约的网络公司，并计划于 2004 年上半年发布中国网站第三方的访问量信息，以满足广告代理公司对客观网络访问量的需求。iRsearch 作为一家新兴的网络经济专业研究公司，也在 2003年推出第三方网络广告监测服务软件 iAdTracker，中国网络广告收入前十几名的网络媒体和互动业务的广告公司，大部分被购买了此项服务。通过iAdTracker，可以方便地查询中国 2000 多家广告主最近 3 年在网络媒体上投放的广告创意、媒介计划和广告费用。有了 Net Ratings 的 Site Census 和iRsearch 的 iAdTracker 服务，中国网络媒体作为新媒体而言，开始更加富有生命力，媒体的产业链完整，也从此有了更快发展的产业链基础。另外，在当今国内网络广告代理公司队伍中，一些网络媒体对广告代理商的支持制度，使得一批成立时间不长的小型广告公司致力于网络方法领域。并且，在这批小型网络广告公司中，分化出一批专门代理某一部分网络资源的媒介代理公司，这些公司逐渐成为推动网络广告行业快速发展的一支新军。

与传统媒体广告比较，尽管网络广告具备蓬勃发展的态势，但在市场认同度、运作的规范性、监管的合理性包括自身的成熟度等方面，还存在不小差距。在我国发展网络广告仍存在以下几点不足：

1. 网民对网络广告的认同程度

根据 CNNIC2001 年的统计数字：用户对网上广告的态度为，经常点击网上广告，并从中获得很多有用信息的占 12.89%；不经常点击网上广告的占40.01%；不点击，但对网上广告并不讨厌的占 14.09%；认为广告将延长下载时间，对广告痛恨至极的占 7.3%。这使广告受众比率在未来基数就不大的网民中更是打了折扣。

2. 企业的认同程度不高

与此相对应，虽然网络已经基本确立了第五媒体的地位，但是我国网络广告收入却不到其他前三类媒体的1%。在网上投放广告的企业基本上局限于 IT 和电信行业以及某些跨国公司。众多的其他企业对网络广告仍持怀疑和观望的态度。可以说，网络广告在市场上处在培育期。

3. 第三方检测缺位，市场价格混乱

广告监测是评估广告效果不可缺少的基本手段。权威、独立的网络广告第三方检测报告，能够给广告主和广告代理商提供综合、准确、公正的统计数据，从而精确了解网民的上网习惯、广告所达到的人群、地区分布，以及相应的显示或点击次数等，为其广告投放决策提供最具价值的参考。但目前我国对网络广告效果进行测评，主要是基于网站自身提供的数据，缺乏第三方的审计和认证。而且测评标准不统一，其公正性一直受到质疑，造成网络广告的市场价格十分混乱，无序竞争现象严重。据 Wise Cast（网络广告先锋）的行业抽样调查，1999 年达成的网络广告交易中最高的 CPM 水平曾经达到 900 元人民币（广告幅面较大），而一个 468×60 像素标准尺寸的网幅广告甚至低到以 $6 \sim 10$ 元人民币的 CPM 水平来销售，两者相差 100 倍左右。第三方检测机构的缺位，使网络广告的价值难以得到市场认可，广告主也无法以稳定的预算标准来规划中远期广告计划。

4. 立法滞后，监管不力

对于网络媒体广告，多年来国家已经制定了一整套的法律、法规和各种规范性文件。但网络是一种新媒体，网络广告在我国出现只有两三年时间，目前这方面的立法还是空白，监管上还存在许多困难和问题。有些网站发布虚假广告，欺骗消费者；有些网站发布法律法规禁止或限制发布的商品或服务的广告；有些特殊商品的规格在网站发布前未经有关部门审查，内容存在严重的问题；有些网站在广告经营中存在着不正当竞争行为等。凡此种种行为，都严重制约着互联网广告这一新生事物朝着健康、有序的方向发展。规范化和法制化是我国互联网广告发展的必由之路。

5. 表现形式单一，策划能力不足

除了外部环境的制约之外，网络广告自身的先天不足也是一个重要原因。强烈的感官性是网络广告的一大特点。网络广告的载体基本上是多媒体、超文本格式文件，可以通过图、文、声、像等形式，传送多感官的信息，让顾客如身临其境般感受商品或服务，并能在网上完成交易，从而大大增强广告的实际效果。然而事实上，由于网络宽带不足和创意、技术水平不高。我国网络广告的表现形式比较单调，以传统的旗帜式和按钮式广告居多，而且多媒体性能差，功能少。加上广告主和许多网站都缺乏媒体群的概念，过

分地强调首页或顶栏的价值，限制了网络广告与网页内容匹配的空间以及广告效果的发挥。从广告策划上看，目前大多数网站也还不能为广告主提出行之有效的广告方案。形式和内容的贫乏造成广告点击率的迅速下降。1998年普通创意的网络广告的点击率一般在2%~3%，到2000年，点击率低于15%的情况已非常普遍。

综上所述，互联网的成熟与发展，为网络广告提供了一个强有力的、影响遍及全球的载体。网络广告由于其自身的优势和巨大潜力，在国内外都是一个蓬勃发展的产业，以网络为依托的网络广告的发展是挡不住的潮流。国内的网络广告界想跟上国际的步伐，除了从内部原因入手加速发展外，更应该积极促进外部环境的转变。网络广告市场正处于快速增长时期，对于国内众多的网站来说，谁能在新生的网络广告上赢利并抢占市场，谁就能最终在网络广告市场上确立领导地位。

第二节　网络广告媒体概述

将一种传播媒体推广到5000万人，收音机用了38年，电视用了15年，而互联网仅用了5年。1998年5月，联合国新闻委员会在年会上正式肯定了互联网是第四媒体的说法。

1994年10月14日，美国著名的Wired杂志推出了自己的网络版（www.hotwired.com），并把它拉来的14个广告放在了其主页上。后经研究网络广告的专家一致认定，这就是地球上第一页网络广告，它的出现，翻开了广告史上崭新的一页。

当时的网络广告叫Banner（旗帜广告），现在也常用，通常要在上面写一句"Click Here"（点击这儿）。

1997年3月，我国第一个商业性网络广告出现在一个名叫Chinabyte的网站，广告主就是Intel，广告表现形式就是动画旗帜广告。

那你可能会说：没听说哪个大网站像中央电视台那样整出个天价般的标王呀？

确实如此，我国目前的各大网站也不能单靠广告来赢得巨大的利润。10年前曾幻想的三五年内网络广告至少会使网站的收支平衡的良辰美景实际上并没有出现。

但问题的关键不在于传统媒体比较谁的广告费赚得多少，而在于这种媒体在广告功能方面的发展潜力有多大。

一、我国网络媒体发展现状（截至 2004 年）

1. 网络广告市场快速发展，产业形态更加成熟

据最新资料统计，2004 年中国的不含搜索引擎的网络广告市场已经从 2003 年的 10.8 亿元增长到 18 亿元，市场增长率近 70%，整个网络广告市场保持在高速增长的状态。

2. 门户类媒体网络广告竞争激烈

门户类媒体中，新浪仍然是中国网络广告市场的老大，访问量和客户数量在门户阵营中处于领先位置，2004 年度网络广告收入有 5 亿多元，广告收入已经可以媲美一些传统大型的媒体集团的收入。一些流量大的热门广告位置的价格已经几十万一天，而且需要提前几个月预定。新浪打破了只提供包天、包时段销售广告的方式，一些网络广告位置可以让几个广告主轮换，已经在过去的两年快消失的按显示次数收费的广告形式也正在逐渐回归。

搜狐通过之前的那两次并购，购入了网络游戏类专业媒体 17173 和房地产类专业媒体焦点网，网络广告收入已经和新浪缩小差距。据搜狐公布的 2004 年第一季度财务报告显示，广告收入同比增长 146%，达到 1100 万美元，非广告收入同比增长 50%，达到 1490 万美元。第二季度财务报告中，品牌广告和付费搜索收入同比增长 97%，达到 1340 万美元，非广告收入同比增长 11%，达到 1390 万美元。

其他的一些门户媒体如 TOM 的发展也都取得了较快的发展。TOM 的发展延续了 2003 年门户黑马的状态，继续在网络广告代理公司拓展方面深入开展工作，网络广告收入节节攀升。

3. 搜索引擎融合进入网络广告市场，竞价排名广告增长迅速

搜索引擎在 2004 年以前经常被认为是一种特殊的企业推广形式，不太被网络广告业界关注。但在 2004 年，搜索引擎广告，尤其是竞价排名的广告形式，已经凸显出网络广告的一种特性——按"广告效果"付费。现在，Baidu、Google 等的主流搜索引擎已经能够提供按照关键字搜索而显示图片形式的广告，更加减少了网络广告和搜索引擎广告之间的定义区隔。截至 2004 年底，中国已有 60 余家企业使用过或者正在使用搜索引擎进行网络营销，这个数字远远大于在主流网络媒体上投放广告的 4000 余家网络广告主的数量。2004 年，中国搜索引擎运营商收入规模超过 5 亿元，整体行业市场规模达到 12 亿元。其中，竞价排名广告形式在未来几年都将会呈现一种快速增长的状态。

4. 专业类网络媒体和网络广告代理公司快速发展

截至 2004 年底，我国专业类网络媒体数量大幅增加，有一定的网络广告专业销售队伍的网络媒体从 40 多家急速上升到 80 家左右，网络广告专业媒体市场炙手可热。

2004 年，在中国从事过网络广告代理的广告公司已经超过 100 家，以网络广告代理为主的广告公司也已经超过 20 家，代理公司的发展进入了专业化分工阶段。广告代理公司深入了解某一个行业广告主的宣传需求，并进行一系列的专业化网络营销服务，也是未来服务型网络广告代理公司的发展趋势之一。

5. 网络服务类客户广告预算回升，但传统大型消费品厂商仍然在观察

网络广告主 2004 年在网络广告投入的总费用超过 18 亿元，其中 IT、网络服务、手机通讯、交通汽车、房地产分别是前五大行业。网络服务类客户中，主要包括网络游戏类和电子商务类企业，网络经济的又一番热潮让网络服务类行业的广告预算在 2004 年大幅增加，仅网络游戏全行业一年的网络广告预算就超过 1 个亿。

但大批在电视媒体上花费大比预算的广告厂商对于网络广告的重视程度还不太够，其主要原因就是因为目前我国 1 亿左右的网民数量远少于 8 亿电视受众数量。

6. 视频广告形式被大众接受，弹出式广告备受冷落

截至 2004 年底，总共有 200 多个广告主选择了视频广告的形式，已经成为中国网络媒体广告产品开发和推广的领导者。经调查，网民也已经逐渐习惯并开始喜欢在网络上看到类似于电视广告的视频广告了，这对于以前只是文字和图片的网络广告来说，是个很大的进步。

另外，各个主流的网络媒体也在不断尝试减少例如弹出窗口等干扰性网络广告形式，并提供更多效果更好的网络广告形式。

7. Netratings 网民调研数据呼之欲出

国际网络媒体评估公司 Netratings 从 2003 年开始进入中国市场，引入中国的 SiteCensus 产品已经和国内主要门户网站签署了服务合同，准备从第三方来为中国的网络媒体做网民收视率评估，现在的中国门户网民的调研分析结果已经呼之欲出。有了公正的第三方数据的发布，会更有利于让广告主对网络媒体产生信任感，更有利于网络广告产业的发展。

二、网络广告媒体的特点与种类

(一)网络广告媒体的特点

1. 优势

(1)数字化。

(2)速度快。

(3)信息容量大(海量)。

(4)覆盖面广。

(5)信息资源的开放性。

(6)多媒体的运用。

(7)交互性。

(8)传播形式的多元化(传者与受者界线被模糊)。

网络广告媒体的优势是基于互联网自身特有的属性。由于它是全球性的传播,因为它的覆盖范围广泛且不受地域和时间的限制从而接触的人也更多,产生的广告效应将更大。

同时,广告主欲发布的信息的容量也同样不受限制。你甚至可以把你整个工厂厂房的每一块砖都搬进你的广告网页中,更别说你的商品的方方面面了。而相对于以秒(如电视广告)和以厘米(如报纸广告)为单位计费的传统广告媒体来说,这简直是无法想象或梦寐以求的。

另外,网络广告极强的针对性及个性化属性也适应着当今愈演愈烈的市场细分大潮。你可以根据产品的目标市场,挑选合适的网站或网页,或者使用电子邮件等手段,将广告有具体目标地针对性投放,就能使广告低成本且高效率地"落实到人头"。

2. 网络广告媒体的局限

(1)易读性小于印刷媒体。首先,"书香"以及躺在被窝里看产品说明书的惬意,这是网络广告文案所望尘莫及的;其次,对开报纸的超大版面可以"一览无遗",而网络上的超大幅广告则只是在理论上可行,实际操作中还没见过有人去尝试,因为你不能设想让网民主动地用鼠标费力地挪来挪去才能看到一幅完整的广告画面,那也太奢侈了。

(2)容易引起疲劳。所有常用的广告媒体中,上网恐怕是最易引起大脑、视觉以及上肢疲劳的。

(3)有效位置匮乏。虽然说网络媒体具有容纳海量信息的特点,但相对一个电脑屏幕来说,特别是主页的页面上,可供选择的广告位置其实很少且很小。一般来说，可供选择的旗帜广告位置只有顶栏和底栏的两处。而选在底栏的广告如果是在页面很长，必须用鼠标下拉才能看到的话，其广告效果将会大打折扣。

为了解决位置不足的劣势，目前有些网站（如"新浪"）等采取让火柴盒大小的广告在页面上游移的办法，但并没解决其根本问题。由于它在网页上飘来飘去，既干扰了视线，又经常会遮挡住网民正要看的内容，所以常给网民一种不舒服的感觉。

（4）点击率低。传统媒体特别是电视和广播，往往是强迫受众观看广告内容，而网络由于页面的面积及非线性等因素，往往采用链接的方式来进行广告诉求。也就是说，只有你点击了，它才能展现完整的信息，其主动权被网民所掌握。

（二）网络广告的种类与形式

网络技术的发展日新月异，而网络广告的形式与种类也必然随着多样和增加，目前，网络广告的种类和形式主要有以下几种：

1. 页面点击式

需要通过点击才可以连接进行相应的具体广告页面，多采用旗帜或按钮的形式。

旗帜广告（banner）多为横幅，因此也称为横幅广告，是最常见的网络广告形式，也是网站中最重要最有效的宣传形式，因此收费也较高。它最常用的广告尺寸是 486×60 像素，多为 GIF、JPG 等格式的图像文件，一般发布于网站主页的顶部和底部。

此外，与之对应的，还有竖式旗帜广告，一般发布于页面的两侧，价格一般低于横幅广告。

按钮式广告，尺寸较小，简单而朴素，一般设在竖式旗帜广告的下面。

现在也有将上述广告方式变为游动的形式在页面上下左右或斜线漂移，以吸引读者注意或解决页面广告位置不足的问题。

2. 电子邮件

广告发布于拥有免费电子邮件服务的网站上，届时广告就会出现在个人邮件的主页上。

3. 网络电视广告

这是今年来推出的全新网络广告，广告屏幕一般只占显示器的 1/4 至 1/16 不等。虽然形式上它基本等同于电视广告，但由于在网络上播出，既节省了广告制作费用，又可得到关于该广告播出后何时何人看过，看了多长时间，以及有多少人次的详细报告单。

4. 弹出式

弹出式广告又名插页式广告，在行的页面被打开的同时自动弹出广告页面，画面挺长小于主页面，但偶尔也采取大屏幕式（有时是满屏），此种形式于 2001 年开始出现。新浪网曾为乐百氏纯净水播出过此类广告，广告展开几秒后会慢慢缩小成 banner 广告的大小。

目前，该广告形式最为网民所痛恨。不久的将来，在正规大型网站上，它或许要灭绝。

5. 文字链广告

文字链广告是目前最常见的广告方式之一，例如新浪，搜狐首页的文字链接就是一种；还有另外一些文字链广告，比如"窄告"。目前窄告的表现形式主要是文字链接与文字描述相结合的方式，用户可以通过窄告简洁的文字描述对窄告发布者有整体认识，也可以点击文字链接，进入相应网站或页面进一步了解。

文字链广告的优点：日广告价格相对较低，位置醒目，适合直接传递促销信息。

缺点：点击率极低，负载信息量小，不适合品牌宣传。

第三节　网络广告媒体的运作

网络广告媒体的运作，由于前面说过的网络媒体的一些特殊属性，运作起来并不很难。有时要比传统媒体更自主，更有发挥和创造的余地。

但在你开始运作之前，必须弄清楚与其相关的知识，如网络媒体的广告收费方式、代理与发布、测评与管理等。

一、网络媒体的调查

网络媒体调查，是整个网络媒体运作的基础。只有通过调查，才能了解网络媒体在受众心目中的地位与运作。从而了解网络媒体市场，把握市场动态，揭示网络媒体市场的机制与发展趋势，确立有效的网络媒体实施策略。

互联网一建成，网络调查就在美国出现了，最初的调查内容主要围绕在网民的背景、访问互联网的动机、对网站的建议和意见等。随着网络规模的迅速扩大，网上调查的内容也随之扩展到人类生活的各个方面，其中也包括对网络广告的看法和建议。

于是，一种新型的调研方式——网上调研便产生了，这是一种传统调研方法与互联网技术相结合的产物。网络及 IT 技术的介入，使网络调研具有了与传统调研迥然不同的新特点。

（一）网上调查的优势

1. 无时间与空间限制

具体体现在网站的全天候运作与网络自身的全球化。

2. 受访者接受调查的主动性

传统的问卷法和随机法多直接面对受访者，造成受访者的被动心态。而网上调查则使受访者居于主动地位。

3. 方便、快捷、成本低

问卷的发送和回收过程快捷简便，然后用专门的软件自动分析整理形成数据，既减少了数据录入时人为的偏差与遗漏，也节省了大量的人力、物力。

4. 可及时更改和调整

网上调研不像传统调研那样，一旦将调查问卷印发，即使有不妥之处也无法修改，而网上调研则可以随时轻松修改和及时调整。

（二）网络广告调查的内容与方法

1. 内容

（1）网民的基本情况调查。包括：年龄、性别、婚姻情况、个人收入、职业分布等。

（2）网民的上网情况调查。包括：用户每月实际花费的上网费用、上网时间、上网目的等。

（3）网上竞争对手调查。包括：是否在重复竞争对手已经做过的事情，是否在广告创意及媒体实施时在时间或空间上"撞车"，竞争对手都在哪些或哪个网站上做了广告，投入大或小，形式怎样，效果如何，等等。

2. 方法

主要有电子邮件调查、焦点团体（focus groups，又称网上小组）座谈、调查专页这三种方法。

电子邮件调查是以较完整的 E-mail 地址清单作为样本框，使用随机抽样的方法发送问卷，然后再对受访对象使用电子邮件催请问卷。主要用于对网络效果、特定群体网民的各种行为、心理特征等方面的研究。

焦点团体座谈是邀请特定的网民举行网上座谈的一种调查方式。此法适合于具有一定深度和探索性较强的调查研究。

调查专页则是选择高仿率的网站的首页或相关主页通过相关链接设置一

个调查专页，请访问者就其中所设项目进行兴趣上的选择，借以了解受访人对相关问题的态度。

如果由于各方面的原因你无力进行上述的任何一种方法的调查，那么，你也可以委托专门的网络公司代理或与其合作调查。

3. CNNIC

http：//www.cnnic.com.cn就是"中国互联网络信息中心"（china internet network information center，简称CNNIC，其中"cn"代表中国，"nic"代表网络信息中心）网站的地址。经常上去浏览一下，相信会对你有巨大帮助。

"中国互联网信息中心"成立于1997年6月3日，是非营利管理与服务机构，行使我国互联网络信息中心的职责。CNNIC在业务上接受信息产业部领导，在行政上接受中国科学院的领导，并由国内相关领域的知名专家、各大互联网络单位代表组成CNNIC工作委员会，对它的建设、运行和管理进行监督和评定。

CNNIC的具体职责主要有：域名注册管理、IP地址的分配与管理、网络目录数据服务、互联网寻址技术研发、互联网调查及相关信息服务和国际交流与政策调研。

对于网络广告媒体的运作来说，CNNIC的第五项职责是最需引起我们关注的。CNNIC于1997年11月首次发布《中国互联网发展状况统一报告》，此后每半年发布一次，至2005年1月已发布了15次。这是中国官方最权威的网络调查与统计，对网络媒体的运作具有极其重要的参考价值。

二、网络媒体的收费模式

和其他媒体相比，网上广告可以更精确地计算广告被读者看到的次数。比如，在报纸的某一版做广告，你可能根本不知道有多少看到了这一版，但网站却可以精确计算有多少读者看到了每一个页面。因此，网上广告收费最科学的办法是按照有多少人看到你的广告来收费。按访问人次收费已经成为网络广告的惯例。一般是按照每千人次访问次数作为收费单位，即CPM（cost per thousand）。

1. 按千人印象（CPM）收费

CPM（cost per mille, cost per thousand impressions，千人印象成本）指的是广告投放过程中，听到或看到该广告的每一个人平均分摊到多少广告成本。这种计费方式是从传统媒体一直到网络媒体上的，是较简单的一种计费方式。

比如一个 banner 广告的单价是 1 元/cpm 的话，那么每 1000 人次看到这个 banner 就会被网站收取 1 元的广告费，若有 1 万人次便收 10 元，目前，网络媒体 CPM 具体的收费标准主要是根据网站或网页"火"的程度，国际惯例是每 CPM5 美元至 200 美元不等。

按照 CPM 收费可以保证客户的付费和浏览人数直接挂钩。比如今天你有 10000 人访问，明天只有 5000 人访问，这不要紧，因为是按访问人数收费。其次，按 CPM 收费，还可以鼓励网站尽量提高自己网页的浏览人数。第三，还可以避免客户只在封面做广告的弊病，因为按照 CPM 的计价方式，在封面做广告和在其他页面做广告的收益和付出比是一样的。

但这种计价模式只计算进入附有广告的该网页的人次，而不计算究竟有多少进入该网页的受众点击了该广告，所以对广告主来说仍有较大的风险，因为你还是无法确定到底有多少网民真正注意了你的广告。

2. 按千人点击(CPC)收费

CPC(cost per click 或 cost per thousand click through)，即千人点击成本。在这种模式中，广告主只按受众点击广告的次数收费，统计数据也更加准确。但他却使网站方面觉得不公平。因为他们觉得浏览者没点击广告，但他(她)或许已经看到了广告，而看到了广告却没有点击的受众也占用着网站的资源，也加大了网站的流量，对次，网站便等于"竹篮打水一场空"。

当然，解决此毛病的办法也是有的，有些网站采取你不点击广告便无法进入你想进入的网页的方式来逼迫你点击广告。但这又可能会使受众在心理上觉得不舒服，所以最好的办法还是以网页的精彩内容及好的广告创意来取胜，吸引更多人来访问网站，从而提高点击率。因此，这是一种深得广告主喜欢的计算方式，因为钱被花在了"刀刃"上。

3. 按每购买成本(CPP)收费

CPP(cost per purchase)，即每购买成本。这种模式是网络用户不仅点击了广告而且还在线购买了广告商品，只有这样，广告主才按交易量付给网站费用。如果说前面的 CPC 模式是广告主把钱花在了"刀刃"上的话，CPP 则是更进一步的"不见兔子不撒鹰"。

4. 包月制

包月制就是以双方商定好的固定价格以月为单位进行结算。这是中、小网站经常采用的一种收费模式。这种模式对广告主和网站双方各有利弊，当广告效果不好时，显然对广告主不公平；当广告效果好时，显然又对网站不公平。

选用何种付费模式，这是进行网络广告媒体运作时不能忽视的大问题。无论是广告主还是网站的经营者或网络广告的代理商，三方只有很好的合作才能最终完成广告的发布，所以在价格谈判时对有些问题要灵活处理，尽量做到双赢。

资料显示：

根据易观智库 EnfoDesk 产业数据库发布的《2011 年第 3 季度中国网络广告市场季度监测》数据显示，2011 年第 3 季度中国互联网广告运营商市场规模为 139.8 亿，环比增长 22.5%，同比增长 83.1%（图 3-1）。

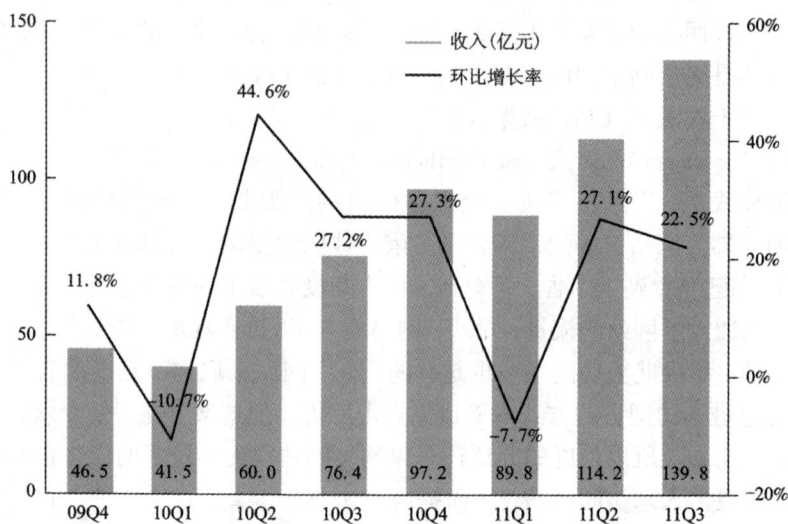

图 3-1 2009Q4-2011Q3 中国互联网广告运营商收入规模

易观国际（Analysys International）认为，2011 年第 3 季度中国互联网广告变化的影响因素主要有以下几个方面：

关键字广告市场增长稳定，市场份额继续保持领先。2011 年第 3 季度，关键字广告市场份额占到中国互联网广告市场的 38.5%，较 2011 年第 2 季度增长了 0.6%。从总体广告市场而言，更多的广告预算开始向互联网倾斜，而搜索广告凭借其良好的效果回馈获得了更多广告主的广告预算。

品牌图文广告份额稳定。2011 年第 3 季度，品牌图文广告市场份额占到中国互联网广告市场的 25.4%，较 2011 年第 2 季度回落 0.4%。由于互联网广告整体市场对广告主广告预算的吸引，保证了品牌图文广告的稳定增长。

以视频广告、互动广告和植入广告为代表的其他广告形式份额稳中有升。新型的广告形式在互联网广告市场一直热度未减，特别是视频广告这一类型在众多新型广告中脱颖而出，率先获得商业认可，凭借其流量停留时间长、展现形式多样等优势，获得众多广告主的青睐。

三、网络广告媒体的选择

网络广告的载体是网站。所以网络媒体选择主要是对网站的选择。不同的网，其所拥有的网民也不同，广告费用也不同。所以在选择网站时，有几个因素是必须要考虑的。

1. 点击率

如果你的广告内容是促销活动或以邀请目标网民参与为目的的广告活动，则需要目标网民通过点击链接到你的特定页面上去接受具体的信息，因此点击率便是非强调不可的了。

2. 覆盖面

如果你的广告目的是扩大品牌知名度、提升品牌形象，那么点击率可以暂不去追究，但该网站目标网民人数的多少便是非考虑不可的了。

3. 信誉度

信誉度具体包括：信息沟通的方便性、个人隐私的保护性、系统运行的可靠性、病毒的防护性等。比如新闻网站，要注重新闻的及时性、真实性、新闻来源的可靠性、论坛的开放性、网管的负责性、免费邮件的功能性及空间的相对无限性等。

4. 广告费用的计价方式

（详见上一小节"网络媒体的收费模式"）

5. 网速

页面下载速度是网络广告媒体选择的必不可少的重要因素，如果5秒之内还打不开你的广告页面特别是连旗帜广告都不能很快显现，那你干脆放弃它好了，哪怕它具备前面的几个因素。因为这种情况下，特别是目标网名将很快转换页面时，即使你的网络广告设计再精美、独特，也不会产生任何效果。总之，进行网络广告媒体的选择时，一方面要考虑网站自身的因素，另一方面也要考虑你的广告形式、广告目的、广告预算与成本、发布时间、发布范围、竞争对手、潜在市场等市场环境因素，只有两方面相吻合，你的选择才是最优。

四、网络广告的制作原则、广告计划与投放

（一）网络广告的制作原则

在制作方面，与其他传统媒体广告相比，网络广告是有局限性的。

互联网广告版面很小，规格统一，创意发展的空间受到限制。

从时间上说，互联网很难提供 30 秒或 60 秒电视广告；从空间上说，互联网也很难提供半版乃至整版像印刷广告一样丰富好看的广告内容。所以，网络广告的创意制作，必须想办法突破版面限制，吸引网民的注意。

1. 信息要非常简单、易懂

清晰的文案，反而比制作繁杂的影音效果更能吸引网民点击。

2. 形式要多样

喜新厌旧是网民的基本特征，电视广告可以一播就是一年，而网络广告的生存期是在两三周左右。某个广告在网页上挂的时间越长，点击率越低。所以曝光率达到一定程度后，就必须考虑这个广告要换一种表现形式了。

3. 资讯要多

赠品式广告是比较有效的广告形式，会增加点击率。但是我们要注意，要提供消费者除赠品信息以外的足够的商品讯息，否则即便点击率增加了，传播效果也是大打折扣的。

网络广告必须提供咨询。对网民而言，banner 广告刚出现时是新鲜有趣的，但是随着对网络操作逐渐熟悉，banner 的吸引力已经下降，网名上网的目的是为了寻找特定网站及特别的资讯，而不是花时间点 banner，进入一个他们不想进的网页。所以网络广告不只要卖商品，也要扮演提供资讯的角色，要让网民拥有点进你的广告，绝对不虚此行的感受。

4. 文件格式要小

比如 banner 广告，国际通用标准是不得超过 12K，否则会影响调出的速度。整个网页内容都出来了，可是广告还没出来，效果自然要打折扣。

（二）网络媒体广告计划

1. 计划

计划中要包括：

（1）产品或服务的目标对象；

（2）目标对象喜欢浏览的门户网站及兴趣爱好等调查；

（3）广告活动要传达的信息；

（4）广告活动要抵达的目标对象的人次和期望的印象数；

（5）设定在线广告投放数量；

（6）选定广告要投放的网站；

（7）列明要投放的指定网页及 URL 地址；

（8）列明广告投放的起止时间；

（9）列明广告投放的总量（一般以 CPM 计数）；

（10）列明广告的像素大小；

（11）列明广告的名称（因为，一个产品可能在一次投放中有不同的广告表现）；

（12）列明需要链接到的指定网址或网页的 URL 地址；

（13）媒介购买与监测流程。

（三）网络广告的投放

计划方案通过后，便可以向媒介下达正式订单，并要求对方出具监测报表。

如果你同时在超过 5 家以上的网站投放，最好采取第三方公司的广告传送软件系统对你的广告进行投放管理及监测，在广告投放前，需要将你的媒介计划表递交给对方，由对方向你传送代码，你再把代码转至各个网站媒介，这样，由第三方公司进行统一的管理与核实。

网络广告与传统媒介不同的一个表现，在于其效果可以马上测定。通过第三方的监测与统计，你可以马上得到广告在哪些站点获得浏览和点击的数据。在此数据基础上，可以对媒介计划进行修正。

比如，如果两个创意表现在同一网站的点击率不同，你可以修改点击率低的广告；如果同样的广告在不同网站的点击率有高低，说明在点击率高的网站，有更多的访问者对您的产品或服务感兴趣。那么，在下次修订媒介计划时，你就拥有了宝贵的经验。

具体来说，网络广告的投放要注意以下几点：

1. 刊播次数

互联网广告的投放，比一般的大众媒介投放更加精确。最常用的计费方式是按照曝光次数来计费，你的广告被人看到过多少次你就付出多少广告费。每次曝光，计算机服务器都会有非常精确的记录，不像电视台，在黄金档电视剧时间付同样的钱做广告，电视剧收视率的高低，使平均到每个人的投放成本有很大的差异。

目前全球通行的互联网广告计费单位前面提到的每千人成本（CPM），就是说，网络媒体以每千人次个广告曝光次数来报价给广告主，广告主可以依据自己市场活动的需要，和运算的多少，来决定广告需要被刊出的次数。

例如，新浪网的 banner 报价是每千人成本为 200 元，客户的运算为 1 万元，那我们可以在新浪网投放多少次广告呢？1 万元除以每千人次 200 元，广告可有 5 万次的广告曝光次数。新浪网必须在一定的时间内使这个广告能达到 5 万次的曝光次数。

从另一个角度来计算，如果客户觉得，一次大规模的网络推广活动必须有 50 万人次的广告接触效果，那么，新浪网就要保证广告曝光 50 万次，在 CPM 为 200 元的情形下，广告主则需准备 10 万元的广告预算。

也就是说，我们可以用 CPM 的计费方式，去计算广告在有限预算下的曝光次数，或者，在决定网络广告活动目标后拟定广告预算，让网络媒体来保证我们广告的曝光次数，这样，我们就能确定花费的每一分钱都让广告露了脸。

2. 根据广告目标投放广告

由于网络广告的针对性较强，你就可以按照广告目标来制订投放计划。举例说，如果你的广告目标是打知名度，希望有 100 万人次能在短时间内看得到你的广告，那么，只要挑选浏览器量大的大型门户网站，按照这个次数投放就可以了。当然，你也可以选择新浪网、搜狐、雅虎中文等大型网站各购买 20 万次的投放，在一些中型网站各购买 10 万次的投放，这样便基本上能够达到高覆盖、高速提升知名度的广告目标。

网络是个分类的媒体，网站数量数不胜数，各种类型的网站多如牛毛，所以，它的分类比传统媒介要细致得多。即使在同一个网站上（如大型门户网站），其自身就有着令人眼花缭乱的分类。

这种情况下，针对广告目标来投放广告就显得尤其重要。但有的时候，广告主为求知名度和门面上的形象，总会要求将其广告刊在网站首页的位置，以为这个位置流量最多，是最多人看的地方，刊在这样的位置不会错。但事实上，就一个综合性或搜索引擎一类的门户网站，首页的访问人次虽然多，却不见得能真正接触广告主最想要的目标消费者。

例如：视听产品，像 DVD、DISCMAN 的广告，不一定要出现在搜索型门户网站的首页，但是应该出现在娱乐、音乐类搜索分类的网页上。

为医院制定网站推广计划，它就无需出现在大型综合门户的主页面广告位上，它应该出现在健康医药类搜索导航的网页的显著位置。可口可乐、七喜、美年达，可以到流行音乐网站找到年轻群族。博士伦隐形眼镜和护理产品可以到大学网站上做广告。航空公司可以到搜索引擎网站中的旅游单元，找到想出国的网民。

以证券公司为例，如果把广告刊登在某个大型门户网站的首页，的确可以有很多人接触到，但是来这个网站的人，也包括了很多根本没有购买股票能力的学生，他们不可能对证券公司的网站带来实质的回馈，甚至对证券公司的广告根本就没兴趣。倒不如把广告做在金融投资或财经新闻这样的相关单元，虽然是网站中的内页，却个个击中对网络证券商有兴趣的网民。所以，要以理性的眼光看待访问量。

从某种角度来看，网页的访问量确实要比其他页面大很多，但从市场细分学的角度上看，网站首页的访问人群结构往往存在着杂乱、无主题、无目的的特点，从而也从客观上导致了广告在针对性上出现偏差的可能性。

另外，由于首页的"门"的特点，广告的点击率反而可能会最低。比如生活中，客人们往往是进了门之后被请到客厅里坐下来之后才开始谈他要谈的话的。

在究竟选择哪家网络媒体投放广告的问题上，你不能只考虑该网站的访问量是多少，同时还要注意该网站的服务内容及网民结构是否与自己的广告产品或广告活动相适应，只有这样，该网站的访问量才有可能成为有用的浏览量。

3. 投放后的管理

与传统媒体不同的是，网络广告投放后必须注意各种技术层面上的管理，否则广告效果将大打折扣。

网络广告技术的技术管理主要是 IP 地址和频次的管理。

(1) IP 地址区域的管理。广告主在投放广告时，可利用网站的区域定向系统，制定目标区域的用户前来读取其横幅广告。

(2) 频次管理。有的用户每次上网，一口气看几十个页面，如果没有广告频次的限制，一个人看十几个同样的广告，受骚扰的是用户，受损失的是广告主的投资效果。所以有的网站可任意运用广告管理软件来设定最高频次，比如，设定每个访问者不得超过 5 次浏览相同的广告，这样来确保最低浏览者人数。

4. 注意网络广告的发布规格

网络广告由于互联网自身的特性，制定规格通常是不以时间为单位，而是以版面为单位。在实际情况中，又因为用户端显示屏大小、主机配置的高低及分辨率不同，会使广告的页面出现差异，严重时会导致无法显现和浏览。微软曾经有个广告投放计划，并为此预先选择了 14 家网站，但经调查发

现，14 家网站竟有 35 种不同的规格。这就需要对原先的网站广告重新进行
设计，浪费金钱不说，还要浪费大量的宝贵时间，没办法，最后只选择了 4
家符合自己广告规格的网站来投放。

所以，网络广告一般都有约定俗成的规格，这样才能在各网站做到形式
的统一。1996 年 12 月美国互联网广告联合会(Internet Advertising Bureau, 即
IAB)曾牵头制定并宣布 9 个网络广告标准尺寸。后来经过各方不断改进，主
要是因为网络技术和宽频问题的基本解决，尺寸虽然不断增大，但已基本达
成共识。

5. 别让电子邮件广告变"垃圾"

多数网民对硬塞给他们的电子邮件非常反感，碰到不明邮件大都是一删
了之。所以，如若发布电子邮件广告，必须清楚允许和硬塞电子邮件之间的
区别，否则会得不偿失，损害产品形象，丢失大量潜在消费者。

要绝对尊重，坚决不予投递。同时，在与其他媒体(如 DM)组合发布时
一定要仔细核查，避免在同一消费者身上出现重复收到相同信息的现象
发生。

另外，对于有些广告商品(如有性别、年龄和民族风俗差异的用品)，一
定要尽最大努力核实对方身份，否则一旦搞错，轻者是出笑话，重者可能发
生各种纠纷甚至被要求精神索赔。

6. 注意发布环境

美国的某网站上曾经发生过这样的事情：一条维珍航空公司的网络广告
与《华尔街时报》一条报道阿根廷空难的新闻在同一网页上同时并列出现。
这显然是一个比把治疗痔疮的广告和美容广告放在一起的更为严重的错位编
排广告案例。

在网络广告的发布中，注意广告的发布环境比传统媒体显得更为重要一
些。因为网络广告的发布程序的复杂性远远大于传说媒体。因为网络广告的
发布渠道有两种：一种是网站自行刊登网络广告，只要网络编辑严加防范，
错位情况基本可以避免；另一种则是由网站外部的广告发布系统(如网络广
告代理公司等)直接向网站的页面传送。在这种情况下，广告的发布者就要
格外小心，要时刻留意各种新闻和相关信息在网页上的动态，尽量避开可能
会影响广告效果同时也会损坏网站名誉的不利广告环境。

7. 慎重使用弹出式广告

2001 年开始出现的这种强制性极大的网络广告形式曾风靡一时，并为广
告主所青睐，但广大的网民却认为这是一种对网民的不道德的骚扰式广告，

从抱怨、反感到最后的忍无可忍，这使得各大网站已在开始考虑尽量少用甚至禁用弹出式广告的策略。

弹出式广告一直让消费者很头疼，被视为最讨厌的广告形式之一。在众多相关的调差中显示，广大消费者反感这种广告形式，弹出式广告有损网站的信赖性。而且这种强制性观看广告跟垃圾邮件有点相似，且有违反法律之嫌。人们对其的讨厌程度已经快赶超垃圾邮件了。

2003 年，微软决定在 2004 年上半年发布 Windows XP 服务包 2 的时候为升级版本的 IE 浏览器增加一项封锁弹出式广告的功能。原因之一是微软近来备受官司困扰，特别是输掉了 IE 浏览器侵权官司的第一回合，微软需要在其软件上做出一些动作，以平息消费者对其的怨言。在网络广告中弹出式广告和电子邮件广告一样饱受争议，在对垃圾邮件的一片申讨声中，消费者对弹出式广告的投诉和愤怒最大，再加上众多的网络公司已经宣布削减或停止弹出式广告，还有大量的阻碍式工具软件的开发，弹出式广告已经成为鸡肋，不如主动采取相关的措施，以避免在这个问题上与消费者又为敌。

2004 年 9 月 8 日，21CN 网站正式在北京宣布开始大规模"网络清洁"运动，彻底屏蔽首页弹出式广告、浮动广告。在解决广告骚扰问题上，这是中国门户网站的首次实际行动。21CN 总裁张颖认为："网络用户'审美疲劳'将会给网络媒体的经营、网络广告的发展引致毁灭性的后果……网络广告的调整期很快就要到来，与其到时我们被逼迫去调整，不如现在去主动纠正。"

如今国内各大门户网站广告堆积的现象非常严重，已经严重影响到了用户的上网体验。今年初 21CN 进行的一次调查显示，95% 的网民认为网络广告干扰了他们正常的信息阅读，并对此表示反感。这种现象促使 21CN 决定主动大幅度拒绝网络广告。

实际上在此之前的 2004 年 7 月 26 日，新浪首席执行官汪延也曾表态："给新浪一年时间，我们争取解决弹出式网络广告对网民的骚扰。"

8. 注重网民的受众心理

任何一种事物的前途，都取决于它被怎样利用。网络广告也不例外。要从受众心理的角度去体会网络广告是如何对受众产生效果的。

从受众对广告的接受过程看，其心理反应通常可以分为以下几个阶段：感知、接受、记忆、态度、行为。感知是广告对于受众产生效果的首要环节，一般只有让人们知道一个广告的存在，才会引起接下来的各种反应。但是，在这方面，网络广告却恰恰具有先天不足。

允许受众拉出信息，一向被认为是网络的最大优点之一。网络广告似乎也就顺理成章地遗传了这一基因。但是，事实却提醒我们，需要被"拉出来"的广告，实在是很难让人"感知"。指望人们在时间就是金钱的网上，注意到每一个广告，是不现实的。

这方面，传统媒体的广告就要好得多，即使是人们一看到广告就开始换台，或者上洗手间，那种强制性也是不可忽视的。事实上，引起了人们的不快，本身就是一种刺激。而人们接下去的反应，正是在感知到广告的前提下。感知，不一定要是愉悦的，很多让人舒服的广告，所带来的刺激程度，可能比不上让人厌烦的广告。网络广告过分强调赏心悦目的原则，可能正是给网络广告雪上加霜。

所以，有的时候网络广告也不能一味地强调"动"，比如 Flash 动画，如果是在一片 Flash 中，人们除了觉得眼晕外，还能感受到什么？

以为凡是"动"的就是好的，其实是不够懂得辩证法的。如果你所要发布的广告的那个页面中大多是动的，这时采取"动"中取"静"的战术反而会事半功倍。

在如上面所说过的"弹出式"广告，它实际上是网络对传统强制性广告的一个抄袭。但由于网络的网速问题，常使它的身手不够敏捷，所以大部分人都可以在窗口弹出来的同时就手疾眼快地把它关掉了。如果是死活也关不掉，那麻烦就大了，网民可能会因此恨死你这个网站甚至由此引发对广告商品的厌恶。

还有那种咬定鼠标不放松的图标，也可以说是不惜代价来换取注意力。但是，也可能把人们对这个网站的访问，变成一锤子买卖。

如果你认识到网民特殊的广告接受心理，那么你就会认识到：声音其实是做广告最好的形式之一。如果把音频广告与优美的背景音乐结合在一起，也许是让人们感知的一种好形式。因为它除了占领耳朵之外，不会抢占其他资源。只要这个声音可以忍受，人们也不会与它过不去。

复习思考题

1. 网络广告媒体的优势体现在哪些方面？

2. 网络广告媒体的类型有哪几种？

3. 结合自己的所见所闻，谈谈网络广告媒体的发展方向。

实践训练题

假如没有网络

一个人的脸部，两眼被人用手蒙住了，她的两耳被人用手指塞住了，表情一派茫然。

一个人的大脑，里面空空也，它的主人茫然无措，不知所以然。

…………

两个人……十个人……一个教室，……一个社会……

分析没有网络的社会是什么样？

—

第四章 手机媒体

知识要点

1. 熟悉手机媒体的特点。

2. 掌握手机媒体的广告投放。

3. 了解手机短信的传播特点。

案例导入

中国电信将推第四代 3G 互联网四通道手机

继首款新一代 3G 互联网四通道手机酷派 9960 近日亮相后，中国电信透露，第四代 3G 互联网四通道手机将于年底开始大规模推出，这些以双网双待、大屏、四核等为主要特征的高端 3G 智能手机将成为中国电信争夺高端手机市场的利器。

均为 4.7 寸以上大屏及四核芯片 3G 互联网四通道手机是中国电信独有的手机种类，由中国电信专门定制，其名称体现了其特性，主要指手机既具有 EVDO/GSM 双网双待功能，同时也支持中国标准的无线功能 WAPI 和国际 WiFi 标准。由于支持四个无线通信标准，这种 3G 互联网四通道手机在 3G 时代网络功能强大，可利用各种网络上网。

中国电信是在 2009 年开始推出第一代 3G 互联网四通道手机的，当时，这批高端手机的推出使得双网双待成为中国电信高端 3G 旗舰手机的标配，而其后每年中国电信都推出 3G 互联网四通道手机，但每年合作的厂商和手机配置均有所不同。

据悉，今年上半年中国电信相关部门就已规划新一代 3G 互联网四通道手机，并要求新一代 3G 互联网四通道手机要适应新的手机市场形势，在硬件上大力提升，而其后，三星、酷派、摩托罗拉等厂商纷纷响应，因此，中国电信新一代 3G 互联网四通道手机也赶在年底黄金旺季前出炉。

按顺序来排，今年的新一代 3G 互联网四通道手机为第四代 3G 互联网四通道手机，中国电信相关部门介绍，新一代 3G 互联网四通道手机在功能和人性化设计上均有很大提升，至少有五大特点：

首先，各款中国电信第四代 3G 互联网四通道手机采用四核芯片，而以往是单核或者双核。其次，主频均为 1.5GHz 以上的 CPU，运行速度大幅提升，而以往是 1GHz 的 CPU；同时，均采用 Android 4.0 操作系统，支持网络多媒体处理功能，使移动多媒体体验更完美；内置主摄像头 1300 万像素以上。

而更直观的是，中国电信第四代 3G 互联网四通道手机在手机屏幕上均采用 4.7 寸以上大屏，而最大的达到 5 英寸，这些超大魔幻炫屏让手机可以更轻松地支持娱乐、办公、多媒体等各种移动互联网应用。

多款新一代 3G 四通道手机准备推出。根据工信部的统计，中国 3G 用户总数已突破 2 亿大关。其中，中国电信 3G 用户数已达到 5972 万户，与其他运营商差距不大，尤其是在 3G 渗透率方面，中国电信已高达 39%，在三大运营商中领先，这显示中国电信 3G 发展步入了一个新的阶段，而功能强大的新一代 3G 互联网四通道手机显然将进一步满足中高端 3G 用户需求。

据悉，中国电信正加紧这些新一代 3G 互联网四通道手机的上市准备工作，除了酷派 9960 外，另一款向三星定制的新一代 3G 互联网四通道手机已完成工信部的入网测试，正在中国电信广州研究院复测中，同时也已完成四轮质量管控。一旦完成这些检测过程，多款新一代 3G 互联网四通道手机将同时上市。

第一节　手机简介

据信息产业部的统计：截止到 2004 年 9 月我国共有移动电话用户 3.34824 亿户，新增用户数 6487.1 万户，达到了月均增长 540 万户，移动电话普及率为 24.8%。

短信方面，2005 年 1 月 20 日信息产业部最新统计显示，2004 年全国手机移动短信业务量达到 2177.6 亿条，比上年同期增长 58.8%。如果以每条 0.1 元计算，这一收入超过 217 亿元。信息产业部有关负责人说，我国移动增值新业务、新应用层出不穷。彩信作为短信的升级，以声像、图文并茂的多媒体形式弥补了短信的单调形式；WAP 服务可以使用户随时、随地接入互联网；JAVA 应用把第三方应用程序下载到手机上，提供游戏、娱乐、商务和生活等方面的应用。随着第三代移动通信时期的到来，话音业务之外的移动增值服务会被越来越多的手机用户使用。

任何一种新媒体不可能取代旧的媒介，而是相互融合渗透。手机与传统媒体广播、电视、报纸等大众传播媒介已经产生良好的互动。对此,广告界绝不能袖手旁观,任凭投机商人借助这一新媒体大赚其钱,大改其道,大放垃圾信息,相反,应该投身进去,以学术和务实的目光审视它,积极地展开研讨,阐述这种新媒体给整个广告市场带来的变化,及时地为这种全新的媒体构建一个科学的理论框架。

移动媒体的广告运作由于种种问题目前还有许多困难,但也因此会造就一批历经磨难的广告奇才。投身进去,你就会发现面前是一片等待开垦的处女地。

一、手机媒体的优势

最近的报道说:春节晚会上或一致好评的《千手观音》女一号,因为是聋哑人,她与人沟通与交流多是采用手机短信的形式。无独有偶,早先的报道说,著名篮球运动员姚明与女朋友远距离交流时也多是采用手机短信来表达思念之情。

作为一个比网络媒体的发展还要迅猛的新媒体,移动媒体显然有它自身难以抗衡的优势。而这种优势正愈来愈朝着有利于发布企业广告信息的方向发展。

(1)贴身性。便携、小巧,你无论在哪里,它都可以时刻伴随着你。这是其他任何媒体都望尘莫及的。

(2)多功能。打电话、上网、听广播、看电视、玩游戏、收发短信、读新闻、MP3、摄录像……几乎是所有媒体的功能都能在它的身上找到影子。

(3)信息收费价格低廉。0.1元发条短信(除彩信、视频外),千人成本100元左右,且能准确"到位",效果显著。而传统媒体若想达到这种效果,其费用可能不只是几倍的问题了。且移动媒体的收费是以数量收费而非大众传统媒体的以时间和空间来收费。

(4)具有极强的隐私性,这给广告信息的发布者提供了一个极大的可具体针对某一特定受众发送隐私特点信息的便捷通道。如有些受众对某些商品有需求但又有"难言之隐",那么使用手机广告是再好不过了。

(5)有针对性地设计个性化信息。如果发送广告信息获得某些受众的许可,你便有可能得到这些受众的个人相关资料,如性别、年龄、职业、爱好等,这样便可以进行不同人的个性化广告信息的发布。而其可"群发"功能又可使用户几乎在同一时间接到信息,这显然在时效上又比DM广告更胜一筹。

(6)可追踪性。如果获得目标受众的允许,全球卫星定位系统加上受众个人信息资料库，甚至可以追踪受众的大致的消费行为和喜好，从而可以制定或调整广告传播策略。

（7）时效性更强。在网络顺畅的情况下，可及时发布或在有排期的情况下随时都可"插发"。这对那些强调时效性的广告信息显得尤其重要。

（8）互动性。首先是使用移动通信工具的消费者可以通过按动不同的数字键，便可对广告上的信息做出不同的及时反应。这是其他传统媒体难以得到的对广告效果进行准确评估的反馈信息。其次，手机上的"转发"功能又可使广告信息在受众自身之间产生互动效应。如一个消费者收到自己感兴趣的广告信息后可能会转发给其他对其有兴趣的熟人共享。

（9）融合性。你可能会在电视里或广播中经常看到或听到这样的文字或声音："发信息网××××××，你将有可能……"，或"如果您有什么样的看法和建议，请发短信往××网站……"。可以说，在众多广告媒体中，移动通信媒体可以说是扮演着一个特殊的角色，就是它已然成为一个媒体的媒体。其穿针引线及与其他媒体能有机地融洽结合尤其是广告媒体的组合运用方面确实值得传播界进行深入的探讨与研究。

谈到这里，也许有人会问：如果我不在家，报纸照样可以送到，我回家时总能看到。但对于移动媒体来说，如果有人发信息时我未开机，那还能收到吗？如果收不到，还能说是极高的到达率吗？

对此我只能回答：那要看你连续关机多长时间。一般来说，如果你从应该收到信息的那一刻起，只连续关机两天两夜也就是48小时整，那么收到信息是不成问题的。因为给你发布信息时如果你的手机正处于停机状态，那么网络平台会自动将其储存直到过了事先设定的有效期后才自动撤销。只要你在有效期的任何时间开机，那么信息便会立即发布到你的手机上。

二、手机媒体的劣势

上面谈了移动媒体的许多优势，你可能会问：它既然有那么多优势，为什么没被广泛利用呢？

我想，这只能说明：一方面是许多人（包括众多的广告主）还没彻底认识它，即使认识到了一些也因为具体操作上的时机不成熟而持一种观望的态度；另一方面，显然是到目前为止，它也确实存在着许多的不足，这些不足主要体现在：

（1）监管问题还未解决。目前，有手机的人基本都收到过各种垃圾信息，有些是"黄、赌、办证"之类的信息，甚至还有贩卖枪支弹药的严重危害国家安全的违法信息。你不禁问：怎么没人管？回答是：不是没人管，而是不好管。

不好管的原因很多，其中有技术问题（比如屏蔽垃圾短信，手机运营商能做到的只是探明短信的发送者和接受者，但对短信的内容却很难监控），也有组织和监管商的无力，还有一些法律上的问题，再有就是电信、网络平台及各类服务商的巨额利润问题。

目前，虽然问题正在一步步的解决，但相对于移动通信的迅猛发展，还是显得相当的滞后。目前所用的"呼死你"，显然不是解决问题的根本办法。你想"呼死"它，它却跟你玩"呼叫转移"。虽说魔高一尺，道高一丈，但魔就是魔，它会再长高十丈的。

（2）运作模式尚未规范。如果你现在涉足于移动媒体信息发布的广告市场，你将会发现：用"混乱"二字来形容它并不为过。当然，说其"混乱"也是相对于目前的传统大众媒体广告流程而言的。因为在目前的移动媒体的广告运作中，似乎任何机构、任何公司（无论大小与资历）甚至个人都觉得自己能够制作乃至发布广告及广告的调查与评测。不规范的操作必然导致不合格产品，再好的"经"被歪嘴和尚一念便歪了。

（3）贵重。这几年，抢、偷手机的事件层出不穷。为什么？除了手机好抢易偷之外，皆是因为它就目前来说还是属比较昂贵的物品之列。也就是说，尽管我国目前从数量上号称将是或正在成为世界第一手机大国，但相对于人口比例来说，还远远达不到第一。买得起手机但可能花不起通信费用，这也是制约我国移动媒体更进一步发展的瓶颈之一。

比如，无论是在理论上、技术上还是实践中，手机看电视已成为现实。但在目前的中国，看似庞大的手机用户中又能有多少人能付得起每月三四百元的远高于传统媒体的昂贵消费？所以，若从视频或彩信广告信息的发布上看，每千人成本也是很高的（需要补充的一点是：前面在移动媒体的优势中曾说其是"信息收费价格低廉"，那是就通常的144个字节的文字短信息而言，而彩信、图像及视频等则不在其列。如彩信一般为每条0.5元左右）。

（4）相关服务还不配套。移动媒体的商业性服务还因各种原因在实际的运作中根本无法兑现。

理论上可行，但还只是纸上谈兵。比如用手机里的存款付费，目前大都只是在互联网的一些网站上能行得通，因为经过几年的运作，电信部门与网络运营商在费用的结算上已基本达成共识并已形成一定的比较成熟的模式。但在商场购物后以手机的号码形式付款恐怕就没那么简单了。目前国内银行因为自身的系统、成本、使用此方式消费的用户人数及与商家的利益分成等问题，看来还有相当长的一段路要走。

有资料说：澳大利亚一大学中，学生不用拿现金，只要把自己的手机号码输入进可口可乐的自动售货机中，便有饮料可喝，而账则记在了银行中你的存款上。但这也只是种尝试甚至是商家对其产品的一种高明的炒作。

（5）广告信息发布关卡重重。"水道渠未成"，用这句话来形容目前移动媒体广告市场的状况是比较恰当的。

尽管移动媒体有巨大的能给广告市场开辟一个崭新领域的潜力，但也正因为如此，有关部门对其市场的开放便越是慎重，且由于在监管上的种种困难及相关法规还未确立，所以你现在暂时还不能像传统媒体那样点对面地向用户发送广告。

那么，你的手机上收到过的广告短信都是怎么来的呢？

目前，在移动媒体上发布的短信广告，通常被要求必须是手机之间点对点的发送或通过人工声讯台发送、通过相关网站发送。其间要经过一道道的关口，行业内常称之为"网关"。网关的最关键的守卫者便是"移动网络供应商"，如我们大家所熟知的"中国移动"及"联通"，短信、游戏及视频等功能的开通便是他们电信"增值服务"的内容。目前遍布全国的大大小小的人工声讯台、网站（如网易、新浪）等有移动通讯服务项目的经营单位都属于"信息服务商"，他们都是网络供应商的合作手段。由于国家信息安全方面的考虑及移动媒体市场还不规范等前面提到的种种原因，网络服务商要求所有的合作伙伴必须严格遵守所制定的行业规则，其中关键的规定之一便是：严禁为用户提供群发功能。

那也就是说，手机上大部分的广告信息都是以点对点方式发出的。当然，这里也不排除不法分子利用相关技术突破网关进行小规模的群发。

"群发"是指移动媒体中一种以点对面的形式向用户发送信息的功能。所以群发功能的开放与否、限定方法确实是关系到移动媒体广告的生存与发展。

2004年在我国相关部门及网络供应商联合整治移动通信市场的行动中，许多大到"新浪"小到个体人工声讯台等信息服务商因违规操作而收到了不同程度的处罚。

尽管目前中国移动和中国联通正在尝试对外开放短信广告业务，但正是开通前的这十余年当中，对提供短信信息的服务商限制很严格，甚至都不允许服务商对自己的注册会员发送与本服务商无关的商业信息。否则，用户就可拨打 1860 举报。若举报属实,证据在手,那么对服务商来说,轻则是巨额罚款,重则关闭信道,取消经营资格。

(6)媒体的良好形象还未树立。形象不好,往往是媒体的致命伤。前面的一些问题,似乎随着技术的进步、法规的完善和政策的放宽而逐渐甚至很快便能得到解决。但若是形象上处于不良状态,则要花巨大的力气才能改变受众对你的不信任。再好的广告,如果载体形象不佳,哪个重视企业形象的广告主还敢把钱往你身上投?

2003 年,"非典型肺炎"由于谣言曾在广东地区造成极度的恐慌,随即引发了抢购药品特别是板蓝根、白醋和食盐的狂潮,而手机短信便在其中扮演着"传播者"和"加速器"的角色。据统计,在谣言最盛的那几天里,广东移动的日均短信发送量超过了 4000 万条。虽然这也从另一方面证明了它的巨大的潜在功能,但越是功能无量,如发挥不当,也越易造成灾难性的后果,最终也会断送它自身。

短信曾有望成为移动媒体广告的 1 号种子选手,但最终却与其失之交臂。如同发送便捷、成本低廉的电子邮件广告一样,滥发的垃圾短信以及虚假信息充斥着手机,造成了用户的普遍反感,并引起了行业主管部门的重视,由电信运营商直接提供的短信广告服务也从此夭折在襁褓中。

不管人们是否承认,手机短信营销行业已经成为了被垃圾信息破坏的行业。

(7)创意空间相对狭小。与其他任何一个传统媒体比较起来,手机屏幕的平面空间小得可怜,再大气的广告画面,放到手机上则难以逃脱被矮化的命运。虽然有些手机有图像局部放大的功能,但目前由于流量的限制因而图片和视频文件都不能做得太大太多,否则传输上就有困难。

当然,从另一方面来看这也是个机遇和挑战。如果你有志于手机广告的创意与制作,那么你不妨就从现在开始,潜心钻研,找出其中规律性的东西,相信总有一天,你会有巨大的回报的。

第二节　手机媒体的广告运作

一、手机媒体的相关术语

1. 短信

短信(SMS, Short Message Service),是电信领域的一种增值服务,主要是指以移动电话为终端，通过 GSM 网络传输的、有线长度的文本信息的服务。短信息业务主要包括点到点短信息业务与小区广播短信息业务。

从技术角度看，短信是基于存储转发类型的增值业务。也就是说短信的传播过程不像语音通信那样需要在主叫与被叫之间建立信道链接，而是系统先存储发件方的信息内容，然后在下发给接收方，因此，短信属于一种非实时、非话音的数据通信业务。它可以由移动通信终端(手机)发起，也可由移动网络运营商的短信平台服务器发起，还可由与移动运营商短信平台互联的网络业务提供商(SP)发起。

我国最早的短信服务开始于 1995 年，当时它的名称叫做"中文短消息"业务。目前，这种短消息的长度被限定在 140 字节之内，这些字节可以是文本的。其实早在 1994 年，我国的移动通信网络已经开始具备短信功能，不过当时的手机用户还太少，所以这项业务还不太为人所知。到了 2000 年，中国移动通信有限责任公司正式开通了短信息服务，发出了中国第一条短信，中国联通随后跟进。当年，中国的短信发送量达到 10 亿多条；2001 年，短信市场开始出现火山爆发似的增长，发送总量达到了 189 亿条；2002 年，中国移动国际短信业务正式开通，国内用户可以发送短信到全球 63 个国家和地区，当年短信发送总量迅速攀升至 900 亿条；2003 年，信息产业部宣布我国移动电话用户超过固定电话用户数，庞大手机用户群使得手机短信的发送量再攀高峰，达到了 1371 亿条，平均每天有超过 3.76 亿条短信在中国用户间传送，发送量占全球短信的 1/3 左右；2004 年，小灵通短信业务开通，全国短信息发送总量为 2177 亿条；2005 年全国手机短信发送量达 3046.5 亿条，比上年增长 39.9%；2006 年，全国手机短信发送量已经超过了 4296 亿条(日均发送短信接近 12 亿条)，短短 6 年间，中国手机短信发送量增长了 400 多倍。2007 年总共发送短信 5921 亿条，换算下来，平均每天有 16 亿条。特别是每年春节前后(即除夕到初六)，每天的短信发送量都有加速增长的趋势，许多民众在这段时间经常会收到来自四面八方短信的狂轰滥炸。这一年，中国短信市场收入超过 590 亿元。据工业和信息化部的统计，2008 年全年我国移动短信业务量达 6996.7 亿条，同比增长 18.2%。

1992 年英国的一个网络通过电脑向手机成功发送了世界上第一条短信息。

在我国，短信业务自 2000 年开始几乎呈几何级数增长。2000 年当年，我国短信量为 10 亿余条；2001 年是 189 亿条；2002 年全国达到 900 亿条；2003 年，中国人发送短信的数量达到全球总数的 50%，特别是该年春节流行的手机短信大拜年，以至于大年三十晚出现了短信大"塞车"的现象，发送量超过 70 亿条。2004 年全国手机移动短信息业务量达到 2177.6 亿条，比上年同期增长 58.8%。如果以每条 0.1 元计算，这一收入超过 217 亿元。

短信息服务不需要申请，用户只需按动几个键，做一些简单的设定，就可以享受这项服务。目前我国手机短信息每发送一条仅 0.1 元，而且接收免费，与传送和接收都是每分钟 0.4 元的手机语音业务相比价格低廉，并在一定程度上满足了消费者渴望享受"手机单向收费"服务的心态。另外，种类繁多的短信中心为消费者提供各种各样的定制服务，使每个行业、每个阶层的用户都可以自由挑选和找到自己所需的信息，如收看股票行情、投注彩票、用短信息拜年等。发送短信息不需要语音支持，可以随时随地（比如在会议上、旅途中和上班时）发送，不会影响别人。

2. 3G 手机

3G 是英文 3rd Generation 的缩写，指第三代移动通讯技术。

相对第一代模拟制式手机(1G)和第二代 GSM、TDMA 等数字手机(2G)，第三代手机一般是指将无线通信与国际互联网等多媒体通信结合的新一代移动通信系统。

它能够处理图像、音乐、视频流等多种媒体形式，提供包括网页浏览、电话会议、电子商务等多种信息服务。为了提供这种服务，无线网络必须能够支持不同的数据传输速度，也就是说在室内、室外和行车的环境中能够分别支持至少 2 Mbps（兆字节/秒）、384 kbps（千字节/秒）以及 144 kbps 的传输速度。

二、手机媒体的广告投放

自从手机用户和手机信息增多以来，业内一直在讨论如何将手机作为一种有效的营销渠道加以利用。与电视、报刊、广播三大传统媒体或各类户外媒体、杂志、直邮、黄页相比，互动移动（WAP 手机）媒体集以上各种媒体之优点。随着通讯网络的高速发展及完善，这种商业模式日渐融入现代工作和生活。

由于手机用户数量庞大，短信发送便捷、成本低廉且有强制阅读的优势，因此作为一种广告宣传的方式有很大的潜力和前景。一家英国的无线营销公司 Enpocket 在调查 200 次营销活动发送信息给 5200 个消费者的报告显示，23% 的手机用户会将收到的短信营销信息保存起来以后阅读，20% 的用户会将这些信息给自己的朋友看。平均来说，有 8% 的手机用户会回复短信营销信息，6%的手机用户会访问相关网站，4%的用户会购买通过短消息发布信息的产品。

1. "拉"模式

目前，在国内部分城市的试探中，移动广告的发布开始从过去传统的单项传播，受众被接受信息，渐渐趋向互动模式，由大量生产的"推"模式转为以顾客为核心的"拉"模式。用户可以通过收听或者收看广告的模式获得一定的赠费，从而为企业、商家搭建了一个内容可控、受众可控、广告到达率高并且投放成本低廉的新型广告投放媒体。

2004年，河北、江苏等地移动公司开通的WAD业务模式，用户只要使用移动电话拨打特定的接入号码，免费听取一段广告信息（有时需按照要求答对相关问题），即可获得由广告客户赠送的一定金额的移动通话费，获赠的话费记录在用户的专用账户中，系统会在用户应缴的花费金额中自动扣除。而广告投放的商家则可以自主选择把握信息发布期限、赠送费用金额、预设密码、锁定客户群，从而把握当地具有较高消费能力的客户，保证了广告发布效果。

天津等地的联通用户，也享受到了浏览广告获赠话费的广告业务。这种赠费广告与其他移动增值业务相比，打破了以往移动增值业务应用必须由用户来付费的使用习惯，改由商家广告主来付费，用户得到收益，有利于加深用户对广告的印象，并与广告主形成一种良好的互动关系，同时延展运营商的产品线，提升品牌形象。如此，便对传统的广告模式进行了某种意义上的革命性突破，重新定义了消费者对广告的理解。当地的用户只要拥有一部wap手机，进入联通首页后就可以浏览到各种各样的广告信息，用户首次浏览广告可以获得0.05～0.1元/条的积分，当积分累积到10元时，会以现金的方式存入用户的手机中。

韩国的SK Telecom正式启用的移动广告"Nate Ad MoA"商用服务，向新入网用户提供免费发送5～10秒最新多媒体广告，并在新用户入网后第一个月赠送免费发送50条文字短信和相当于1000韩元的无线因特网话费的优惠。这项服务将用户按照性别、年龄、居住地区、会员服务类型等进行分类提供差别化的广告，并免费提供生活信息，还可以通过手机待机画面、NATE连接画面、关机画面、电源开关画面等七个画面，自动下载丰富多彩的广告。这也是一种"拉"型多媒体广告服务。

这种用手机发布广告的方式使得广告受众在理论上可以保持一天24小时及一周七天接受广告信息。同时，广告主可以随时调整产品信息，及时将最新的产品信息传播给消费者。如果用户发现了适合的广告，可以方便地把广告信息存储起来，从而实现了实时性和持久性的统一。再加上信息受众是主动寻找相关类别的信息才关注这种广告所以广告的目标受众更为精准。

在我国，调查显示 2005 年 5 月 24 日在天津出现这种"拉"式广告后，开通首天网上浏览人数竟高达 2 万多人次，至今为止发布广告的商家 50 多家，发布广告 154 条，注册用户数 3 万多人。这种新的模式由移动通信网承载，具有网络媒体的一切特征，同时比互联网更具优势，因为移动性使用户能够随时随地接受信息。其诸多优势为其成为中国广告市场的后起之秀提供了可能。但是由于其业务竞争优势不够明显，商业模式还不够清晰，已具备的传媒形态还不够成熟，仍然需要在以后的发展中不断地探索和完善。

从千人成本上来说，虽然这种广告模式的到达率相对较高，但是其成本在 50 元以上，因此在营销过程中需要不断面对来自广告主的压价压力。

另外，从目标受众的界定上来说，虽然广告发布者可以通过手机号段的选择圈定某一地域附近的受众，但是无法根据目标受众的年龄、职业、收入等情况进一步进行详细的分类，这需要广告发布者能够采取更为有效的方法来获得相关信息的反馈。例如，可以采取市场调查或民意测验的形式，在用户反馈意见的同时获赠话费，再根据结果来分配广告，以便调整广告投放的频度和密度。

2. "软"模式

所谓"软"模式，指的是"软性"广告。

由于手机是绝对个人化的通讯工具，通讯往来属私人空间，具有绝对的个人隐私性，所以，首先存在着取得客户相关资料的合法性问题，其次是用户是否许可向其发送广告的问题。

"软性"广告是解决这两个问题的有效途径。具体操作上是向客户提供增值服务，选择能方便用户生活或有趣的休闲娱乐信息内容，注意避免纯粹商品信息的干扰，巧妙地将广告天衣无缝的融入进去，以此换取用户的信任，尽量使其主动提供个人相关资料，减少用户对不期而至的信息的排斥心理。

需要注意的是，"软"模式比前述"拉"模式在操作上难度可能更大一些。因为前者是显而易见的"物质"实惠，而"软"模式更注重"精神"上的实惠。因而在掌握了受众群的基本情况后，要注意内容上的选择，量体裁衣。如果目标受众是 18 ~ 26 岁的年轻人，就要以他们的趣味和标准确定增值服务内容，且不可男女老少千篇一律。

三、与网络媒体实行经济对接

为什么要依托网络？移动媒体与网络媒体到底是什么关系？

业内著名专家复旦大学新闻学院教授纪华强曾预测："从现实运作条件和未来可能的情况看，未来最有可能以代理商身份提供移动媒体广告服务的就是各大门户网站，移动媒体广告很可能成为门户网站收入的另一重要来源，因此移动媒体广告又成为牵动网络经济的一股力量。移动媒体广告未来的发展方向很可能是与互联网走向整合。互联网将成为移动媒体广告赖以生存的重要依托。"

第一，网络媒体扩展和丰富了移动媒体的数据服务业务，网络像青山，只要移动媒体守住这座青山，就有"柴"烧。

第二，在中国，移动媒体是网络媒体的财神爷（至少目前是这样），移动数据服务业务帮助和加快了互联网的复苏。移动媒体使网络如虎添翼。

21世纪初始，我国互联网曾经历了一个寒冷的冬天。一阵热火朝天的大把"烧钱"之后，冷静下来，人们发现互联网像个泡沫，并没有业界当初所预想的那样实现赢利。具有讽刺意义的是：尽管著名的几大门户网站有着巨大的访问量，但多是不能给网站直接带来利润的免费用户，以至于出现了访问量越高网站就越赔钱的局面。而当初期望值极大的网络广告却又如杯水车薪，远不能解决网络自身的生存问题，众多互联网站陷入一片危机。几乎是生死存亡的紧要关头，移动数据服务和网络游戏像两棵及时的救命稻草一样地伸向互联网。特别是网站的移动数据服务，其短信收入的多少几乎决定了各大网站财务报表的好坏。中国移动的"移动梦网创业计划"曾允许参与合作的网络企业在每条短信0.1元的基础上，加收最高达2元/条的增值服务信息费。如网站运作得好，其中的利润可想而知。

反过来，移动媒体的数据服务业务也因网络的推销和宣传而遍地开花结果。增值增值再增值，直至手机"彩铃"广告和手机视频的酝酿与实现。

2003年8月，TOM网站的短信频道推出了"手机时尚大本营"的全新版本，其中包括彩信、JAVA、WAP等在内的诸多移动梦网新业务。TOM彩信目前已拥有23万付费彩信用户，接近中国移动彩信用户总数的50%。其中，彩信待机彩图、动画彩图更新快，品种多，覆盖机型全面，新、奇、趣、全，是其最大特点；而强大的和旋铃声索引功能，为用户获取自己喜欢的铃声提供了快速直达通道，TOM铃声曲库更新频繁，总量浩大，所有最新最酷铃声在这里都能轻而易举地找到。

在新推出的"TOM 图铃地带俱乐部",数万条图铃全部以 0.1 元/条向用户提供不限量下载,更可赠送给亲朋好友,而包月费用仅为 5 元。彩图和铃声使手机更具个性化色彩,这也是深受年轻时尚用户喜欢的重要原因,TOM "新一代门户"的品牌形象恰恰融合了他们喜爱新生事物,追逐时尚潮流的特性。TOM 短信还提供了 KJAVA 游戏下载,如《波斯王子》、《钻石迷情》、《直升机》等。

TOM 提供的 WAP 频道,为用户提供了《掌上文摘》、《魔鬼辞典》、《爆笑网文》、《足彩资讯》等 WAP 杂志。而 TOM 的交友类服务"无线情缘"更借助强大的 WAP 功能,为手机用户交友创造了绝佳的沟通平台。所以,移动与网络的对接,结果便是双赢。

四、以数据服务抢占广告地盘

所谓数据服务,就是移动通讯在内容上的增值服务。以数据服务抢占广告地盘,就是以丰富多彩、形式多样的内容服务聚集起更多消费者从而引起广告主的青睐,进而夺取更多的广告市场份额。

这里不能不先提一下固定电话最初的用途。

1876 年 3 月 8 日,贝尔成为世界上第一位用电流传输可辨认的人声的伟大发明家。贝尔对电话最初的考虑是将其用作一种大众媒体。电话作为发送中心,将传播音乐、牧师的步道、重要的讲话,等等,而接受者则是一群付费的订户。

当时,许多人认为贝尔的想法是站得住脚的。实际上,电话也的确被这样使用过。在匈牙利就曾有过这方面的实践。从 1893 年直到第一次世界大战后,在布达佩斯一直存在一种政府经营的电话服务,提供各种新闻及娱乐节目,入股市行情、戏剧、音乐会等。在一天中的某个时刻,用户家中的电话铃会响,这时只需连上扩音器,全家就可以围坐"听电话"。

从移动通信建成伊始,数据业务便开始紧追并逐渐赶上后超过了传统的话音业务,据资料统计,从全球来看,数据业务通信每年增长率为300%,而话音通信量仅为6%。有趣的是,即使是固定电话,从被贝尔发明起曾也做过这方面的尝试,但由于人们当时对新事物的态度及固定电话本身的特点而最终夭折,直到前几年又被人重新拾起并以电话点歌、语音祝福等声讯服务重新进入受众的耳膜。

如今的移动媒体与当时贝尔的固定电话无论是在技术上和服务商上已不可同日而语,但潜能终归是潜能,一旦时机成熟,总会爆发出来。而电子通

信特别是移动通信的潜能便是数据服务，这潜能一经爆发，其连锁反应必然
会引发它的另一个巨大潜能——广告业务。甚至完全可以这样认为：移动媒
体，没有数据业务也就难有广告业务。

"有过多少往事，仿佛就在昨天"，正如歌中所唱的，不管是固定电话还
是移动电话，在我国，数据服务似乎是从 BB 机开始的。曾几何时，BB 机市
场是那样的红火，从最开始简单的只显示对方号码的呼叫功能，逐步发展到
漫游、汉显、留言、语音信箱、天气预报、股市信息……直到手机的普及而最
终走向没落。试想一下，如果不是因内容服务的需要，BB 机这一附属和过
度类信息载体能被发明并走红数年吗？

再看手机。如果只是富贵的象征，广告主是不会对它"高抬贵眼"的，只
有当"大哥大"被称为手机或移动媒体时，它的广告体的属性才真正地显露
出来。

再看"彩铃"。2003 年手机彩铃才开始在我国出现，但只经过一年多时
间，其注册用户已达到 2200 万，并在 2004 年实现了 8.6 亿元的行业产值，
仅营业税就实现收入 2580 万元。

目前一条彩铃的生产过程分为创意、录音和制作三个阶段，时长一般控
制在一分钟之内。90% 以上的彩铃用户是 16 到 30 岁的青年人，因此个性和
时尚成为彩铃的最大卖点。如果经过大胆而科学的创意与策划，将软性广告
揉入其中，其潜力将是巨大的。

五、以手机商务打开手机广告产品销售上的突破

2005 年 2 月 6 日中国交通银行宣布，正式在全国范围内开通手机银行业
务，成为国内第一家采用无线上网技术，能同时连接中国移动和中国联通的
手机银行。只需手机在手，你不必跑银行，就可以在任何地方遥控自己的银
行账户。

手机银行开通后，将成为人们身边的电子钱包。目前我国手机普及率越
来越高，手机银行显露出巨大的发展前景。根据市场发展趋势，手机银行、
电话银行、网上银行，将呈现三足鼎立态势，成为电子银行的三大中坚力量。

手机银行目前采用短信或者无线上网，一般可以提供账务查询、贷记卡
还款、口头挂失、手机充值等个人理财业务；也可以用来进行基金交易和外
汇交易。

交通银行手机银行采用 WAP 实现无线上网，用户不用更换手机 SIM 卡、
也不用到银行柜面办理任何手续，只要手机具有上网功能，就可以不受时空

限制，在手机网络覆盖的地区随时使用手机银行。即使手机丢失，也不会影响账户安全。交通银行表示，用户每次退出交易网站后，系统会自动清除手机内存中关于卡号、密码等关键信息。此外，这个电子钱包只允许同一客户号下的卡卡互转，并且对每天的转账金额设有限制。

手机银行的开通，使手机客户通过接收手机广告进而实现手机在线购买也成为可能。

六、广告投放要尊重用户的个人隐私

由于长久以来因手机短信及其他种种问题，要想真正解决好向手机用户发送广告的问题，对于广告人来说，确实是个艰难的运作。因为向目标者发布移动广告信息，需要获得用户的许可，否则轻者是反感，重者则是投诉，如操作不当，势必削弱广告效果甚至起到反作用。

移动通讯工具是相当私人化的东西，通讯及信息往来绝对是私人空间，其中包含着大量的个人隐私，如被侵犯，后果严重。

韩国从 2001 年起，采取一户一网、机号一体的手机号码入网登记制，并且规定广告商在发布手机短信广告时，必须注明"广告"字样和发送者的单位、电话及手机号码。如果手机用户不愿意接受该信息，所产生的电话费将由广告发送者承担。为保护客户的隐私权，商家在每晚 9 时至第二天上午 8 时之间不得发送短信广告。另外，韩国情报通信部还规定，对滥发垃圾短信者将处以最高 8500 美元的罚款。

目前在国内尚无完善的法规限制和约束利用短信骚扰他人、传播谣言、进行诈骗等现象，因此，短信广告业务受到这些外部不良环境的影响难以在短期内真正开展起来。作为电信运营商已经不再承担群发广告的业务。只有少数的个人或公司利用短信群发软件（平台）进行点对点的发布广告。但随着有关短信管理的法律的制定与完善，短信中的种种问题将得到解决，短信混乱的现象被制止，短信广告必将大有市场，成为广告业一个独特的增长点。

第三节 手机短信

一、短信的传播特点

（一）传播及时

短信传播迅速及时，可以在第一时间把消息传递给数以亿计的手机用

户，最著名的实例是 2003 年新浪网以手机短信的方式对美国"哥伦比亚"号航天飞机失事的报道。2003 年 2 月 1 日 22 时 32 分，美国"哥伦比亚"号航天飞机失事 16 分钟后，新浪网把这则新闻以手机短信的方式发送给万千客户，由此开创了国内手机传播新闻的先河。直到 23 时 50 分，央视一套插播了："哥伦比亚"号坠毁的新闻，比短信晚了 1 个多小时；而纸质媒体要在第二天才刊登此新闻，其速度绝非以时分秒计算，而是以"天"来计算的，优劣一望可知。

（二）人际传播与大众传播的结合

短信是一种人际传播，但有时也担当大众传播的角色，它不是纯粹人际传播，更不是传统意义上的大众传播，在这里人际传播和大众传播的界限似乎很模糊，成为比以往任何传播更为复杂的传播新模式：人际—大众传播。

单个的短信信息传播过程可描述为：传者—受者，中间不经过任何其他环节，颇像人际传播的面对面传播，而且受传双方地位完全平等，这是很多学者把短信传播归为人际传播的主要原因。短信媒介的诞生让人与人之间交流再没有时空的阻隔，它为人际传播提供了极大地便利。

同时短信传播有大众传播的特质，一方面专业的传播者就是短信服务商，手机用户就是受众。短信服务商可以大规模地传播信息。另一方面短信采用"请大家告诉大家"的传播方式，使得信息的传播速度呈几何级数增长，可以说是"病毒式传播"。若按每人每分钟发 3 条短信算，每小时就可发送 360 条，如果使用群发、转发功能，速度更快。数量之大加之其他传播优势，其传播效果足可产生瞬间爆炸性。这样就传播范围而言，短信的人际传播也可能取得大众传播的效果。

随着手机的普及和技术门槛的降低，手机对于使用者的教育程度、收入、职业等都已不再限制，他们来自各种不同的阶层、社区，具有不同的文化层次，兴趣爱好与政治、宗教观念，符合大众隐匿性和不确定性的特点，手机用户在理论上越来越趋近于现实社会中的大众传播的受众观念。

（三）移动性、互动性

移动性和互动性是短信的两大优势。著名媒介理论家保罗·赖文森在他所著的《手机》一书中对手机的发展做了最乐观的分析。他认为，人类有两种基本的交流方式：说话和走路。可惜，自人类诞生之日起，这两个功能就开始分割，直到手机横空出世，将这两种相对的功能整合起来，集于一身。手机之前的一切媒介，即使是最神奇的电脑也把说话和走路分割开来。无线移动性和无线双向交流的潜力，使手机成为人际传播最方便的媒介。

相比于其他媒介，手机更加小巧轻便，正是由于这样的便携性，手机常常被称作"影子媒体"，它的随身性打破了信息接收的时间和地域限制；在传播范围上短信信息覆盖面广，现在各国移动通讯网络和互联网技术标准已经统一，网络漫游业务基本实现，短信业务可以跨国实现，只要所处的环境没有被屏蔽，可以随时漫游。

同时，手机传播是一种开放的互动性传播，与传统媒体的单项传输不同，手机平台上的信息传输是双向的，用户不仅可以接受信息，更重要的是可以发送信息，受众传播者合为一体，每一个人都可以是新闻传播者和评论家。手机短信操作简单，发送和接受瞬间就可以完成，信息接受者可以及时方便地参与信息的反馈和再生，让手机媒体成为"自己的媒体"，最大限度地张扬受众的主体意识、参与意识。

（四）分众性、个性化明显

《数字化生存》中说：在后信息时代，我们的生存环境变得越来越数字化，大众传播的受众往往只是单独一人，信息变得极个性化，个人化是窄播的延伸，媒介的受众从大众到较小的和更小的群体，最后终于只针对个人。对于手机媒体来说，硬件终端同用户一对一的绑定关系，一部手机对应一个号码，对应一个用户，这就使得小众传播、信息定制的功能发挥到极致。

以手机短信来说，它已经不仅仅是分众了，甚至可以说是个众，针对每个用户的不同需求，涉及和提供个性化的服务内容。对于其他大众传播媒体来说，大众性需求仍然是信息传播的首选出发点，而短信则以实现个人的信息需求为传播核心，从它承担其传播功能的那一天起，就是以一种分众化的模式进行的。相对于任何一个受众来说，其所接受的信息都是以其自身的个性需求而有针对性地进行信息传播。

（五）保密性、隐私性

手机媒体的私密性、贴身性可以为短信的用户提供了一个私密的交流空间，便于在公共场合私下沟通。手机短信可以说是极其私人化的传播媒介。短信息是一种完全私密的沟通方式，别人不但看不到你们在沟通些什么，甚至连你们在沟通这种行为都无法得知。

另外从人际传播的角度看，当双方不进行直接交流时，可以克服羞涩心理，更加敞开心扉，所以手机短信常常用来表达一些难以启齿的话，比如在一篇名为《手机短信息使英国人越来越疯狂》的报道中就指出，英国近半数手机短信很浪漫或为情色内容，内容非常个人化。37%的用户用短信息来说："我爱你"，24%通过短信息调情，1%的人甚至通过短信息来求婚。调查显示，人们在通过短信息交流时比面对面或电话交流时更大胆。使用者借助于这种公共性表达模式可以达到同时既沟通又隔离，既表达又掩盖的双重效果，实现传播者有限表达和可控沟通的传播意图与目的。阅读短信新闻也是一种私密性很高的方式，除非你把信息给别人看，否则别人无法得知你是否在阅读新闻或阅读什么新闻。

而且短信这种交流、沟通的方式更加适合感情表达讲究内敛、含蓄的中国人。比如许久不联系的老同学、朋友之间，要是忽然打电话给对方，就显得很冒昧，而且说不定话不投机引起尴尬，所以很多人都会选择发短信的方式，既能够促进交流、保持沟通，又显得十分习惯、自然。

（六）极强的传播有效性

所谓传播的有效性，是指媒介所传播的内容被受众阅读的可能性更高，并且更容易对用户产生影响。

相比从其他大众媒介上获得信息，通过手机获得的短信能够引起更大的关注，因为相对于别的媒介来说，手机更可以称得上是"我的媒体"，手机上发送的每一条信息都是针对机主——"我"来的，手机媒体上的信息直接跳过了选择性接触的环节，若是用户自行定制的信息，则直达选择性理解这一层，大大提高了传播的有效性。

1. 到达率高

不同于报纸、广播、电视、网络等传统媒体，受众必须主动去接触，短信一般自动接收，无需用户操作，手机便可接收到并保留信息。且大多接收者一般会阅读短信内容，不直接删除，从而最大限度上保证了信息的接收。

2. 受人际关系的影响

对于信息的选择性具有一定的强制性，传、受双方通常依附于原有的人际关系，这使得信息传播可以跨越大众传播中存在的社会障碍和心理障碍，具有高可信度的心理优势。

3. 用户定向准确

跟其他的媒体不同，一部手机终端几乎可以代表一个消费者，利用于受众身份信息的识别和记忆，不但可以良好地分众，而且可以把分众转化为个众，更好地提供定位清晰、指向明确的信息服务。

4. 定制信息服务

手机作为一种私人媒介，最大的特点是可以根据使用者的需求和喜好定制信息服务，定制的短信保证了良好的信息接受心理，使得信息的到达率和有效率远远高于大众媒体。对于定制信息服务而言，用户在接受短信服务之前会在服务商提供的信息类别中进行选择定制，预订自己最感兴趣和急于了解的新闻信息，从而使信息服务定制具有明确的指向性和针对性。所以，与其他大众媒介相比，手机用户的接受率与信息有效利用率要相对高一些。

（七）信息传播的多媒体性

手机短信不仅可以接受和发送文本信息，还可以传送图片、声音、视频等等。而且随着 3G 技术的推进，手机正在日益成为一个多媒体中心和个人娱乐的核心平台。

（八）舆论监督，民意表达的新渠道

信息时代，我们缺少的已不是短信的数量，而是表达自己思想、传播自己的声音的机会和能力，短信在很大程度上满足了这一需求。短信作为媒介最重要的作用就是授话语权给"草根"阶层，使短信成为"庶民的会场"，在这里民众的愤怒、无奈、同情、抱怨、感伤、呼吁等都可以一起宣泄，短信成为生长真实声音、及时话语的肥沃土壤。曾有人将网络比喻成民意的公共汽车，上下车方便，能灵活反映民意，短信同样如此。

现在的短信不仅在人们的生活中发挥着重要作用，在政治舞台上发挥的作用也引人注目。2007 年"两会"期间，人民网、政协网与全国数十家主流传媒全天候开通免费的"全国两会短信平台"，用户可以利用一部小小的手机就关心的问题进行短信留言、提出建议、发表看法，短信成为新兴的民意表达方式。

在"厦门 PX 事件"中，这项投资 108 亿元、可能给厦门带来 800 亿元以上的 GDP 的"手续完备、程序合法"的 PX 化工项目，经过政协委员的提议、网络论坛被关闭的风波之后，市民用疯狂发送手机短信的方式最终赢得"暂缓建设"。在此过程中，厦门市政府也从忽视民意到直面民众，从一开始回避舆论到后来审时度势地开言路、纳谏言，这是短信的力量，也让我们意识到手机短信已经成为舆论表达的新平台。

第四节 手机彩信

一、彩信

MMS 是 multimedia messaging service 的缩写，中文译为多媒体信息服务，也称"彩信"，彩信最大的特色就是支持多媒体功能，能够传递功能全面的内容和信息，这些信息包括文字、图像、声音数据等各种多媒体格式的信息。

彩信在技术上实际并不是一种短信，而是在 GPRS 网络的支持下，以 WAP 无线应用协议为载体传递图片、声音和文字信息。彩信业务可实现及时的手机终端到终端、手机终端到互联网或互联网到手机终端的多媒体信息传递。

目前，针对不同用户的需求，彩信业务在功能应用上主要分为以下几类：个人相册、信息类服务、娱乐类服务、游戏类服务、通信类服务、商业类服务、位置类服务。除了这些常规的应用之外，SP 还开发出一系列创新业务吸引用户的眼球。如此前某 SP 联合手机制造商与电影公司推出的"彩信看电影"业务，不但让该款手机迅速占领了智能手机市场大部分份额，而且为用户提供了一种更为丰富的内容应用，从而促进了彩信的普及。

二、发展概况

2001 年 3 月全球第一条彩信在法国戛纳成功发出，标志着彩信业务开始正式商用。2002 年 10 月，中国移动正式开通多媒体短信业务，彩信业务在我国的应用正式开始。彩信业务成为移动运营商通讯增值业务的又一个亮点，标志着中国开始进入了移动多媒体的新时代。紧随中国移动之后，中国联通也于 2003 年 3 月推出了具有品牌特色的"彩 e"业务，自此中国 MMS 市场的导入期基本完成。

彩信业务自推出之日就不断地引起各方关注。2003 年初，中央电视台春节联欢晚会上的中国移动用户彩信参与活动，同年 4 月中国移动、搜狐和摩托罗拉三大公司联手主办的"彩信上珠穆朗玛峰"的登山活动等，均可以看出通信企业对彩信业务有很高期望。

彩信业务一经推出，已有 14 家 SP 与中国移动作为彩信业务提供内容服务，包括了空中网、新浪、搜狐等。2003 年 1 月，门户网站 TOM. COM 也正式推出以中国移动彩信业务平台为载体的新闻彩信定制服务。新闻彩信的推出，使用户第一次能通过彩信手机感受到图文并茂、声色俱全的即时性信息传送服务。

从 MMS 的市场规模分析，2002 年 10 月，彩信推出时，市场规模仅 0.29 亿元。2003 年进入导入期，全年发送 1.5 亿条。随着彩信手机的迅速普及以及用户对彩信服务的逐步接受，2004 年彩信市场规模达到 6.73 亿元，2005 年彩信市场进一步突破 10 亿元的规模。2002 年 10 月彩信推出时，用户数不足 150 万，2004 年用户数增加到 1200 万，2005 年市场用户超过 2000 万人。国内 MMS 市场将进入一个稳定的快速增长阶段，规模将成倍增长，2008 年有望达到 75 亿元。

三、彩信的发展瓶颈

彩信被业界公认为是 GPRS 和 3G 市场启动与发展的关键推动力。自中国移动从 2002 年 10 月正式推出彩信业务以来，我国的彩信市场已经走过了 7 个年头，成为移动增值业务的一大亮点，但是仍然没能复制短信业务的巨大成功。在彩信业务发展的初期，资费、终端、内容服务等因素成为阻碍彩信业务发展的主要瓶颈。

1. 终端限制

对于彩信用户来说，首先需要一部支持彩信的手机，如果没有这样的手机，即使运营商提供的服务再便宜、SP 提供的内容再丰富，用户也无法使用。在彩信业务刚刚起步的 2003 年，《潇湘晨报》记者与湖南移动有关部门曾就彩信发展进行了一次调查。调查显示，69% 的用户认为，彩信手机价格偏高，认可彩信手机的销售价在 3500 元以上的用户仅占 5.9%，有 54.5% 的用户认为，彩信手机的售价应在 2000 元左右。与移动相比，原联通的 MMS 业务在推广的初期还面临终端设备无法跟进的尴尬，用户能够买到的彩信手机款式非常有限。随着手机技术的发展和日趋激烈的市场竞争，越来越多的终端厂商开始重视彩信这一极具潜力的市场，纷纷开发了多种款式、多种功能、多种档次的支持彩信的手机和摄像功能的手机，彩信手机的更新换代速度越来越快。现在，支持彩信服务已经逐渐成为大多数手机的一种基本的功能。原来价格高高在上的彩信手机也逐渐平民化和普及化。目前，市场上带有摄像头的彩信手机价格多在 1000～3000 元，一些便宜的摄像手机甚至跌破了 1000 元大关。低价位使越来越多的消费者加入了"彩信一族"，从这个角度来说，彩信手机的普及无疑为彩信的发展打下了良好的基础，成为彩信迅速发展的强大助推器。

2. 内容制约

内容是制约我国彩信市场迅速发展的因素之一。由于彩信内容远远比短信复杂，普通用户不容易上手，因此彩信业务的发展必须 SP 的大力支持。另外，在彩信业务发展的初期，运营商和 SP 不约而同地将彩信应用的侧重点集中在了各类型的图片上，而忽视了 MMS 本身既包括图片又包括话音的特点，大部分的彩信是图片形成的，而忽略了话音方面的应用。这些因素都导致彩信业务在服务内容上的匮乏，使彩信不能强烈吸引用户的关注。为了改变这一局面，运营商和 SP 都动了不少脑筋，为了推动彩信市场的发展，中国移动曾经请来市场调查公司一起策划未来的彩信业务。例如，2006 年，由中国移动主办的"首届移动博客大赛"举行，在两个多月的大赛期间，通过WWW、WAP、彩信和IVR等多种参赛选手逾20万。

在SP方面，经过短信时期的洗礼，我国的SP逐渐成熟起来。随着彩信业务的市场前景逐渐明朗，SP也在彩信产品的开发商投入了更多的人力和物力，逐步形成了具有自己特色的彩信产品，从而丰富了彩信的内容，提高了彩信产品对用户的吸引力。例如，2003年10月，搜狐网与迪斯尼合作，成为唯一拥有版权，可以下载"米老鼠和唐老鸭"、"小熊维尼"、"海底总动员"等迪斯尼经典卡通图片和动画的内容提供商。而新浪网、网易、空中网也在不断地同内容制作商合作推出相关的彩信业务。其中，空中网与星美传媒、北大华裔、新东方等CP开展合作，而TOM也同十几家国外的内容提供商在彩信方面开展合作。

3. 资费问题

中国移动的彩信业务在推广早期的资费标准是0.9元/条，尽管在优惠期实行了买二送一的政策，但是对于用户来说定位依然偏高。另外，短信传递的是文字，用户可以轻易地产生，而彩信传递的是多媒体内容，用户很难自行产生，更多的依靠SP。彩信内容制作这种先天性的高门槛使其产生的成本要高于短信，这也决定了彩信价格不可能如短信价格那般平民化。因此，彩信价格在推广初期往往高居不下，如果一个用户下载、发送一条彩信，话费可能需要一两元钱。这样的价格无疑不利于彩信业务的推广。近几年来，运营商和SP几次大幅度下调了彩信资费标准。过去一两元钱的彩信目前降到了七八角钱。如果遇到运营商或者SP的促销活动，价格还会更低。例如，对于彩信点对点的发送价格，2004年，中国移动公布在优惠期内，每发送一条的费用将降为0.5元，降幅几近50%。而广东移动则宣布发送一条彩信价格为0.3元，接收免费，降幅高达70%。

彩信下载方面，运营商也调整了与部分SP的彩信分成比例，为SP的降价促销创造了条件。例如，2003年底，中国移动联合国内某彩信SP推出"彩信特价一元特区"，宣称用户只要安装了其推出的彩信通，就可免费玩彩信，相当于移动按条定价的收费模式，原联通MMS的收费模式更为机动，"彩e"的收费主要看WAP上网时间，0.15元/分钟，一般的彩色照片容量大概为50k，其下载时间为15～20秒。铃声下载的时间更短，只需要10秒左右。也就是说，每条一般容量的"彩e"不会超过0.15元/分钟。彩信下载和发送资费的逐渐降低有助于刺激消费需求，扩大市场规模。

复习思考题

1. 分析手机媒体的优劣势。
2. 手机媒体广告的规范。
3. 手机短信/彩信的未来发展趋势。

实践训练题

日本印刷广告公司 Shunkosha 最近新推出了一款名叫 Strappy 的新产品，外形为一个长方形的蓝色塑料盒，安装在地铁拉手的带子上。Strappy 内置了 FeliCa 读取器和 NFC 读取器，当手机（日本兼容近场通讯技术的手机超过 7000 万）与 Strappy 接触时产生数据互动。NFC 作为近场通讯的典型技术，大家多少都了解一些，Felica 则是由索尼公司开发出的一种非接触智能卡技术，主要使用国家在日本，日本最大的移动通信运营商 NTT DoCoMo 公司是 Felica 主要的服务提供者，为其提供网络支持；而硬件部分，即手机需要装配索尼公司的 contactless IC 芯片技术。这时，手机便成为一种方便的移动工具，可以充当电子货币、信用卡、票据、甚至是房屋钥匙等。

Strappy 作为一个广告媒体平台运作，当手机接近 Strappy 的时候，乘客们会接收到广告主的网址、广告、优惠券、视频或者其他营销材料。当然，整个系统需要一个强大的地下数据连接服务做支持，移动信号不能时断时续。不过这在日本似乎不是难题，因为软银、NTT DoCoMo 公司和 KDDI 公司已经在东京的地铁隧道铺设了天线向乘客提供手机和数据服务。

试述手机媒体在社会生活中的运用。

第五章　事件媒体

案例导入

　　一张华南虎的照片短短一个月内被传得沸沸扬扬，政府、专家、媒体、网友都不遗余力地加入到了这一事件的辩论之中。单纯从事件营销技术上来看，不可否认，华南虎事件是一起非常经典的事件媒体案例（图5-1）。

图5-1　华南虎照片

　　一张相片，几个所谓专家，一群网络枪手，几家网络媒体，短短的一个月就可以让整个中国对其进行特别关注，这样的轰动效果是之前所有的产品广告和营销大师的创意都无法做到了。

　　第一步，抛砖引玉。这一事件的出炉首选国内知名的几家以小道消息闻名的网站刊出照片，而刊出的那张照片，从专业的角度来看，是水准极低的，不管是不是真的照片，但肯定是经过处理的，目的就是要让人对其产生怀疑。这一点也正利用了现代人喜欢自以为是，喜欢表现自己的聪明的心理。

第二步，先抑后扬。正当人们怀疑的时候，又抛出新闻说经过鉴定，照片是真的，只是没有底片，同时又引当地政府的话，证明照片是真的，老虎是真的，却没有给出任何证据。事情发展到这里，正好是把人们怀疑的情绪给压了下去，目的不过是为了形成弹簧效应。

第三步，适时引爆。当人们正在想找理由证明自己的怀疑是正确的时候，恰到好处地抛出所谓社科院专家和植物学家的鉴定，说照片是真的，但老虎是纸老虎。如此一来，不管理由是什么，那些持怀疑态度的人们马上就又兴奋起来，为自己猜对了而兴奋，也正是这一下，网上热了起来。

第四步，趁热打铁。当人们的情绪高涨之时，又接二连三的抛出了周正龙的照片底片、照片的制作设想、《科学》杂志对照片的怀疑、周正龙的以人头担保、专家的以命保证、老虎年画等。一系列新闻的推出，使整个事件达到了高潮，不管你之前关不关注这件事情，每天一打开电脑就会在热点新闻里出来这一事件的进展。

第五步，推陈出新。按正常来说，事情发展到高潮之后，就应该完了，但是，这一事件营销的高明之处就在于到了高潮也不给出结果，而是推出周正龙和林业局的专家上山找老虎的事情，给这一事件又留下一个悬念和让人关注的理由。这一做法很像是一些电影的手法，第一部结局之后，留下一些悬念，紧接着为下一部埋下伏笔。

第一节　事件媒体的兴起、特点及类型

随着媒体市场化程度的加剧，媒体之间的竞争也日趋激烈，单一形式的媒体宣传并不能完全满足企业品牌传播的需要，多形式、多内容的整合传播逐渐成为企业的首选。事件媒体作为整合传播的一种表现形式，近年来逐渐被企业所重视，成为众多品牌在推广过程中屡建功勋的营销利器。

所谓事件媒体，又称活动媒体，是指企业或组织通过策划，组织和利用具有名人效应、新闻价值以及社会影响的人物或事件，吸引媒体、社会团体和消费者的兴趣和关注，以求提高企业或产品的知名度、美誉度，树立良好品牌形象，并最终促成产品或服务的销售目的的手段和方式。现在企业营销推广活动中会有意识地借社会事件、新闻之势，有计划地策划、组织、举行和利用具有新闻价值的活动，通过制造有"热点新闻效应"的事件吸引社会公众的兴趣和注意，以达到提高社会知名度、塑造企业良好形象和最终促进产品和服务的销售的目的。因为事件营销是借一个社会事件，利用人们对社会事件的广泛关注，潜移默化地转移到对企业品牌的喜好上来，企业品牌与热点事件的关联性较强，因此其实际的传播效果较常规的品牌传播更加显著、有效。

一、事件媒体兴起的原因

运用事件媒体是近年来国内外十分流行的一种公关传播和市场推广手段，其在公关和营销实践中屡屡成功的案例，已经证明事件媒体是营销传播极其有效的战略武器。作为媒体，应主动提升广告传播价值，即用事件营销的方式，创造性地把社会事件与企业的品牌传播有效的结合为一体，通过事件营销的水来行企业品牌传播的船，即使媒体本身的宣传价值得到有效的体现，同时又使企业的品牌传播得到最大限度的彰显，从而完成真正意义上的媒体、企业双赢。

1. 信息过剩

据研究，人脑的最大词汇拥有量大约只有 8000 字，能够记忆的产品名大约为 4000 种，消费者的大脑对于品牌的记忆是很有限的。媒体爆炸，信息高度密集的今天，人们每天直接和间接接受的产品信息多达数千条，大型超市里陈列的货品的种类也是成千上万，可是能够记住的确是寥寥无几。况且每天需要面对的不只是产品信息，还有大量的国内外各种新闻和知识方面的信息。为了增强品牌的传播效果，更多的策划人企图走捷径，实现"一朝成名天下知"的效果。通过大量的实践，广告主从事件媒体中尝到了甜头和实惠。于是对于事件媒体的运用越来越广，越做越精，成为一种相当流行的行销手段。所以，事件媒体能避开由于媒体多元化而形成的信息干扰和信息传播过剩，迅速抓住公众的"眼球"，提升企业品牌的注目率，从而增强信息传播的有效性。

2. 产品的同质化

在产品日益过剩和同质化的今天，各种商业广告及其他促销手段炙手可热，也因此产生了许多过剩的宣传垃圾，消费者对这些开始由麻木变得反感，最后逐渐有些无动于衷。在这种情况下，事件媒体的优势逐渐显现出来，许多企业开始把注意力放到营销事件的策划和利用上来，通过这些事件激起消费者的热情，博得公众的好感。

3.传统大众媒体及新媒体广告费用居高不下

事件媒体能避开国内传统大众媒体及新媒体近年来收费居高不下的状况，为企业节约大量的宣传成本。国内媒体近年来收费居高不下，地方卫视媒体也随之"水涨船高"，许多企业尤其是新兴的中小企业，有好的产品和巨大的发展潜力，却无法支付庞大的宣传费用，正所谓"不打广告死路一条，打广告死得更快"。而事件媒体却可以将企业的信息在短时间内达到最大最优传播效果，甚至能让企业或产品一夜成名，为企业节约大量的宣传成本。

4.媒体间的竞争

西方媒体之间的竞争是非常激烈的。而我国媒体发展到今天，市场化的逻辑也正促进其进行改变，开始注重通过各种方法和手段以强化媒体相关内容的"可售性"，如捕捉、营造新闻"卖点"，进行新闻炒作与新闻策划等。

媒体开始由原来的"等料"向主动"找料"转变，很多媒体力图通过各种渠道来获得新闻事件的"独家采访权"。各媒体纷纷把触角伸到社会的各个角落，去寻觅各类的新闻事件，这无疑给善于制造新闻的企业提供了更大的宣传机会，企业可以利用自己身处新闻之中而得到了更多注意这一事实，来达到自己的宣传目的，从而愈发加剧了广告主对事件媒体上的利用。

二、事件媒体的特点和作用

2011年1月17日一早开始，一则醒目的中国国家形象宣传片在纽约曼哈顿的时报广场户外大屏幕不断播放（图5-2）。该片以每小时15次、每天共300次的频率播出，至2月14日，将共计播放8400次。

图5-2 中国国家形象宣传片

如此大规模、高频度投放中国国家形象宣传片，被视为中国官方高调推出的重大公关行动，也是以外国民众为对象的中国公共外交的具体动作。

事件媒体对于任何成功的在线策略（直接与消费者建立联系）都具有重大的意义，那就是营销与公关的融合，在这里我们可以看到营销与公关的新规则：

- 营销并不仅仅是做广告。
- 公关远远不只是主流媒体。
- 你发布的内容展示着你的形象。
- 人们需要真实，而不是欺骗。
- 人们想要参与，而不是只被当作宣传对象。

在这里我们结合案例，总结出事件媒体的五个特点：

1. 费用小，回应大

一般来说，投入事件媒体上的费用远小于投入到大众媒体的费用。虽然投入看起来很大，甚至在某种程度上还高于大众媒体如电视的广告费用，但其影响和回应也是巨大的。所以，就投入与回应的比例上来说，费用相对还是很小的。

2. 容易成为谈资

维珍的创办人理查德·布兰森就很懂得这一点。在每一次维珍品牌即将延伸到其他行业的时候，他总要别出心裁地给维珍的行销加点儿调味品，开出些幽默的恶作剧来，使得人们总是对维珍保持着兴趣。虽然经常面临许多的非难、指责和讥笑，理查德·布兰森依旧故我，他照样驾着热气球飞越大西洋，并且创下了单人独自飞越大西洋的世界奇迹；他驾着坦克在广场上游行；肆无忌惮地大声叫骂英航的头儿们；赤裸着全身在海滩上奔跑；穿着脏兮兮、邋遢得不得了的毛衣；经常笑得十分开心地出现在《泰晤士报》的头版头条上。有一次他衣冠楚楚地陪同戴安娜王妃登上他的维珍公司的客机后，却出人意料地从怀里掏出一瓶红酒，把它洒在王妃华丽的衣服上，然后一脸得意的表情，高举酒瓶接受记者拍照录像，这时一面海盗旗在背后徐徐升起。以此公开向他的竞争对手英航叫板。特别是在海湾战争中，他奏请英国王室同意，派出大型客机，义务为政府接回英国人质。人们喜欢他，称他为：叛逆的布兰森，嬉皮士布兰森，冒失鬼布兰森，冒险家布兰森，他的趣闻，总是能成为人们茶余饭后的谈资，爱屋及乌，人们愈来愈喜欢维珍的品牌，乐意接受维珍的产品和服务。

所以，事件媒体如果运用得当，就会产生其他媒体所难以达到的广告效果。

3. 具有隐藏性

在这里，有的完全是有预谋的制作单位和相关媒体为了电视剧的卖点而进行的炒作，有的完全是在唱"双簧"，那么，如果没演砸的话，其中的广告宣传是具有极大的隐蔽性的。在好奇、惊叹或对名人隐私的窥探中得到了满足的心理过程中，广告就这样被无形地加强了它的宣传效果。

4. 具有"拉"的属性

所谓"拉"，就是受众主动出击去接受甚至去寻找信息，这是相对于传统大众传播媒体而言的。传统媒体的广告宣传主要是"推"的过程，这使得受众在接受心理上往往是被动的，有时甚至是厌烦的，比如电视上每当播放广告时受众便选择调台、上厕所或做别的事情。而事情媒体由于其所具有的话题性、隐蔽性和新鲜等特点，有时甚至是如饥似渴地接受。网络媒体的"拉"是指受众可以对广告在观看方式、了解深度上进行自己个性化的选择。从这一点上来说，其"拉"的含义显然是不一样的。

5. 具有新颖性

2005年2月，《辽沈晚报》上头版登了较大的一副色彩新闻照片，画面上一对新郎新娘穿着古代服饰在沈阳最繁华的商业区街道上行结婚大礼，旁边还有一个叼着长烟袋的穿着艳丽的媒婆及众多侍女，周围则是一层层看热闹的行人。照片的文字说明介绍说，到最后这对新人将人们的目光吸引到某企业的产品时，看客们才知道这是借这种别致新颖的婚礼来做广告宣传。

三、事件媒体的类型

原则上说，任何事情都可作为行销媒体，只有合适与否、效果好坏的区别。

弄清事件媒体类型的意义在于了解并熟知各类媒体的性质，学会挖掘事件本身所具有的却又容易被一般人所忽略的深层次内涵，抓住有时甚至是一闪即过的机遇，以便更好地选择和利用事件媒体，而不至于弄巧成拙，事与愿违。

事件的种类形式多种多样，种类繁杂，所以我们仍需从不同的角度对其进行分类。

1. 按事件发生的原因

按事件发生的原因，事件媒体可分为自然事件和人为事件。

这里所说的自然事件，严格来说，是彻底排除了人的因素而发生的事件，如日全食、陨星雨等。著名的苹果电脑就曾借用日全食现象与其被咬了一口的苹果的商标形象的部分吻合大做文章。

人为事件，则是完全或部分因为人为的因素而发生的事件。完全因为人的因素而发生的事件如"战争与和平"等；部分因为人为的因素而发生的事件如航天器的发射、盛会及人类造成的沙尘暴等。

2. 按事件发生的预知性

按事件发生的预知性，事件媒体可分为突发性事件和预知性事件。前者如地震、火灾等；后者如展销会、体育盛会等。

相比较而言，借用突发性事件来运做广告显示了策划者善于抓机遇的头脑、敏捷应变能力和"时刻准备着"的危机意识；而后者则显示出策划者的老谋深算或"老奸巨猾"。

20 世纪 80 年代，阿拉法特与以色列总理拉宾签订了历史性的和平协议，而双方签字时用的是派克牌钢笔，派克公司因此事而大做文章，称其笔能"改写历史"。显示了这家老牌制笔企业对预知事件老道的运作能力。

3. 按事件的真实程度

按事件的真实程度，事件媒体可分为现实中确有的事件和凭空制造出的事件。前者如自然灾害、新的重大科技发明等；后者如假新闻、愚人节时的恶作剧等。

对于事件媒体的利用来说，真实的事件比较稳妥，容易控制和把握；而制造出的事件则相对比较危险，弄不好会弄巧成拙，"赔了夫人又折兵"。如2005 年初，国内某当红女明星在海南某星级宾馆与朋友游戏时"巧遇"记者并被拍照登报的"偷拍事件"，尽管事后该女星又是表示"气愤"又是表示将对此事提出控告，但也有揭穿说这是一场彻头彻尾的骗局，是为了提高对该女星的注目率和人气所故意制造出的"偷拍"。事后，虽然该女星确实在相当多的受众中引起了一阵暂时的"聚焦"效果，但人们对她的看法好坏也确实值得策划者深思。

4. 按事件的内容

按事件的内容，事件媒体可分为体育、文化、会展、媒体等事件。

（1）体育事件包括与体育有关的各种事件，多以赞助形式出现，如奥运会、各种国际和国内有影响足球赛事、NBA 等。也包括近些年出现的资金雄厚的大财团和大富翁对体育产业的独立经营。

体育事件因多年来一直稳坐于各类事件中的老大地位，从而引起学术界对其广泛的重视并已开辟出一片蕴藏丰富的研究领域。

（2）文化事件包括文艺及与其文艺相关的活动、事件、文化或文艺名人。由于整个世界特别是我国因物质生活质量的改进，人们越发增加了精神文化方面的需求，从而导致了广告主对文化事件的运作越发感兴趣。近十余年流行的"秧歌节"、"国际时装节"、模特大赛、文艺晚会、"超女"等都属此类。"文化搭台,经济唱戏"就是对上述情形的精辟写照。

(3)会展事件主要分博览会和展销会两大类。前者如世博会等,规模宏大,内容广泛,影响巨大,通常引起世界瞩目,近些年又由于全球经济的原因,因而被普遍看好,甚至由国家和政府部门出面运作;后者则多为贸易性质的展览,包括交易会、贸易洽谈会、订货会等。

(4)媒体事件主要包括新闻发布会、请有关记者随行报道等。

借势于有影响的大众媒体来"造势",近年来在我国十分流行。无论是政府、企业、团体还是个人,经常借媒体之势而达到造势的目的。

第二节 事件媒体的运作

大千世界,从古至今,每天所发生的大大小小的事件数不胜数。而信息时代的今天,通信技术和传播业的飞速发展及国家的开放程度,使我们比先人几倍甚至几十倍地知道并了解国际上及身边发生的大事小事。此种情况下,进行事件媒体运作所面临的第一个问题,便是怎样对事件进行选择。

一、事件的选择

对事件进行选择时,要围绕下面几个方面来考虑:

(1)事件的性质(如娱乐的或严肃的、突发的或预知的)。

(2)话题性。

(3)大众媒体的关注程度。当你对某事件的选择与否还拿不定主意时,你也可以把自己换个角色来思考一下,那就是如果你是大众媒体的记者,你对这事件会感兴趣吗? 是一般的感兴趣还是非常的感兴趣? 会想方设法采访并报道吗?

(4)所能达到的影响范围。所谓范围,包括地域、阶层、性别、年龄这四大方面。事件的性质,往往会对这四大方面中的某一方面影响程度不尽相同,所以你要结合你的广告目标,仔细分析是否会对你的目标受众产生巨大的影响。就像往水里扔下一块石头,进行事件选择时,要想想你的这块石头在水面上究竟能造成多大的波动。

(5)与产品的吻合度。一是要找到产品或品牌与事件的联结点,事件的选择不能脱离产品或品牌的核心理念。如果联结过于牵强,就难以让消费者对事件的关注热情转移到品牌上,如"看世界杯一定要穿××牌的休闲裤",

未免令人觉得可笑。

　　国外企业利用事件营销有自己的一套原则，一是相关性原则，二是领导性原则，只有符合这些原则的事件才会被考虑。例如国际一级方程式赛车因为在大众心目中被视为自由、奔放、竞争、极具挑战性的运动，其赛车手的形象符合"万宝路"要塑造的"男子汉形象"，是"万宝路"牛仔具有的精神。同时，"万宝路"也很关心比赛的各种安全措施，树立品牌关心他人生命与健康的形象，使人们联想到这样的公司会从消费者的健康出发，生产"健康型"香烟以减少对吸烟者的毒害。这一举措显然博得了公众对品牌的好感。同时，所赞助的活动与"万宝路"的市场领袖地位相一致，能够帮助强化万宝路全球第一的印象。

　　(6)风险系数。由于事件媒体的特点，因此在某些事件中，常蕴含着一定的风险，所以在事件的选择上，必须事先评估好所选事件的风险系数，否则不如不选。

　　中国队征战韩日世界杯之际，国内企业纷纷借势，却因对中国队战绩所带来的风险估计不足，而造成传播效果的虎头蛇尾。如杨晨所代言的某款空调品牌，世界杯之前北京各大商场几乎都看得见杨晨招牌式微笑的POP广告，但中国队一场未胜、尽吞数弹的糟糕表现，使得"杨晨微笑"几乎一夜之间消失殆尽。

　　每一种营销手段都有风险，但并不是说风险大的营销手段就应该被我们拒绝。一般而言，我们只要事先对事件本身隐含的规律性做客观评估，并以此调整和架构我们的应对措施，那我们就可以将风险可能带来的损失降到最低水平。

　　必须强调的是，与事件媒体的高风险相对应的是，它可能含有高回报风险的最终目的，仍然是如何挖掘事件媒体的潜力和回报极限，而不是完全消灭风险。

二、事件媒体实施策略

1. 前期的准备

　　前期的准备是指在整个营销传播环节中包括广告、公关、店堂促销、人员推广、产品包装和产品概念等方面，将事件行销带来的利益整合固化，并持续执行下去，使之真正成为持续打压竞争对手和牢固提升市场份额的强大武器。

2. 借势

　　借势指企业及时抓住广受关注的社会新闻、事件以及人物明星效应等，结合企业或产品在传播上欲达到的目的而展开的一系列相关活动。

借势时要注意时势环境，洞察政局、大众心理及社会议题，吸纳一切可能成为对企业有利的各种资源。

事件有时就是"巨人"，借势，便是踩在"巨人"的肩膀上。相对于中小企业来说，借势是最有效的事件媒体实施策略之一。大企业可以拿出大笔费用，拿钱买名气，中小企业不可能去效仿，去大笔捐款、赞助。怎么办？另辟蹊径，花小钱办大事。

"非典"时期，属于中小型日化企业的广州"诗维娅"化妆品在大企业"威露士"的强大宣传攻势下，最初打算在传统媒体上发布平面广告，但当时已经订不到版面了，而且一次平面广告的费用便是数万元，"诗维娅"的广告费并不充裕，在众多大企业一哄而上狂轰猛炸的市场形势下，仅凭几次平面广告，肯定是产生不了多大效果的。但"非典"这样的机会又是百年不遇的，"诗维娅"不愿坐失良机，怎么办？

于是"诗维娅"决定不与那些财大气粗的大企业同台竞技，而是另搭舞台，针对当时中、小学校开学后将全面展开健康教育的情况，他们事先联系好小学，开展"祖丝"洗手液万瓶赠送大行动，并在当日媒体及时刊登出了《今日各中小学平静开学，校园全面加强健康教育》等报道，同时公布了诗维娅公司的捐赠热线。热线开通后，得到了学生们的热烈响应。"诗维娅"在产品出现缺货的情况下，连夜加班，生产出了活动所需的一万瓶洗手液。针对市场上促销品容易截留的现象，公司派专人将赠品送到了每位学生手中。为配合政府及专家勤洗手的倡议，"诗维娅"及时印制了一批印有"祖丝"品牌写有"防干燥、勤洗手"字样的招贴，贴到了公共卫生间里。

"诗维娅"借势"非典"与消费者产生互动，既节省了广告成本，又达到很好的宣传效果。

（1）名人效应。名人是社会发展需要与大众主观愿望相结合而产生的客观存在。当购物者不再把价格、质量当作购买考虑因素时，利用名人的知名度去加重产品的附加值，可以借此培养消费者对该产品的感情、联想，来赢得消费者对产品的追捧。

（2）体育赞助。体育赞助主要是借助赞助、冠名等手段，通过所赞助的体育活动来推广自己的品牌。

3. 制造事件

事件像火，大众媒体则像风，火借风力，风助火威。

在传播媒介越来越发达的今天，受众获取信息的来源多数是依靠广播报刊等大众传媒。要想将企业或商业信息传播给目标消费群体，事件媒体自身的传播力是远远不够的，必须借助于大众传媒的桥梁作用。

所以，所谓事件媒体，只有在经过大众传播媒体的发酵后，才能引发出它的巨大能量。

2002年4月，一篇题为"莫忽视微波炉的危害"的小文章在全国各地数百家媒体亮相，文章宣称"使用微波炉对人体有很大危害、微波炉烹饪破坏食品营养"，因此引起各地消费者的恐慌和整个微波炉行业销量的大幅下滑，5、6月份的总体销售量比上年同期下滑了近40%。微波炉行业的老大"格兰仕"自然成了该行业的最大受害者，并将此事称作为微波炉行业的9·11事件。据"格兰仕"对该事件源起的分析，该事件就是美国一家曾经在中国市场辉煌过，最后又败走的竞争对手为了卷土重来精心策划的一个"商业阴谋"。它们先通过媒体发布有关微波炉对人体有害的言论，在消费者当中制造"微波炉恐惧症"。最后，微波涟漪终成惊涛骇浪，导致整个行业发生雪崩。而就在此当口，这家美国企业推出所谓第五代微波炉新品自称是能够克服微波炉该种弊端的产品，至此其背后隐藏的真相就大白于天下了。

4. 造势

造势是指企业通过策划、组织和制造具有新闻价值的事件，吸引媒体、社会团体和消费者的兴趣与关注。

（1）引导舆论。企业通过与相关媒体合作，发表大量介绍和宣传企业的产品或服务的软性文章，以理性的手段传播自己。

（2）策划活动。策划活动是指企业为推广自己的产品而组织策划的一系列宣传活动，吸引消费者和媒体的眼球以达到传播自己的目的。

（3）包装概念。包装概念是指企业为自己产品或服务所创造的一种"新理念"、"新潮流"。

5. 重视与大众媒体的关系

企业可以花钱买来媒体的版面和时段，却买不来在企业蒙受不白之冤时、受到恶意攻击时或需要澄清事实时媒体的声张正义和振臂一呼。因此企业应把搞好与媒体的关系当成是企业成长的"希望工程"和"一把手工程"，由领导带队常抓不懈，在成本投入上不惜人力、物力、与媒体结成战略联盟，以备不时之需。

在一些大企业尤其是大型国际化的外资企业里，一般都会有专门负责媒介的部门，其功能就是和媒体打交道，为和企业相关的各种媒体建立关系，联络企业的宣传事宜，协调企业与媒体的利益关系。

　　在利用事件时，首先要善于应对媒体的采访。了解记者采访目的，为前来采访的记者，准备好企业宣传的相关资料，比如企业领导人的简历，企业的发展战略和长远规划，企业自己编写的创业成长经历，重点项目简介，企业在技术、设备和人力资源方面的优势和相关的数据资料、图片等，以及安排对企业领导人的采访，对于企业的重大事件媒介部门的创作人员都要提前写好新闻通稿，这样为前来采访的记者提供发稿的便利条件。其次，搞好企业的新闻采访管理制度。当企业有某些突发性事件时，就会立即成为新闻媒体追逐的热点，大量的媒体蜂拥而至，都想从企业里挖出一些"料"来，作为自己的"独家新闻"，这时的企业就需要建立起自己的新闻采访管理制度，即企业当中的哪些人有权利接受新闻媒体的采访，谁能代表企业对媒体讲话。目的是统一企业对媒体的口径，用一个声音讲话，避免在媒体面前一个人一个观点，说法不一，陷自己于不利的境地。

　　按照比较规范的做法，企业应该要做好如下两件工作：

　　(1)记录媒体来电。记录来电，你就会有一份相应的、可靠的媒体反馈记录。列出打电话的人所代表的出版物或节目以及问询的深层含义，同时也记录下你的反应或发表的言论。了解采访结果的编排时间以及发表时间，检查报道是否公正客观。你越是致力于提高公司的形象，工作得越辛苦，媒体致电给你的可能性就越大。为了便于记录和方便查阅，建议以一年12个月为导线制作表格，按媒体名称、专业、类别进行分类记录。

　　(2)追踪新闻报道。每一次发布新闻或各类活动的邀请函，都应该在档案中留下复印件，附上发送记录表，然后用实际报道单位数量除以发送单位数量，得出媒体曝光率。如果你发送的大多数新闻稿被采用，说明你的工作很有效。如果只有小部分新闻稿被采用，是因为超过截止时间、新闻稿质量不高，还是因为选择了不合适的媒体作为目标呢？按发送记录表的名单拨打电话，看看你能否找到原因。

　　另外一种跟踪方式是聘请专业事务所来搜集信息。这些事务所将会提供新闻剪报，电台报道的录音、磁带，电视报道的录像带，以及电台报道的记录。许多事务所还提供评估服务。有的事务所还提供对出版界的监测情况，有的则提供对广播电视的监听情况。

　　6.充分利用传统大众媒体的作用

　　要学会"制造新闻"，让媒体为你做"免费广告"。善于操作媒体的企业通常是发掘媒体对于新闻的猎奇心理和利用媒体之间对于新闻的竞争。企业事先往往故意放风，以便引起媒体的注意，但又不说明其真相和更多的内容，这时企业也就取得了对媒体的主动权。

企业要练就"制造新闻"的能力和水平，以吸引媒体的关注，首先应该摸准媒体的"脾胃"，因为不同的媒体会有不同的经营风格，有自己鲜明的报道方向定位。其次，企业的宣传部门应重点选定几家知名度较高的媒体，进行长期的观察、分析，争取与他们的记者和编辑建立长期的合作关系。第三，注意对时尚、潮流、时事政治的关注，从中发现、选择、抓住与自己企业可能或可以借用的结合点。

7. 尽量从公益和人性的角度出发

人们都说"农夫山泉"是事件营销专家，从宣布停止生产纯净水，引发了一场天然水与纯净水在媒体上的"口水战"，到"我为申奥捐一分钱"运动和"阳光计划"，无不引起大家的强烈关注。在所有的关注中，最正面或效果最强的，当属它的公益倾向。

8. 置入

置入的策略主要是将广告置于影视作品或大型文艺演出的节目中。借影视或文艺节目中事件的需求，巧妙地点题品牌产品形象，以达到形象传播或品牌促销的目的。

三、目前存在的问题

2010 年于 12 月 30 日，以网络红人犀利哥命名的服装品牌"犀利哥"男装在上海召开新闻发布会，正式宣告犀利哥品牌男装正式创立(图 5 - 3)。

图 5 - 3 犀利哥男装

犀利哥"男装品牌是与意大利著名设计师 Francesco Fiordelli 合作,该设计师对"犀利哥"男装品牌十分有信心,并称"犀利哥"将会成为中国"最年轻的大牌"。据悉,Francesco Fiordelli 曾与 GUCCI、MAXMARA 等国际品牌合作,堪称服装设计领域的顶级设计师。他表示这会是一类适合于追求潮流的年轻人群,尤其是 80 后、90 后的服饰品牌。

上海社科院社会学研究所调查研究室主任李煜博士称这是"庸俗、拙劣的商业化"。将社会知名度或者知晓度,转化为商业资本,并不都能被社会认可。他分析道:"'犀利哥'走红,并不是因为他有多大成就或付出了多大努力,而是因为网民的善意和同情心的投射,他们从程国荣身上读出了'沧桑'、'自由'、'随性',甚至'洒脱',硬性商业化,是对网民投射于'犀利哥'的情感的一种亵渎,因此我不认为这个品牌会成功。"

目前,事件媒体在博人眼球的同时,也因其自身的话题性招来非议。主要存在的问题有:

1. 事件庸俗、无聊,哗众取宠

事件营销师要借社会事件、新闻之势或是通过企业本身的策划、运作造势来达到传播的目的,但是事件发展的不可预见性,以及企业对事件策划的掌控能力,都可能暗藏着风险。因此,在事件运作前,有必要对整个事件做一次全面的风险评估。

2. 盲目烧钱,无谓赞助

事件营销这种营销形式,本身带有时效性、不确定性和高风险性,这就要求我们的企业要有高效的决策机制、敏锐的判断力和灵活的应变能力。

但是有些企业的赞助与自身的发展战略不符,虽然在消费者面前混了个脸熟,但实际上分散了企业或品牌在消费者心目中的整体形象。

3. 或投机心态,或坐失良机

把事件营销看作一种短期的炒作行为,而不是一种爆炸性的营销手段。这使得很多不屑于投机的领导品牌在此举足不前,而另外一些弱不禁风的小品牌抱有过度的投机心理。

中外企业在对待与事件营销相似的营销方式上,存在着很多差别。首先的差别来自于心态和认识。国内企业往往投机心太重,将企业的前途全寄托于此,导致企业大起大落;要不就是对此忽视和不屑一顾,导致企业错失良机。成熟的国家的企业,就跟他们的营销意识和理念普遍比较成熟一样,他们会把事件营销作为一种低成本的营销传播手段,而不是只等到迫不得已的时候才求助于事件营销。他们更能系统化地整合利用各种营销手段，并能有机地配合和互补。

第三节 体育运动媒体

所谓体育运动媒体，它源于商家的"体育营销"，在注入相关的广告理念之后，使其得到深度的开发和更大范围的利用。与事件媒体一样，尽管体育运动媒体不似传统媒体的正规传播体系、手段、运作经验以及相应的研究成果，但由于体育运动本身巨大的影响力、号召力和巨额资金投入，其广告媒体的角色必将被扮演得越来越炉火纯青。

近年来，体育正在成为企业营销组合中越来越重要的组成部分，成为一种全新的、整合了各种传统营销手法的传播媒体，在传达企业文化、核心价值、与消费者面对面沟通和促进销售等方面，起着无与伦比的作用。

一、体育运动媒体的兴起于发展

借力奥运 传递更多——UPS 北京奥运传播活动（图 5-4）

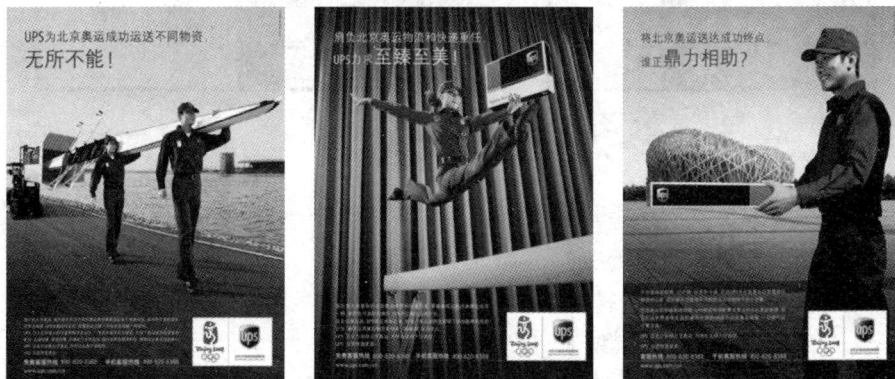

图 5-4 UPS 北京奥运传播活动

广告主：UPS

实施时间：2007 年至 2008 年

实施范围：中国内地

核心策略：让受众了解 UPS 不是寻常的赞助商，它将提供全面的物流和快递赞助，将北京奥运送达成功的终点。

创新点：UPS能为北京奥组委成功递送北京奥运的一切物资，也一定能轻松地为中国企业完成任务。

UPS北京奥运大众传播活动分为两个不同的阶段：

第一阶段(2006年)：宣布并介绍UPS和北京奥组委的合作关系，建立UPS为北京奥运赞助商的品牌认知度。

第二阶段(2007至2008年北京奥运)：运用在奥运前期，奥运期间的一些实例，表明UPS如何将北京奥运送达成功的终点，同样也能为UPS的所有客户传递更多。

为了确保信息能凸显并到达目标受众，运用了多种不同的媒体：电视、报纸、杂志、户外、广播、网络、DM等形式(图5-5)。

图5-5 多种不同媒体形式

邀请张丰毅作为广告片的男主角，他能更好地表现出UPS的品牌特征：富有经验，可信赖和负责任。

奥运物流场馆《兵贵神速篇》

男主角：羽毛球赛刚结束，又想什么呢？

奥组委官员：只有不到一天的时间，这个羽毛球场就要变成体操赛场！

男主角：放心，你的老朋友UPS做了周密计划！他们和各方人员通力合作，准确安排时间，保证转场成功。UPS的"兵贵神速"，这回领教了吧？看，刚刚好。

奥组委官员：哇！

字幕：UPS正全力协助北京奥运，同样也鼎力协助您！

旁白：UPS为您传递更多！

所谓体育营销，主要借助冠名、赞助等手段，通过所赞助的体育活动来推广自己的品牌。

1. 体育赞助的效果自然,易于被接受。

2. 体育赞助沟通对象面广量大,有针对性。

二、体育运动媒体的特点与功能

(一)体育运动媒体的特点

1. 公益性

体育营销中,更多的方式是体育赞助。赞助是利国利民也利己的"三得利"企业行为,较之"王婆卖瓜,自卖自夸"的广告宣传有着质的区别。

体育运动,特别是其中有些被上升至国家荣誉高度的项目和赛事,常会因资金的问题而影响到该项目或赛事的发展和举办。

2. 感召性

感动与召唤,这实际上是体育运动自身的魅力所在。常能激发民众的各色各样的自豪感,如果企业选择恰当,定位准确,常能随该体育事件一起赢得荣耀,经久不衰。

3. 共享性

如同音乐一样,体育运动也是全人类的共同语言。可以说,体育运动是最不受肤色、语言、文化背景、贫富差别、年龄与性别、政治和宗教信仰限制的人类日常活动。人们常常因体育而被融合在一起。

4. 风险性

由于体育运动本身所具有的竞技属性,所以体育营销在某些领域里具有相当程度上的风险性。风险意味着其中存在着极大的失败的可能性,但同时,也有着一旦成功的巨大回报。风险系数越高,回报也会越大。

(二)体育运动媒体的功能

体育营销作为一种软性广告,具有沟通对象量大、传播面广和针对性强等特点。从品牌资产的主要构成成分来看,体育运动媒体对于企业有如下意义:

1. 扩大企业和品牌知名度

体育作为日常生活不可缺少的一部分,普及程度非常高。大型体育赛事,更有着电视、广播、报刊和网络等多种媒体的大力支持。如此庞大的受众群是其他任何电视节目和活动都难以企及的。

2. 塑造正面的品牌联想

提到品牌联想就会提到"移植"效应,即"形象转移"。

体育营销把体育美好的形象特征转移到赞助商身上，由此使企业、品牌形象获得提升。

3. 引导对于品牌的良好品质认知。

4. 塑造消费者的品牌忠诚度。

5. 促进产品销售。

三、体育运动媒体的运作

（一）体育营销的主要形式

体育营销的主要形式有体育赛事冠名、体育赛场冠名、体育赛事赞助商、赛事会徽和吉祥物的使用权、公关活动权、独家现场销售权。

（二）体育媒体营销

（1）赞助媒体或购买媒体广告时段。

（2）冠名赞助媒体的体育节目。

（3）赞助参与体育赛事采访的媒体和记者。

（三）体育赛事营销

1. 体育赛事冠名

取得冠名权后，该赛事便必须以赞助商指定的名称和赛事名组成的全名被提及，不得省略。一般情况下，赞助商还享有该赛事奖杯的命名权和授奖权。

2. 体育赛场冠名

体育赛场冠名指赞助商对体育比赛场馆的冠名。特点是时效较长。

3. 体育赛事赞助商

体育赛事赞助商主要指对赛事运动服装、器械、饮料等的赞助。

4. 赛事会徽和吉祥物的使用权

赛事会徽和吉祥物的使用权此方式能使赞助商得以在其产品外包装上印有会徽和吉祥物或将其应用于平面、电视广告和宣传资料中。

5. 公关活动权

公关活动权指借助赛事或与赛事有关的媒体宣传获得与受众进行各种直接或间接接触的权益。

6. 独家现场销售权

（四）体育团队、运动明星营销

（1）装备供应赞助商。

（2）参与性的公关和广告活动。

（3）产品命名赞助活动。

（4）体育明星代言产品。

（5）特许纪念品经营。

（五）体育组织营销

通过各种层次、各种类型的体育组织在体育行业中代表着行业地位和权威性，通过赞助，体育组织赞助商能获得时效长、营销大的回报。

（1）合作伙伴。

（2）常年赞助商。

（3）主要赞助商、独家赞助商和装备商等。

四、我国目前体育营销中存在的主要问题

（1）不能很好地考虑产品属性与运动的联结是否自然流畅。

（2）没能意识到将品牌核心文化以体育为平台进行再次提升与超越，是一个系统工程，是一个持之以恒的过程。

（3）国内企业还不能借鉴跨国企业先进经验，进行积极地资源整合与品牌打造。

复习思考题

1.什么是事件媒体？

2.简述事件媒体的特征。

3.事件媒体的作用有哪些？集合微博这一新兴媒介，谈谈你对于事件媒体作用的理解。

实践训练题

2004年4月份，安徽阜阳毒奶粉事件浮出水面，特别是在经电视、报纸、网络等诸多媒体的曝光后，引起了社会各界的强烈关注。事件源于当地一些儿童因为服用劣质奶粉，导致严重营养不良，造成了一系列的并发症。事情出来以后，人们在谴责黑心的劣质奶粉的同时，也在呼唤品牌信誉度高的优质奶粉。作为安徽地面主频道，安徽经视频道在对这一社会热点事件进行深入报道的同时，也想通过媒体这一平台，把优质奶粉的品牌推荐给广大的人们，减少人们因为对劣质奶粉认识的不足而导致的危害。经过精心论证，安徽经视频道决定利用母亲节的契机，做一组母亲节系列报道，让人们在细细品味每一个关于母亲的故事的同时，加深对合作品牌的联想。雅士利作为安

徽市场上的优质奶粉知名品牌，与安徽经视频道有着良好的合作，故活动也首先考虑到了与雅士利合作，推动雅士利的品牌发展。

"雅士利母亲节专题报道"推出以后，一组组关于母亲对子女深切关怀的报道引起了广大母亲乃至社会深切的共鸣。对于合作企业雅士利来说，这些报道在有力的接触到其产品的目标消费群体和购买影响群体的同时，与阜阳毒奶粉事件相联系，也引发了消费者的品牌联想，把雅士利品牌自身蕴涵的母爱、成长、健康等观念传递出去，真正的在目标消费群体中树立起了产品的威信与品牌的形象，从而为其在市场上取得不俗的战绩提供了良好的保证。而安徽经视频道通过抓住这一热点事件，借船出海，策划放大了节庆事件，表达出了媒体对观众、对社会的关心，体现了媒体作为舆论导向的责任感，树立了正确的社会价值观，打造提炼了频道的权威品牌。

剖析这则成功的事件营销案例，仔细分析下来，发现其之所以成功，还是具有一系列的共性，正是这一系列共同的因素才促进了这则事件的成功。

同学们自由分组研讨，什么因素促成了这个事件的成功？

第六章　媒体广告价值的测量与评估

知识要点

1. 理解媒体广告价值评估的意义与作用。
2. 了解媒体广告价值评估的主要标准。
3. 掌握媒体广告价值化评估基本指标的内涵与计算。
4. 掌握媒体广告价值质性评估基本指标的内涵及原则。
5. 理解媒体载具量与质的综合评估，以及跨媒体价值比较的基本原则。

案例导入

媒体品牌个性：广州报业品牌的拟人化解读

羊城晚报是一个人，他会是……

四五十岁的中年男性，人生阅历丰富，机关里的中层干部，政治觉悟高。做事一向中规中矩，不太喜欢张扬，忠诚可靠。他富有同情心，是个很有品位的人。有做大事情的实力，但过于沉稳，缺乏活力，变化的速度不如常人快。

广州日报是一个人，他会是……

三十多岁的中国男性，刚开始是做个体户的，现在生意越做越红火，成为一个企业家了。他看起来比较粗犷、奔放，浑身上下都充满了生机勃勃的气息，给人就是一种很有朝气的感觉。他有喜欢创新的个性，他做事很有干劲，从不畏手畏脚。不过，他为人有点"硬"，缺乏亲近感，商业味太浓。

南方都市报是一个人，他会是……

三十岁左右的家庭主妇，很像最近电视里演的"闲人马大姐"。小道消息多，好奇心强，东家长，西家短，锅碗瓢盆，油盐酱醋，都十分关心。她做的饭菜还是很可口的，比较符合大众口味。但性格上喜欢小题大做，爱唠叨，说三道四，经常向别人夸耀自己厨艺好。

新快报是一个人，他会是……

二十岁的追求时髦的女孩子，在大学里念书，打扮新颖，做事比较COOL。她有活力，喜欢运动、上网，对新事物感兴趣额，给人一种很清新的感觉。但她太年轻，缺乏经验，在一些中年人的眼里还太"嫩"了点。

南方周末是一个人，他会是……

35 岁左右，男性，一名政治的法官。他判案公正、客观，对违法违纪之事绝不手软。他关心国计民生，嫉恶如仇，以伸张正义为己任。他注重学习，博学多才，具有敏锐的洞察力，能够深入地挖掘事物的本质。

问题：

1. 闭上眼睛体会一下，您是否认同我们对广州报业品牌所做的上述另类的人性化解读？

2. 如果您是一位正在考虑投放报纸广告的企业主，您觉得媒体品牌个性与广告传播效果之间是否具有关联性？

由于调查方法不同，所以产生不同的量变表现，在量化表现的后面，更有质方面的深度意义。

不同媒体品牌的广告价值是有差异的，媒体的广告价值评估是科学合理地进行媒体选择及其有效组合的基本保障与前提。当然，既然是评估，就说明媒体的广告价值有些是可以按照一定的量化尺度或标准来衡量的(如常用的发行量、每千人成本等)，从而在不同媒体间进行比照，选出最适合广告目标的媒体。但媒体的广告价值中，也有一部分目前还无法通过具体数字来显示，比如权威性、影响力、可信度及其所产生的受众心理压力效应，乃至本例所涉的媒体品牌个性等性质指标。这些量化的和质化的广告媒体价值标准，都要在广告媒体策略制订前便系统地对媒体调查予以统筹兼顾。

随着广告媒体的发展，新的媒体日益争夺，各种媒体之间的竞争也越来越激烈，与此相对应，受众的注意力成为一种稀缺资源。面对传媒产业的发展，广告主(或其媒介代理商)捕捉目标受众越来越受到诸多的挑战，这就要求广告媒体人员除具备丰富的媒体运作知识及经验之外，更需要具有把握各类媒体特性的能力，因此，对各类媒体的综合评估成为媒体计划人员必须把握的重要环节。

第一节　媒体广告价值评估概述

一、媒体广告价值评估的意义与作用

1. 媒体广告价值评估的意义

媒体的广告价值评估是指通过评估工具的作用，比较媒体类别中各载具的效率与效果，提供媒体人员在媒体载具选择上的客观依据。换言之，媒体广告价值评估就是用广告的各种硬性指标来衡量媒体，目的是怎样通过最低的支出、最恰当的媒体传递方式达到最佳的广告效果。有鉴于此，也可以将媒体广告价值评估视为广告媒体的评价标准。

媒体价值的大小来自两个方面：一个是量的方面，即媒体的接触入口，指的是覆盖面的广度；另一个方面为质的方面，即媒体在说服力方面的效果，指的是针对个别单一消费者进行说服的深度。所以媒体的评估工具，也可以划分为量的评估工具及质的评估工具。当然，即使是所谓可以量化的媒介价值评估，其精确的程度也是相对而言的。另外，评估时注意媒体价值与媒体广告价值的区别。如对于受众数量的计算，媒体受众的总量往往大于媒体广告的目标受众总量。

媒体广告价值评价的意义有两个方面：一是广告策划工作中不断进行的媒体评价工作，是为了确定媒体的各种特点以及不同媒体的适用性；二是在进行一次广告活动规划时所从事的媒体评价工作，是根据具体的广告目标来进行测度，以衡量不同媒体的适用性。

在进行具体评价媒体的工作中，可从效益和对象两个方面考虑媒体的可用性。若想获得媒体效益的准确评价，就需要进行指标的综合评价，由此方能得出媒体的一般性效益评价，然后再结合广告主的具体情况，用针对性指标来确定可以最有效地同目标市场沟通的传播媒体渠道。在实际工作中，经常首先用针对性指标找到若干适合的媒体，然后再比较其他的媒体效益。这样既可以减少媒体评价工作的复杂性，又可以比较全面地解决问题。

总之，广告媒体评价的意义就在于衡量不同的媒体适用性。如果你懂得怎样对媒体的广告价值进行评估，那么你就会根据各种广告媒体的特征进行科学的媒体选择与系统组合。

2. 媒体广告价值评估的作用

随着信息社会脚步的逐渐来临，"注意力经济"概念也逐渐引起人们的关注，它向我们揭示了当代媒体的重要盈利模式所在。作为大众传播，现代媒体主要利润来源已经由原来的发行收入转变为广告收入，实现了由"受众"向"广告主"的二次营销过程，成为一种特殊的商品。对于广告主而言，广告媒体的最大价值就在于它拥有"消费者注意力"这一特殊而重要的资源，能够有效地传递产品和企业的相关信息。一旦媒体拥有越高的"到达率"和"收视率"，那么它就拥有了越大的"注意力资源"。因此，广告主为了得到这一资源，就愿意根据媒体在受众心目中的受欢迎程度而付出相应的代价。这样，我们就可以得到媒体与广告互动的基本模式，即媒体产业赢利的基本模式。

通过媒体的广告价值测量与评估，可以获得到达率或者收视率等反应媒体"注意力资源"的重要数据，它对广告产业链中的任何一个主体都具有重要的意义和作用(表6－1)。

表6－1　媒体广告价值评估数据的作用(以电视媒体为例)

使用者	媒体广告价值评估数据的作用
广告主	选择哪些媒体投放广告 选择哪些时段投放广告 选择哪些方式投放广告更经济 预测和评估广告投放效果
广告公司	了解市场竞争格局 分析媒体受众构成 跟踪节目收视变化 比较媒体广告成本 制定广告计划和排期 跟踪广告投放效果
电视台	什么样的电视节目最受欢迎 自己的媒体优势是什么 如何安排节目播出时间 广告定价是否合理 怎样在与广告公司和企业的谈判中争取主动
节目供应商	分析市场各类节目供求关系 了解电视节目的收视情况 解析电视节目的受众结构 熟悉不同受众的收视习惯 制定合理的节目和广告价格

二、媒体广告价值的评估标准

媒体价值的评估一般来说有客观(或量)和主观(或质)两种标准，客观的标准主要是指媒体的覆盖面、接触人数、千人成本等可以根据已知或推算的数据算出的具体数字，看重的是媒体书面上的投资效率；主观的标准侧重的则是媒体具备的效果，它是由一系列不能量化的质量指数构成的，最主要的有媒体的权威性、受众接触媒体的介入度、编辑环境、相关性和广告环境等。各个具备的广告媒体因各自特别的差别而显示出不同的媒体价值,不同的广告传播期望同时也影响着人们对具体广告媒体价值的评价。因此,在制定广告媒体策略之前,除了要充分了解各种广告媒体一般的、共同的性质特征之外,还需根据广告传播的期望标准对各具体媒体的价值进行评估。

确定媒体价值的重要的标准是结合以下两个原则:一是找到能到达大量受众的载具;二是从中选择千人成本最低的市场。这两个原则的结合使用显然有逻辑性。当今的广告和营销直接瞄准待定人口目标受众。假如可以明确定义这些目标,那么就可以选出有效到达最大目标受众的媒体载具(表6-2)。

表6-2 媒体广告价值评估的主要标准

按媒体类型划分

1. 评价报纸媒体价值的标准

客观(或量)标准

(1)报纸媒体的发行量

(2)发行覆盖的地区及其发行量的地域分布

(3)读者、订购读者及传阅读者

(4)阅读率、第一阅读率和传阅率(或两次阅读率)

(5)阅读人口的人口阅读统计特征及其构成

(6)目标受众的数量和比率

(7)目标受众的阅读习惯

(8)版面数量、页码及版面空间位置

(9)广告版面占总体版面的比率

(10)新闻纸的纸制品印刷质量

(11)目标受众的传达成本

主观(或质)标准

(1)报纸的形象定位

(2)报纸可信度

(3)报纸的编辑风格

(4)报纸的视觉设计风格

(5)主要内容的类型及其构成比率

(6)广告与版面形象风格的吻合度

续表 6 – 2

2.评价杂志媒体价值的标准

客观(或量)标准

(1)杂志媒体的发行量

(2)发行覆盖的地区及其发行量的地域分布

(3)读者、订购读者与传阅者

(4)阅读率、第一阅读率和传阅率(或两次传阅率)

(5)目标受众数量及其比率

(6)目标受众的阅读习惯

(7)目标受众传达成本

(8)广告版面占总体版面的比率

(9)纸质的档次和传达效果

(10)色彩的传达效果

(11)不同页面的传达效果

(12)杂志中的特殊版本、主题、章节的传达效果

主观(或质)标准

(1)杂志媒体类别

(2)杂志定位

(3)可信度

(4)杂志编辑风格

(5)杂志视觉设计风格

(6)媒介传播的强制性

(7)媒体、栏目特征与广告、品牌特征的吻合程度

3.广告媒体价值的标准

客观(或量)标准

(1)信号的覆盖范围

(2)媒体听众的数量和收听率

(3)节目的时段安排

(4)各个时段听众的数量及收听率

(5)各个时段听众的人口统计特征及其构成

(6)目标听众的数量及比率

(7)目标听众的收听习惯

(8)收听媒介的分布和普及率

(9)信号传输质量

(10)节目的长度

续表 6 - 2

(11)节目中插播广告时间的长度、频次

(12)节目中插播广告时间占该节目时间的比率

主观(或量)标准

(1)媒体定位

(2)媒体的可信度

(3)电台的节目形态

(4)节目主持人的名气和风格

(5)媒体、节目特征与广告、品牌特征的吻合程度

4.电视媒体价值的标准

客观(或量)标准

(1)电视信号覆盖范围

(2)收视媒介的分布和普及率

(3)家庭开机率和个人开机率

(4)电视频道、栏目、节目的收视人数和收视率

(5)电视频道、栏目、节目的收视人口构成及比例

(6)观众对频道、栏目、节目的满意指数

(7)目标收视人口数量和目标收视人口的收视率

(8)频道的栏目、节目的时段安排

(9)栏目、节目时间长度

(10)各个时段目标收视人口的开机率和频道占有率

(11)节目中插播广告的时间长度和频次

(12)节目中插播广告的时间占总节目时间的比率

(13)节目信号传输的质量

主观(或质)标准

(1)电视频道、栏目、节目定位和频道形象

(2)电视媒体的可信度

(3)频道在受众中的地位

(4)电视节目形态

(5)节目的受众卷入程度

(6)频道、栏目、节目同其他媒体或专案的配合能力

(7)频道、栏目和节目特征与广告、品牌特征的吻合程度

(8)主持人的形象、名气和风格

续表 6 - 2

5.户外广告媒体价值的标准

客观(或量)标准

(1)路线、路段、地区的人流量和人流特征

(2)可能接触的目标消费者的数量

(3)户外媒体设置的地点

(4)户外媒体的视觉形象

(5)户外媒体的面积体积

(6)户外媒体的能见程度

(7)媒体的材质、色彩、亮度、声光电组合等特殊的效果

主观(或量)标准

(1)媒体所在位置本身的商业价值

(2)周围环境和媒体的关系:相容、冲突等

(3)同其他户外媒体的相对位置关系

(4)与其他促销活动的配合

第二节 媒体广告价值的量化评估

一、媒体广告价值量化评估的三个视角

媒体载具在量上的评估,基本上有三个角度:受众角度、媒体角度、区域角度。评估角度的选择,以不同的分析目的而有所区别(表6-3)。

表6-3 媒体载具量化评估的三个角度

量化评估的三个视角	核心思想	分析目的
受众角度	了解对象阶层在各区域内对媒体的接触状况及各媒体的受众构成	在对象阶层确定的情况下分析阶层的接触状况
媒体角度	了解该媒体载具在各区域的受众构成及对象阶层在各地区的接触状况	提供媒体在区域推广及受众设定上的参考
区域角度	了解该区域各媒体的受众构成及各对象阶层的媒体接触	了解当地媒体市场状况

资料来源:陈俊良.广告媒体研究——当代广告媒体的选择依据.北京:中国物价出版社,1997

二、媒体广告价值量化评估的基本指标

媒体广告价值量方面的指标，主要是指能通过统计调查而得到的媒体使用效果的数量化指标。由量的指标结合费用可以计算出成本效益指标。

对电波媒体而言，主要指标有：收视率、收视人口、观众的组成情况、覆盖区域等。广播与电视基本类似，其指标含义也基本一致，只是以收听取代收视。

印刷媒体主要数量指标有：发行量、阅读量、传阅量、阅读人口、阅读人口组成情况、刊物地区分布等。报纸和杂志基本类似，指标含义也基本一致。

户外媒体种类繁多，有的指标还不完全一致。对一般常见的路牌等来说，其主要数量指标有：受众人数、高度指数、尺寸指数、能见指数、材质指数等。户外媒体本身能否被注意，可以从高度、尺寸、能见角度、材质等项目上进行检视。上述这些指数指标有的缺乏统一的量化处理方法，一般结合一些测量或调查数据进行相对比较求得。

网络媒体量方面的指标主要包括：网站（或网页）的访问次数和访问者人口组成分析。其中访问人次可通过网站的统计软件进行准确统计，人口组成分析则通过在网上向访问者附带发布的调查表来获取。

综合来看，媒体广告价值的系列指标中，量的指标和成本指标一般可以从调查公司或媒体获取（表6-4）。

表6-4 主要广告媒体常用的量化评价指标

媒体类别	主要类别	指标及含义	计算公式或获取的方式	细分指标
电波媒体	电视	收视率：一段时间内收看某一节目的人数（或家庭数）占观众人数（或家庭户数）总体的百分比	收视率＝收看某节目的人数（或家户数）÷总人数（或家户数） 收视调查公司调查	个人收视率、家庭收视率、目标人口收视率、总收视率
	毛评点和千人成本	占有率：特定时段内占收看某一特定频道（或节目）的人数（或家户数）占收看电视总人数（或家户数）比例，即特定时段内某一频道收视率占所有频道收视率的比例	占有率＝目标人口中收看某一节目的人数÷目标人口总数 收视调查公司调查	

续表 6-4

媒体类别	主要类别	指标及含义	计算公式或获取的方式	细分指标
		到达率：指在特定时段内收看过某一特定频道（或节目）的不重复的观众人数占观众总人数的比例	收视调查公司调查	有效到达率、目标到达率
		收视人口：收看一个特定电视节目的人口数	收视人口 = 收视率 × 总人数	
		观众组成情况：按人口统计分类方法对一个电视频道或一个节目的观众进行分析。一般可以按照性别、年龄、教育程度和收入情况等多种途径进行分析	收视调查公司调查	
		覆盖区域：电波媒体能被受众接受的范围大小	收视调查公司调查或媒体提供	
		暴露频次：指的是试听众在特定时期暴露于某一媒体特定广告信息的平均次数	暴露频次 = 总收视频次 ÷ 到达率 收视调查公司调查	有效暴露频次
		试听机会：指的是受众研究中在某一目标试听众中宣称有机会收看或收听某个广告的人口数值		
印刷媒体	报纸	发行量：指一份刊物每期实际发行到读者手上的份数	调查公司调查或媒体提供	订阅发行量、零售发行量和免费赠阅发行量
		阅读率：指在特定时间内阅读特定刊物的人口占总人口的比率	调查公司调查或媒体自行调查	目标人口阅读率
		阅读人口：指特定时间内阅读特定刊物的人数	调查公司调查或媒体自行调查	目标阅读人口、付费阅读人口、传阅人口

续表 6－4

媒体类别	主要类别	指标及含义	计算公式或获取的方式	细分指标
印刷媒体		阅读人口组成情况：一般也是按照性别、年龄、教育程度和收入情况等口径来进行	调查公司调查或媒体自行调查	
		刊物地区分布：报刊在不同区域内有可能拥有不同的内容和不同的媒体接触状况，从而使得报刊存在地区分布上的差异	调查公司调查或媒体自行调查	
户外媒体	路牌	受众人数	调查公司调查或媒体自行调查	
		高度指数	媒体自行提供	
		尺寸指数	媒体自行提供	
		能见指数	媒体自行提供	
		材质指数等	媒体自行提供	
		受众人口组成情况	媒体自行调查或委托调查公司	
网络媒体	网站	访问次数	媒体自行调查或委托调查公司	
		访问者人口组成分析	媒体自行调查或委托调查公司	

三、媒体广告价值量化评估指标的计算

从传统上来说，媒体广告被定量评估的基础主要是通过收视率、到达率、接触频次、毛评点和千人成本等这些基本参数指标来实现的。这就要求我们先要理解这些概念的基本含义，并掌握其计算方法。

1. 视听率

视听率又称之为收视听率，对广播而言叫收听率，对电视而言叫收视率，都是指在一定时期和一定范围收听(视)某一特定广播(电视)节目的人

数占其总人数的比例。

视听率是评价广播、电视最重要的术语，能显示媒体所发信息达到受众的数量规模。视听率越高，受众接触几率越大。

收视率指暴露于一个特定电视节目中的人口数（或家庭数）占有电视人口总数（或家庭总数）的比例。即依计算单位的不同可以分为两种表达方式：①家庭收视率，表示某一节目有多少家庭在看；②个人收视率，表示某一节目有多少个人在看。实际操作中，我们除了研究家庭和个人收视率外，还要特别强调对象收视率。所谓对象收视率，指的是所确定的品牌对象消费群的收视率。计算方法是拿暴露于特定电视节目中的人口数除以所有对象消费群人口数的百分比。

案例：

有五个家庭各拥有一台电视，假设有 A、B、C 三个节目可供观看，有两家看节目 A，则 A 节目的收视率就为 40%（2/5）；各有一家在看节目 B 和 C，则节目 B 的收视率为 20%，节目 C 的收视率也为 20%。

在 200 名被统计的电视人口中，有 100 名看电视，共有五个频道 A、B、C、D 和 E，其中收看频道 A 的观众有 10 名，频道 B 的有 20 名，那么：

频道 A 的收视率 = 10/200 × 100% = 5%

频道 B 的收视率 = 20/200 × 100% = 10%

频道 B 的收视率高于频道 A。

2. 到达率

到达率指传播活动所传达的信息接受人群占所有传播对象的百分比。到达率为非重复性计算数值，即在特定期间内暴露一次或一次以上的人口或家庭占总数的比例。在期间的定义上可以根据需要定为一周、四周或几个月等。

3. 毛评点

毛评点也可称为总视听率，指在一定时期内某个特定广播或者电视媒体所发的某个广告的视听率总和。

毛评点是对某媒体及其媒体广告刊播计划总效果的评估和测量。由于毛评点仅表示总视听众的数量，而不理会视听众对该广告看到次数的重复性，所以其统计出的数量往往是重复相加的结果。

其计算公式为：毛评点（总视听率）= 节目视听率 × 广告插播次数。

4. 每千人成本

每千人成本是指把广告信息传送到一千个家庭或用户或广义的消费者所

需的广告费用。

其计算公式为：每千人成本 = 媒体费用（广告费）÷ 受众总数（以千人为单位）。

每千人成本适用于任何媒体的计算，可最简便且有效地对各种媒体进行成本上的评估，是评价媒体的重要指标之一。

第三节　媒体广告价值的质性评估

一、媒体广告价值的质性评估指标

所谓媒体的质，是指以目前的测定技术而言，对各广告媒体不易根据统计直接量化测定，即使能够测定也特别困难，但它却是媒体选择的主要标准。

在量化因素评估上的一个基本假设是：设定同一类别下的媒体载具对于各广告活动都是等值，即不同的电视节目所产生的每个百分点收视率对任何品牌及广告活动都是同样的价值，不同的刊物所提供的阅读人口对所有品牌及活动也等值。但事实上，各电视节目因其时段、形态等的不同，对个别品牌及活动所提供的价值将有所不同；不同刊物在读者心中的地位的差异，也将影响刊登广告的说服效果。进一步分析上述的差异，可将其分为两类：一是广告方面的差异；二是媒体影响力的差异。也就是说，媒体载具不仅有量的差别、还有质的差异。质的因素和量的因素最大的差异是，量的因素计算的是广度及成本效率，而质的因素指的是说服的深度及效果。质的分析着重的是针对个别品牌及活动，媒体载具所能提供的价值，所以在分析项目上因个别性较高而较为主观和不固定，一般需要从业人员结合经验判断。一般常用的分析项目有：接触关注度、干扰度、编辑环境、广告环境、相关性等。

1. 接触关注度

接触关注度指的是当消费者接触媒体时的"质量"，而不仅仅只是关注消费者"有没有"收看。其基本的假设是，消费者专注地接触媒体的广告效果，比漫不经心地接触时高。所谓广告效果，指的就是广告被收视及记忆的程度。奥美伦敦公司的一项研究报告指出，关注度较高的节目相较于一般节目，消费者收看广告的意愿提高49%，广告记忆度则提高30%，证实了接触媒体质量对广告效果的影响。接触关注度的测定与评估主要有两种方法：

（1）通过问卷调查获得。如调查消费者对各节目的收看频次及连续性、主动选择收看或被动参与收看、节目喜欢程度及错过收看的失望程度等来测定各节目的关注度。

（2）在相关资讯的基础上进行主观判断。这种方法在现阶段比较普遍，以电视媒体为例，又有两种常用的方法：

①以节目形态划分，主观判断各形态节目指数。一般而言，新闻节目通常拥有较高关注，戏剧节目次之。综艺节目则较不固定。诚然，以节目形态划分的指数设定必须考虑目标受众的差异。

②以节目播出时间段划分，主观判定各时间段指数。值得注意的是，不同的节目形态（例如电视剧、综艺节目等）、不同的收视时间（例如白天、晚上）和不同的受众群体的收视习惯，对节目的关注度都会产生影响。因此，在指数判定的时候，我们必须在深入考虑品牌对象阶层和目标受众的实际情况后再加以判定。

2. 干扰度

干扰度指的是消费者在接触时受广告干扰的程度。广告接触对消费者而言，通常不是目的性行为，即观众收看电视的目的是收着电视节目，并非电视广告，阅读报纸的目的是新闻或娱乐，并非广告。因此广告占有媒体载具的时间或版面的比率将影响广告效果，广告所占比例越高，观众在观看时受干扰的程度就越高，广告效果也就越低。媒体干扰度可通过计算机广告占有载具比率来测量，这个比率实际上反映了载具中的广告密度。

在计算干扰度时，同类竞争品牌的干扰对广告影响较其他品类广告高。比如，轿车广告如果刊登在《汽车杂志》之类的专业媒体上，那么品牌之间的干扰度必然很大。因为在这本杂志上的轿车广告实在太多，如换一种方式，把轿车广告刊登在经济类杂志如《财经》或一些成功人士经常阅读的杂志如《中国企业家》、《IT经理世界》等上其干扰度降低，因此为真实反映这种现象，在分析上，可以将直接竞争品牌广告页数赋予较高权值，以计算加权扰度。

3. 编辑环境

编辑环境指媒体载具所提供的编辑内容对品牌及广告创意的适切性。尺有所短，寸有所长，不同媒体对不同广告信息的表达力各有特点，寻找适合广告内容和创意的载体，除了能提高广告的表达效果，还有利于加深广告产品在消费者心目中的记忆。这种适切性可以分为两方面：

（1）载具形象。媒体编辑环境与企业产品形象的适切性考量，要求广告主选择与其企业产品形象相契合的媒体进行广告投放，以吸引目标视听受众。

（2）载具地位。广告媒体本身存在于市场上一段时间后，在媒体受众心目中会形成一定地位，同时，这类媒体载具在该类媒体中也占有一定的地位。如 CCTV 新闻频道在新闻类媒体中具有相当的权威性。广告通过这类媒体载具传播出去后，可能会给受众带来相应的信任感和影响力。通常，媒体的权威性的形成受诸多因素的影响，如媒体自身条件、受众群体特征、传播的内容、传播的时空环境等。载具地位对广告的效果的意义是，领导地位的载具对其视听众具有较大的影响力，将连带使在该载具出现的广告具有较大说服效果。

4. 广告环境

广告环境指的是载具承载其他广告所呈现的媒体环境。它与干扰度不同，干扰度是计算载具内广告的量，而广告环境则是指载具内广告的质。对广告环境进行评估的意义在于连带性，连带性指的是媒体载具所承载的其他广告的品质对本品牌广告产品的影响。也就是说，不仅媒体节目自身的可信度和权威性与其广告产品的美誉度息息相关，而且在该媒体上投放的其他广告主的形象也很关键，会对企业形象起到一个大环境的影响。因此，必须考虑广告环境与企业、产品形象的适切性。

5. 相关性

相关性指产品类别，产品品牌个性或广告创意策略等信息内容与媒体载具本身在主题上融洽、和谐。相关性的意义在于可以提升媒体与产品目标消费者契合度。在任何媒体上发布消息，其目的就是把广告信息传递给企业产品的目标消费者，因此通过选择信息受众与产品的目标消费者相吻合的媒体，才能将信息有效地传给对象。目前，媒体细分化的发展（如电视专业化频道的出现），目的之一就是提高媒体与产品的相关性。是不同类别的产品都可以找到与自己相关性高的专业频道投放广告，从而得到满意的广告效果。比如中央电视台二套节目定位为"经济生活服务频道"，其播放了大量的财经类节目，那么，有关金融、银行等方面的产品就与该频道有较高的相关性，若在该频道投放广告，就会有相对更好的传播效果。

二、媒体载具质的量化评估

媒体接触关注度、干扰度、编辑环境、广告环境、相关性等都可以用指数加以比较，在传统的收视率资料上加入这些质的评估指数，可以更准确地评估媒体效果（表6－5）。

表6-5 媒体载具质的量化评估

节目	收视率（%）	关注度指数	干扰度指数	编辑环境指数	广告环境指数	相关性指数	加权收视率(%)
A	60	100	60	90	90	100	29
B	70	80	100	60	80	60	16
C	80	70	80	100	90	80	32
D	90	90	90	60	100	70	30

从表6-5中可见，如果媒体载具的选择仅以收视率为依据，而不考虑质的因素，则 D 节目的收视率最高为90%，应首选 D 节目，而加入了质的因素后，按加权收视率来评估媒体，则应首选 C 节目。

三、媒体载具量与质的综合评估

媒体的质的方面的考察，从比较项目的设定上既出现相当的个别性与分歧性，且在比较上，因为大多缺乏量化的数据，因此大多以主观判断为主。媒体人员在实际操作媒体载具分析与评估时，有时会出现量与质的评估互相矛盾冲突的结果。在这种情况下，必须持有的重要观念是，从品牌所处的位置以及所要达成的目标，正确去去辨认各项目量与评估结果，以及各项目对达成品牌目标的重要性，且依其重要性制定比值，以得出综合量与质的指数。并根据此指数选择媒体载具(表6-6)。

表6-6 载体载具量与质的综合评估

	量化评估				质化评估					加权数据
	收视率（%）	收视率指数	收视点成本	收视点成本指数	关注度指数	干扰读度指数	编辑环境指数	广告环境指数	相关性指数	
重要性		20%		40%	20%	5%	5%	5%	5%	100%
A	30	100	73333	91	100	60	90	90	100	93
B	18	60	66667	100	80	100	60	80	60	83
C	24	80	75000	89	70	80	100	90	80	83
D	9	30	88889	75	90	90	60	100	70	70
E	15	50	100000	67	50	60	80	60	70	60

A 节目的加权指数运算为：

$(100 \times 20\%) + (91 \times 40\%) + (100 \times 20\%) + (60 \times 5\%) + (90 \times 5\%) + (90 \times 5\%) + (100 \times 5\%) = 93$

其余节目的加权指数可用相同方式计算。从表 6-6 中可见，A 节目的综合指数最高，在只考虑表中所涉及因素的情况下，A 节目应成为首先选择的媒体载具。

复习思考题

1. 什么是事件媒体？

2. 营销、广告、媒体具有什么样的逻辑关系？为什么说媒体目标、广告目标、营销目标三者之间的是其最直接的体现？

3. 我们在这里给出了战略性的媒体目标体系这一提法，就媒体目标在广告媒体策划中的地位和作用而言，你认为这种战略性的思考方式是否恰当？

实践训练题

1. 假设你的广告目标为 1000000 人，你的广告暴露频次为每周两次，持续半年，共 26 周 ×2 次 = 52 次，则受众总暴露度为 1000000 × 52 = 52000000。如果广告费为 18000000 元，则每千人成本为多少？

2. 为调查贵州卫视某一广告信息的收视状况，选择了某地 5000 户家庭作为样本。某日晚 8：00—8：15 分，有 2000 户家庭打开了贵州卫视，800 户家庭打开了湖南卫视，另有 1200 户家庭观看其他频道。其中，2000 户收看贵州卫视的家庭中有 1300 户收看了该广告信息。

请计算：(1) 当晚贵州卫视户开机率、收视率是多少？

(2) 该广告信息的占有率分别是多少？

第七章　媒体目标

知识要点

1. 理解战略目标的本质及内涵，及其与营销目标、广告目标、媒体策略的逻辑关系。

2. 了解媒体目标设定的影响因素，以及媒体目标报告的基本框架。

3. 掌握媒体目标设定的方法与技巧。

案例导入

中国记录人的翅膀：广州国际纪录片大会宣传方案之媒体目标

丹尼尔·贝尔曾惊叹道："电视纪录片作为世界的窗口，首先起到了改造文化的作用。"

而电视纪录片并不仅是人们生活的纪录片，或者采用纪实的方式对于现世人们生存方式的临摹，它还应通过电视的形象手段表达人们丰富的内心情感世界，以及复杂的思维意识，并尽可能表达过去曾经发生了的、存在过的、如今不复存在的、却依然被我们所传承的文化部分。

纵观纪录片发展史，正如其他表现形式一样，越靠近近代，它所反应的问题越是向核心靠拢——个人主义。所以，影视学家称之为"关注人类自身时期"。

加拿大电影局制作的《向变化挑战》也许可以被认为是非影视工作者向影视领域挑战的信号，其目的在于：让印第安人自己去做各种问题的纪录片。他们教会印第安人摄像（影）机和编辑机的使用方法，自己选择有兴趣制作的题材，鼓励他们摄制表现本民族生活的纪录片。

无独有偶，2007年，在第五届广州（国际）纪录片大会上，我们得到了这样的期盼：我们（国外资深导演、制作人、发行商、买家等）希望通过这次纪录片大会，找到一批非常优秀的中国制作人，为他们提供一定的资金，使其能拍出高质量的中国特色纪录片，利用我们的国际渠道宣传出去，为外国人了解真正的中国作出一点实质的贡献。我们希望中国的制作人能深入到自己所生活的世界中去，挖掘中华民族深层次的内涵，以记录的形式展现中华民族的美。

【媒体计划目标】

制定整合资源、优势互补战略，以实现合作多方共同提升知名度和美誉度的"双赢"结果为战略目标。

1. 扩大广州(国际)纪录片大会在全国范围内电影、电视制作人，电影、电视工作室，独立制片人之间的知名度和影响力度，吸引更多的中国制片人参加会议。

2. 让中国制作人对纪录片大会宗旨有更加深入的了解，拍出高质量的纪录片。

3. 吸引电影爱好者观看纪录片大会上所展播的纪录片。

4. 吸引企业对国际纪录片大会的关注并给予支持。

目标地区：

本次宣传主要在中国境内，按地理划分为：华北、华中、华东、华南、东北、西北、西南。

华北：北京、天津、河北、山西、内蒙古；

华东：上海、江苏、浙江、山东、安徽；

东北：辽宁、吉林、黑龙江；

华中：湖北、湖南、河南、江西；

华南：广东、广西、海南、福建；

西南：四川、重庆、贵州、云南、西藏；

西北：陕西、甘肃、新疆、青海、宁夏；

港澳台：香港、澳门、台湾。

其中，华北地区的北京、天津，华东地区的上海、浙江，华中地区的湖北，华南地区的广东，西南地区的云南、西藏，西北地区的陕西等省份皆不作为重点宣传地区，保持第五届宣传力度即可。

中国香港、澳门、台湾地区暂不划在目标地区内。

目标对象：

1. 国内主流制片，包括：电视台、制片厂、纪录片工作室(非学生类)、娱乐公司、文化传播公司、文化传媒公司、艺术实验室、文化传播投资公司等。

2. 国内制作(非学生类)，包括：迷你主流片厂、标准独立制片、微型独立制片等。

3.影视学校和学院，包括各地影视学院，如上海戏剧学院、北京广播电视大学等。

4.纪录片销售市场，且以广州为重点城市向北京、上海、武汉、天津、西安等发达城市扩张观众阵容。

5.企业，如可口可乐、雀巢等饮料公司，可尝试在国际纪录片大会所发的资料袋、邀请函上印制企业 LOGO，并以实物赞助的形式支持纪录片大会。

6.中国内地、港澳台地区及国外一些的重点媒体，包括大众媒体、财经媒体、行业媒体及媒体记者。

这是我们从学生原创个案中未加修饰而忠实截取的一段。或许未能全景，且略显稚嫩，但足以触发我们丰富的联想：案例媒体目标的描述不可谓不详尽，但从保证媒体操作能够更为有效地为整体推广目标服务的角度而言，或许还有一些混沌的方向和模糊的问题有待进一步澄清或加以清晰界定，这无疑是形成后续媒体策略方案的前提与先导。

第一节　战略性的媒体目标

广告只有和市场营销联动才能成为实现企业目标的工具。因此，必须制定和市场营销目标、战略相一致的媒体目标。

一、营销目标、广告目标、媒体目标的关联与互动

（一）营销目标、广告目标、媒体目标的区别与联系

媒体目标，是指根据营销上所赋予广告的任务，具体落实到媒体上的必须达到的目标。媒体目标的设定是整个广告媒体策划中具有方向性作用的重要一环。那么，怎样才能科学地确立媒体目标呢？追根溯源，应该首先分析媒体目标和广告目标、营销目标之间的区别与联系。

从概念界定、属性特征、常规表述及主要衡量指标等方面对媒体目标与营销目标和广告目标做仔细的辨析，只是全面把握媒体目标本质与内涵的基础。弄清它们三者之间的逻辑互动关系，对广告媒体目标的设定才更具指导意义。因为营销目标、广告目标与媒体目标三者之间的关系正是营销、广告、媒体关系的直接体现。

从战略性的媒体目标体系中可以清晰地看出，媒体目标和广告目标、营销目标之间你中有我，我中有你，看似纠缠不清，实则互为因果，有主有从。

从市场营销的角度看，广告目标是营销战略的要素之一，媒体是广告传播不可或缺的手段。营销，广告，媒体三者间是一个包含与被包含的关系，她们彼此之间紧密联系，环环相扣，良性互动，共同服务于企业的营销目标和品牌的建立、推广与维护。但须注意的是，营销目标、广告目标、媒体目标在制定次序和实现方向上，是一个逆向的过程。

营销目标，是指一个企业在一个特定的期限内要完成的经营任务或经营努力的方向。所谓特定的期限，可以根据战略和策略上的考量以时间的长短来限定，因而又有长期营销目标和短期营销目标之分。

衡量营销目标的指标有很多，其中最主要的指标有：

①营销额；②市场占有率；③利润率；④投资回报。所以，营销目标是以商品的销售和收益、销售量等有形的变动为结果的。

广告是营销战略的构成要素之一，是营销目标的细化和延伸。

广告目标与营销目标二者的关系是：广告目标服务于营销目标并以营销目标作为自己的终极目标。

1.广告目标与营销目标的差别

(1)广告目标寻求的是对目标的信息传播效果。营销目标追求的则是销售额或利润。

(2)营销目标比较注重特定时期里的效果，比较讲求同步。广告目标讲求持续性，效果上往往是延迟的。

(3)广告目标的实现通常体现在消费者对产品态度的变化及观念的转变等无形的心理层面上，而营销目标通常能以销售量等有形的数据来衡量。

2.媒体目标与广告目标、营销目标的关系

(1)媒体目标是广告目标的延伸和细化。

(2)媒体目标通过确保广告目标的实现而最终完成营销目标。

(3)营销目标、广告目标是媒体目标制定的前提和丈量的尺度。媒体目标要根据营销目标和广告目标的不同而不同。

(4)三者在制定次序和目标实现次序上是相逆的。具体说，就是先有营销目标，然后才有广告目标，最后才有媒体目标。但从各项目标的实现上，却是只有实现了媒体目标，才能实现先前的广告目标；只有实现了广告目标，才最终完成了营销目标。

总之，从市场营销的角度看，广告目标是营销战略的要素之一，媒体是广告传播不可或缺的手段。营销、广告、媒体三者间是一个包含与被包含的关系。三者间紧密联系，环环相扣，良性互动，共同服务于企业的营销目标和品牌的建立、推广与维护。

3.媒体目标与广告目标的异同

相同之处是二者同属信息传播，都具有无形的特征。

相异之处是媒体目标更注重毛评点、目标受众到达率、有效到达频次等量化指标，而广告目标则不是这样。

（二）营销目标，广告目标对媒体目标设定的影响

不同的营销目标和广告角色，将使媒体在目标的设定上有所侧重。从营销目标来看，品牌如果以既有消费为主要目标，则媒体诉求对象将以本品牌消费者为主，则媒体诉求对象除本品牌消费者外，还必须兼顾竞争品牌消费者，且在发行量，行程上必须较之竞争品牌具有相对优势；如果是以地区扩张或既有市场的成长为目标，则媒体目标应以扩大投放地区的涵盖面为重点。如果品牌在媒体竞争中采取的是竞争导向的营销策略，则无疑将引导媒体目标在对象设定、地区露出、媒体行程以及到达率与接触频次的设定上将偏向于广泛地区的高到达率；若以理解度为主，则目标设定应偏重于有效接触频次。如果以建立品牌形象，支援铺货或促销活动为营销目的，它们所需的媒体行程与传送量也将有所差异。

简而言之，一切的媒体目标策略与运作都应以市场目标为依据。

二、媒体目标对媒体策略的指向作用

媒体策划方案中首先应当对媒体目标进行阐述。但须明确的是媒体目标不是媒体策略。媒体目标是指媒体活动所要达到的目的，而媒体策略是为了达到这一目的所采取的手段。目标构成了媒体策划的基础，一个媒体策划方案，就是从若干可能方法中挑选出来的、能够最好地完成媒体目标的一系列行动。可见，战略性的广告媒体策划中，媒体策略的制订以目标为依据，媒体目标具有显著的指向作用。

第二节 媒体目标的设定

一、制订媒体目标的前提条件

（一）对客户的全方位了解

对客户的全方位了解包括：

（1）行业特点、公司规模及业务范围。

（2）公司的历史、现状及利润状况。

（3）公司的形象、知名度及市场地位。

下面是关于公司的具体问题，你了解了吗？

什么样的行业？是医疗卫生还是饮食服务或是其他行业？若是饮食服务行业，那么它只是个饭店，还是包括宾馆及休闲娱乐等设施？是否连锁性质？总公司在哪里？公司在某一时期能够生产的产品数量是多少？有必要投入巨额资金进一步地刺激消费者的需求吗？

它是老公司吗？目前的效益怎样？有足够的资金来做大型的广告宣传吗？财务上都有哪些限制？它在公司广告方面的决策中是否一言九鼎？你的广告预算能被批准吗？

如果是个有资历的公司，你最好认真地查看其以前做过的广告及广告效果，分析其成功或失败之处，想办法怎样以同样的支出获取更好的结果或以更少的支出获得与其同样的效果。

另外，有些特殊的如烟草、酒类、医药等企业，当地的法规及行业上的自律及道德上的限制会在多大程度上影响着你的媒体目标的实现？

营销界泰斗科特勒教授在《营销管理》中，将市场上的公司分为四种：领导者，挑战者，追随者，补缺者。你的客户属于其中的哪一种？

基于以上的了解，你认为：什么样的媒体目标才适合你的客户？

如果你的客户在市场上处于补缺者的地位，媒体目标是否应着眼于针对自己特定的市场，在独特性上下工夫，从而获得生存空间？

例如在世界范围的计算机行业中，IBM占有着领导者的地位，享有着该市场中最大的份额，但也因此而处于众多竞争对手虎视眈眈的包围之中。那么在其市场营销或广告宣传中，媒体目标该怎样制订呢？

或许，它应该采取一种维持现有市场地位和份额的防御型广告媒体策略。而作为IBM的竞争对手来说，其媒体目标是争取挤入IBM所占有的市场，扩大市场份额。

（二）对广告产品及服务的全方位了解

对广告产品及服务的全方位了解包括：

（1）产品的类别、特征、用途、品质、设计、包装、组合、价位、售后服务。

（2）产品所处的生命周期。

（3）产品的定位。

你要对产品的消费者或潜在消费者有深入的了解。比如他们的性别比例怎样？是否已建立了自己的家庭？购买决定通常是怎样做出的？实际购买者是否在替别人购买？

而在中国，尤其要注意的是：是否是团体购买行为？团体购买心理与个人购买心理有什么不同？是否与该产品的生命周期有关？

产品生命周期是市场营销学中的重要理论之一，对制订广告及媒体策略起着重要作用。产品生命周期是指产品在市场上从进入到退出的过程，它分为导入期、成长期、成熟期和衰退期四个阶段。

导入期的广告媒体策略是投入量最大，重点是提高产品的知名度，并采用立体的媒体组合，全方位推出产品，在消费者中引起注意，刺激购买欲望。

成长期的广告媒体策略是维持或增加广告媒体的投入，体贴老顾客，带动新顾客，维护好各级的销售渠道，并注重品牌形象的宣传，进一步地将市场细分。

成熟期的广告媒体策略则是维持并开始降低在广告媒体上的投入，以较低的成本维系既有的品牌形象，强调自身的辉煌历史，调动老顾客的品牌忠诚度。媒体组合上则采取间歇性及季节性的排期，保持消费者对产品的记忆和重复购买。

衰退期的媒体投放应大幅度减少甚至停止投放，宣传时最好以不定期的提醒性的广告为主，为企业重心的转移铺好路，并逐步使老产品淡出市场。

同样，定位也是媒体策略的制定与实施不可或缺的重要一项。

所谓定位，就是为企业、品牌或商品在市场上树立一个明确的、有别于竞争对手的并符合消费者需求的形象。定位（position）的概念是 20 世纪 70 年代美国的艾尔·里斯和杰克·屈劳特提出来的，如今，人们已将其细分为产品定位、品牌定位和企业定位、市场定位等几大方面。

定位既是媒体策划的前提，同时也是统一各路媒体广告宣传口径的一条重要的准绳。

主要的定位类别有市场定位、利益定位（运用产品特性或顾客所需求的某种特定的利益进行定位）、功能定位、使用者定位（指从消费者的角度对产品或品牌进行定位）、产品类别定位、文化定位等。

（三）对当前市场状况的了解

对当前市场状况的了解包括：

（1）市场细分状况。

（2）竞争状况。

（3）销售渠道状况。

（4）宏观经济环境。

制订媒体目标，绝不能缺少对市场背景和营销形式的分析与掌握，只有这样才能有的放矢，最终实现媒体目标。

随着大生产和商品同质化的到来，如今任何一种产品都在某种程度上无法满足所有的消费者。同样，在信息爆炸和媒体惨烈竞争的今天，任何一种媒体也无法满足所有的受众。在此情况下，市场细分问题变成了媒体广告策略中不可忽视的重要问题之一。只有经过科学的市场细分，并以此来制订相应的媒体目标，才能有效而准确地将广告信息送达所要送达的目标受众。

市场细分通常有如下的几个细分准则：

（1）从地理上来细分。就是根据地理上的不同来对市场进行细分。如国家、地区、城市及城乡等的划分。

（2）从人口方面来细分。具体又可以从年龄、性别、家庭、个人收入、职业、教育背景、宗教信仰、种族等来细分。

（3）从心理方面来细分。主要是根据目标消费者在社会结构中所处的位置、生活方式、性格特征、思维习惯等方面来细分。

（4）从消费行为上来细分。如消费者对产品了解程度、态度、使用方式、购买方式、忠诚度等。

市场细分的方法很多，但必须具备这样几个特点：

（1）可衡量性，即细分市场的规模、购买力和特征应该是可以被衡量的。

（2）可获得性，即这些细分市场是能够有效进入或占有的。

（3）可收益性，即细分市场有足够大且有利可图。

（4）可行动性，即能以此设计出吸引和满足这些细分消费群体的有效的营销方案。

竞争状况方面的了解与分析首先要对竞争对手在概念上进行准确的界定，然后才是对其规模、市场份额、成长潜力等实力方面的分析，同时也要掌握其营销上的动态和手段，找出其优势及致命的弱点并制订相应的对策。

相应的，你也要掌握竞争对手的顾客情况，仔细分析它们与你的顾客在年龄、性格、职业等方面具体有何不同。如果是基本相同，那么他们为何要购买竞争对手的牌子而不买你的牌子？是因为他们的广告做得好吗？他们主要选择什么媒体？广告的创意、大小、位置及排期怎样？

销售渠道状况的了解与分析主要是指产品流通网络类型的确定，主销与分销渠道中各级成员、经销商的关系及能力分析，从而更好地制订媒体目标的地区策略。

宏观经济环境主要包括：该国家或该地区的经济状况、政治形势、文化与自然环境等。

国家或政府政治上的决定会直接或间接地影响到经济的各个方面，特别是关于媒体相关法规与政策。在我国，媒体是党的喉舌，在你进行媒体广告的策划及媒体目标的制订时，牢记这一点是十分必要的。

另外，经济与政治往往是重叠显现的，有时你看上去是经济，而实则是政治。作为一个真正的广告人来说，不领会好国家或政党现实的精神与政策，其结果很可能是你所担负不起的巨额资金的损失和责任。

（四）对目标阶层的准确设定

1. 弄清消费者的结构

实际上，由于消费者在消费中的角色不同，消费者又具体细分为购买决策者、具体购买者、最终使用者和影响者四种。比如一个三口之家（中年夫妇与15岁的儿子）家用电脑的购买，虽然都属于消费者，但购买决定可能是由母亲做出，电脑品牌及配置可能受儿子的同学及老师影响，实施购买可能主要由父亲来执行，而最终的使用者可能主要是儿子。

现实中也可能不是这样，如上述的四种角色可能由四人以上所扮演或仅由两人甚至一人所扮演，但这并不妨碍我们对某种产品消费者中通常的不同消费身份的确定。我们广告人所要关注的，是一件消费品所实际会参与的人数到底能有多少，结构如何？在不同的地区或不同的文化环境里，这种结构会发生哪些变化？

除此之外，消费者还因使用量或购买量的不同而分为低级使用者、中级使用者和重量级使用者，因此在媒体投资的效益上会呈递增的现象。这就要求在媒体广告投资的规模上要有所侧重，对重量级消费者加大媒体广告的投资和力度，反之则缩减。

但在特殊情况下，如你的产品想要打入新的市场领域或在原有的市场中进行行销上的强力扩张，那么你就要对上述的所有消费者进行一视同仁的广告诉求甚至将那些潜在的消费者也考虑在内。

2. 体察消费者的购买风险

买东西就要花钱，花钱就是付出，付出就要有一定的风险，因为消费者是想通过付出一定的金钱换回超值或等值的希望与满足。通常，老顾客对熟知品牌商品的付出所担的风险小些，而对于陌生或新品牌的商品所存在的风险就相对要大一些，这就是所谓的消费风险。越是犹豫再三，最后才咬牙买下的商品，越是显示着消费者对风险的恐惧。

具体分析，消费风险集中体现在产品功能、社会形象和自我印象这三个方面。

产品功能风险，指的是消费者因产品本身功能上的原因而面临的无法确定的满足或失望。比如当你购买一处期房时，房子盖好搬进去住后，是否舒适？是否会增值？越是耗资巨大的消费，其产品功能上的风险也就相应加大，二者成正比关系。

社会形象风险，是指消费者因其购买行为而在社会上或公开场合中形成的对其有利或不利的舆论。如一个在校大学生若购买一件昂贵的貂皮大衣穿在身上，肯定要冒同学或老师对其可能产生不好看法的风险。

自我印象风险，是指消费者所面临的购买商品后可能会后悔、内疚、自责的风险。通常，购买打折商品往往会使消费者自以为风险较小，购买到物美价廉商品后的沾沾自喜就多属于一种有惊无险的意外之喜。另外，资金雄厚的消费者的自我印象风险也会较其他消费者要小些。

目前世界上各类常用商品中，汽车是社会形象风险最高者之一，其代步的功能早已退化或者说已不被特殊强调，购买者所关注的，往往是对自己社会地位和形象的影响有多大。所以影响者的看法，在购买汽车的消费者心目中占有着极大的比重。

需要注意的是，各类商品的上述三种消费风险，有时也不完全与价格成正比。比如卫生纸，虽然价格相对较低，但在消费者的心目中，它的产品功能上的风险可能要比香水还高，但它在社会形象上的风险要远远低于香水。

总之，通过对各类产品三种风险的准确的评估，我们便可以在设定媒体诉求对象时有个全方位的掌握。如对于产品功能风险相对较高的商品，主要诉求对象是购买者；对于社会形象风险较高的商品，主要诉求对象应该是影响者；对于自我印象风险高的商品，主要诉求对象则是它的最终使用者。

3.把握目标对象的消费心理

即使都是由相同重量级别组成的消费者群，也会因心理上的原因而呈现出不同的心理结构，特别是在购买带有较高的自我形象、社会形象消费风险的商品时，目标对象的消费心理可能会因各种因素而发生变异。

二、媒体目标的设定的影响因素

影响媒体目标设定的因素很多，但通常主要是考虑如下一些因素：

1.目标消费者

所谓目标消费者，就广告媒体方面来说，指的就是想借助媒体把广告有效送达到的那部分消费者。这里强调的是部分消费者，而不是所有的消费者。对于这一点，作为广告人来说，时刻要有一个清醒的认识。因为如今的市场，任何一种产品都不可能会满足所有人的需要，若想在市场上使产品站稳脚跟，必须进行科学的市场细分，否则连一席之地也抢不到。比如化妆品，任何化妆品企业都不能狂妄地想让所有的妇女都喜欢并能使用自己的产品，所以才需要企业必须将自己的产品定位到某一年龄段、某一阶层、甚至某一类心理特征的妇女群。

既然这样，就要在给媒体设定目标时，首先要根据所认定的目标消费者的实际情况来对媒体下达任务指标。比如，如果目标消费者是经常出差很少在家的那群人，那么广告信息的实际到达率可能就要被打折扣。

其次，一旦选准了目标消费者，接下来必须安排一个或更多的合适的媒体来对其进行相应的广告宣传。比如，就目前来看，利用网络媒体去对中老年人进行广告的狂轰滥炸是非常荒谬的做法。

2. 竞争对手的情况

某种程度上说，竞争对手就是企业最好的参照物。媒体目标的设定，就像在市场上横纵坐标的设定，在无从下手时，竞争对手往往会带给出许多有益的启示，成为科学调整坐标的依据。竞争对手的无论是成功或失败的经验，都是企业必须想办法绕开或突破的前车之鉴。比如在媒体排期上，要么以大压小，从强度上压过对手；要么以小制大，以另类的手段出奇制胜。也就是说，如果对手是粗门大嗓，而自己对此又无力跟其一拼，那么就可以瞅准间歇，以柔声细气相抗衡，借力使力，利用目标消费者审美上的疲劳，往往会事半功倍，达到意想不到的吸引眼球的效果。

3. 广告经费预算的大小

广告经费预算的大小是必须考虑的一个问题。通常，企业的广告费的80%是花在媒体上的。另外，不管公司的效益如何，广告预算永远是有限的（有时是很紧张的）。现实中经常遇到的一个问题是：花了很大的精力搞了个媒体广告计划，而且自以为这个计划很好（甚至广告主或者企业主也认为很好），但就是花费太大，最终不得不胎死腹中。

因此，花最少的钱，获取最大的效益，这是对媒体策划最特殊的要求之一。量体裁衣，是媒体目标设定所必须遵循的规则，否则就会费力而不讨好。

4. 产品究竟要销售到哪里

作为商品，再好的品牌也不可能覆盖所有的地区，何况企业产品可能还不具备一定的品牌基础。所以，进行媒体目标设定时，必须弄清产品究竟要销售到哪个地域，然后找出这个地域和其他以前所销售区域的销售差异（如果是第一次投放的新产品，可能就要多做一些工作了），如竞争对手、目标消费者特征、当地的媒体结构等相关调查。

销售差异是在不同地域使用不同媒体或花费不同广告费用的依据之一，对此，要科学、准确、公平地分配该区域的广告费用。

另外，不同区域的目标消费者，其对媒体的喜好上也可能存在着差异。导致差异的原因是多种多样的，如文化结构、消费水准、风俗习惯等。所以，销售区域的不同，也可能会导致对各类媒体的选择上的不同。

5. 营销的周期和力度

营销周期是指一年中营销上的排期。通常，在季节性产品（如羽绒服等）的销售中比较明显。

营销力度是指在各个不同的营销周期中的各营销环节特别是广告宣传上的强弱。

营销周期和力度在媒体目标的设定上主要是对媒体选择和广告经费投入的限定。如羽绒服，由于其销售时间主要在冬季，而冬季人们呆在家里时间要比夏季多得多，所以路牌广告相应就少一些，电视或报纸媒体的利用就相对多一些。

广告经费的投入上，拿家用电脑来说，春节前及学生寒、暑假时可能就要大一些，而其他时候广告的投入则相对平稳。

另外，在注意营销周期和力度的同时，还要注意产品的生命周期，即使是销售旺季，但该产品已处于成熟期甚至是衰退期，也要量力而行，不能硬拼。

综上所述，媒体目标是媒体计划中的重要组成部分。营销目标是媒体目标设定的最主要依据。媒体目标的设定要考虑目标消费者、竞争对手、广告经费等各种因素。媒体目标应该是具体、可测和能够达到的。

所以，衡量一个媒体目标设定的好坏，首先是看它是否与营销目标和策略相关联。因为不同的营销目标对媒体在广告中的角色的要求不尽相同。如以该品牌的老客户为主的营销策略，媒体的使用上就要以提醒、记忆和维持为主；而若以争夺该品牌竞争对手的客户为主，则要加大相应媒体的投入并根据目标消费者的特点在媒体类别、形式、排期、甚至是广告内容上做相应的调整。其次，是看媒体目标是否被设定得具体而详尽。因为媒体目标越是具体，则对媒体的指导意义就越大。所以，要在媒体目标的陈述中清晰地指出目标受众到底是谁。同时，也要以明确的词汇说明如此发布信息的原因、到达的场所、发布的时间及频次。

三、媒体目标报告的基本框架

媒体目标从形式上可以有不同的描述方式，通常由一系列相关的小目标组成，共同协助达成营销目标，或与营销策略相连。对于媒体目标的描述口径虽然有所不同，但是最终呈现的媒体内容指标应该是一致的。

媒体策划人员可根据具体情况灵活撰写。媒体目标将广告战略转换成可供媒体实施的目标，主要由两大部分组成：①受众目标；②信息分布目标，即要指明应在何时、何处发布广告以及发布的频率应如何控制。

一份相对完整的媒体目标报告，其基本框架主要包括以下 7 项内容：①目标受众描述；②创意要求；③媒体比重（到达率和接触频次）；④时间要求；⑤地理说明；⑥传播目的；⑦媒体预算。

复习思考题

1. 什么是媒体目标？

2. 常有一些报纸经常发一些专刊或者号外，你认为它们与母报的关系是属于同一媒体吗？为什么？组合时应注意的问题有哪些？

3. 以某一报纸为例，谈一谈报纸发行策略与模式选择。

实践训练题

露得清护肤品媒体目标与策略

露得清作为一个有着 80 年历史的知名美国护肤品牌，一直为促进消费者的健康和美丽做着不懈努力，其最有名的深层清洁洗面奶，已经遍布屈臣氏，并在众多超市开架销售，树立了良好的口碑。但是由于露得清产品进入中国市场较晚，产品种类较为单一，因此露得清品牌在消费者中并没有造成太大的影响。

针对此种现实状况，露得清及时制订了相应的营销策略，适时地推出水活盈透和洁彩皙白两个新系列，以迎合消费者在不同护肤领域的多重需要，占领更广大的消费市场，使露得清这一品牌在中国得到良好推广。因此，此阶段露得清的媒体目标为延伸产品线，推广新产品，提高品牌的知名度。

消费者消费行为的构成需要一定的过程。首先，针对消费群体，制订合理的媒体投放计划。增加在时尚杂志的广告投放，让更多的潜在消费者知道新产品的上市。其次，在大多数人知道新产品之后，要让她们充分了解产品的功能，对新产品的特点进行详细的分析，引起消费者的需要和购买欲望。再次，要让新产品真正地走近消费者，提供给消费者免费使用机会，让消费者亲自感受露得清新产品带来的功效。最后，适时进行促销活动，通过买减买赠真正实现营销目的，使新产品被消费者购买和接受。

露得清产品的消费群体多为 20～35 岁的女性：①多为学生或者年轻上班族，对美有着强烈的追求，同时具备一定的消费能力，但是远不足以到达购买国际一线大牌护肤品的能力。②她们每天接触大量信息，对信息的信任度和关注度较低。③她们对于产品的品质要求较高，而且对于新产品有着极大的好奇心。④消费者参与性强，消息灵通，易受到其他同龄人的影响。⑤她们注重天然安全的护肤方式，对权威具有一定的崇拜性。

媒体作业中消费者行为分析的要素：①20～35 岁的男女学生、上班族均是购买者，使用者为购买者本身或者购买者的对象、老婆。导购及周围的亲人朋友都是影响者，决定者为购买者自己或者同去的亲戚朋友。②购买时机是自己护肤品用完想更换新品牌，或者新产品打折促销。使用时机是买完立刻使用，或者自己其余护肤品用完之后使用。③购买量一般为洗面奶，爽肤水，乳液一套产品，购买周期为 3 个月。④忠诚度来看，品牌忠诚度较低，多为多品牌轮换购买。

消费行为是消费者付出一定的花费，去换取希望上的满足，在付出和取得之间存在着风险，而这种消费风险一般分为三类。第一，产品功能风险，露得清产品全部经过皮肤专家测试，不含超标化学成分，过敏率低。所以产品风险属于低等。第二，社会形象风险，露得清品牌一直秉承促进消费者健康美丽的宗旨，为消费者的形象改变做着贡献，露得清的社会形象风险为低等。第三，自我印象风险，这个主要看购买的商品有没有达到她们的需求，以及购买过程中的服务消费者自身是否觉得满意，不排除露得清产品不适合部分消费者的情况，自我印象风险为中等。

意见领袖在购买过程中起重要作用，所以在考虑消费者的购买行为决定行程时，也必须将意见领袖列入诉求范围。在购买露得清的过程中，意见领袖往往是那些经常购买露得清或者使用过露得清产品的人，以及对护肤品很有研究能根据消费者肤质进行合力推荐的朋友、同事、亲人等。

根据使用者的使用量，购买量露得清的消费者可分为重级消费者、中级消费者和轻级消费者。重级消费者是都市白领阶层，中级消费者是收入相对低些的消费者，轻级消费者是收入相对较少或消费意识和露得清的销售概念不一样的消费群体。所以，在媒体投资方面，应以对重级消费者的宣传为主，相对投资较大，集中力量对这部分消费群体进行产品信息的深度传播。而且为了扩大目标消费群，在媒体投放的时候可以利用时尚杂志和网站进行大量的信息传播，用最少的投资吸引更多的群体注意到或购买产品。

露得清护肤品的诉求对象应该为：20～35 岁的年轻爱美女性，部分为学生，多为上班族或者白领阶层，她们爱好美容服饰，喜欢逛街，爱看时尚杂志和时尚网站，家庭收入在 5000 元以上，个人收入在 1500 元以上。对生活品质要求较高，对美的追求欲望也更强烈。

综上，此阶段露得清的媒体目标和策略是，该面对 20～35 岁女性进行新产品和品牌的推广。

结合以上案例，请同学们自行分组研讨，如何分析和设定媒介目标？

第八章　媒体选择

案例导入

首份房企 2011 年全年销售业绩报告

2012 年 1 月 4 日，万科利用电视向观众公布 2011 年 12 月销售简报，数据显示，12 月份万科实现销售面积 59.9 万平方米，销售金额 58.2 亿元，分别环比下降 18.8% 及 29.8%。这也是万科 2011 年录得销售额最低的一个月份。不过，这并不影响万科再度蝉联年度行业销售冠军。截至 2011 年末，万科共实现销售面积 1075.3 万平方米，销售金额 1215.4 亿元，同比分别增长 19.8% 和 12.4%。

售价下滑

针对 2011 年 12 月销售金额环比下降，万科指出，这主要是由于认购与签约的不同步所致。万科方面表示，从认购金额来看，公司 12 月份环比 11 月有较明显增长，但因为大多数推盘都集中在下半月，有相当比例的房屋虽在 12 月实现了认购，但尚未完成签约。万科指出，截至 12 月底，万科已认购待签约产品规模超过 100 亿，其业绩将在未来几个月中陆续体现。

与此同时，12 月份万科的新推盘销售率依然保持在 60% 以上，并连续两个月环比上升。当然，这还依然得益于万科的"积极定价"和快速销售策略。

12 月 17 日，厦门万科金域华府第 8 次开盘，推出 150 套不限购 SOHO 双层，单价 13264 元每平方米，全部一口价 49.9 万，环比此前价格出现了大幅回落。截止当日中午，该项目认购已经达到 8 成。

12 月 24 日，位于广州萝岗区科学城的万科东荟城正式开盘，起价 8900 元/平方米，比之前吹风价 1.5 万元/平方米低了 6000 多元/平方米，开盘当日即销售 8 成。

12 月，深圳万科继续加大推盘力度，推出了金色领域以及金域缇香等项目，金色领域的开盘均价为 12000 元/平方米，金域缇香的开盘价为 9400 元每平方米，两个项目的销售价格都远远低于市场预期。此外，在上海、合肥、成都等众多城市，万科的降价也在同步展开。

但这亦直接导致万科的售价直接下滑。根据销售数据计算，2011 年万科全年平均售价为 11303 元/平方米，12 月平均售价则仅为 9716 元/平方米，较全年均价低 19.6%。万科方面表示，2012 年公司会在确保经营安全的前提下，努力实现增长。由于产品定位方面的优势和一贯坚持快速销售的策略，万科有信心继续领跑市场。

借道融资

同时，万科 12 日月报亦披露，12 月万科共新增 6 个项目，分别位于武汉、西安、重庆、南昌、惠州、大连等城市，对应万科权益的规划建筑面积合计约 97.7 万平方米。

万科表示，公司谨慎拿地的原则并没有任何变化，项目数量增加主要因为部分项目在年底正式办理完相关手续。从价格来看，12 月新增项目的平均楼面地价约 2230 元/平方米，和 2012 年前 11 个月的平均地价相比有所下降。万科指出，由于销售好于市场整体，且前期坚持了谨慎的投资策略，万科目前的资金状况仍较充裕，因此即使外部融资渠道高度紧缩，万科也表现得较为从容。

12 月 15 日，万科发布公告称，为满足公司上海五街坊项目开发的需要，公司向华润深国投信托有限公司申请信托借款人民币 10 亿元，借款期限两年。为固定利率借款，年利率 11.2%。万科表示，此次借款将有助于支持上海五街坊项目的开发，有利于提高项目经营效率。五街坊项目目前处于主体结构施工阶段，项目进展顺利，并不存在资金问题。

万科在接受观点地产新媒体采访时表示，本次信托借款在合作方式上和传统的信托融资上并没有太大区别。11.2% 的年利率也不高于当期公司从独立第三方进行信托借款的成本。

万科指出，未来会坚持现金为王的策略，积极促进销售，拓展融资渠道，充分利用社会资源，提高资金使用效率。同时也会在股东大会的授权范围内，继续寻找和华润开展合作的机会。

万科 2011 年 4 月第一次临时股东大会通过《关于与华润合作事项的议案》，已授权董事会决定在 44.2 亿元以内利用华润深国投信托有限公司信托资金等事项。

　　随着社会发展，信息技术的进步，各类媒体地位也随之发生变化，媒体环境也会发生微调。同时，全球化的经济也使得广告媒体的选择发生变化。媒体选择的基本任务是制订媒体在类别与载具的选择方向。它是从产品、企业、市场环境、消费者等各营销要素出发，去寻找适合产品销售、企业发展、品牌推广或具体营销目标达成的媒体选择与投放的方法。

第一节　媒体选择综述

一、广告对媒体的要求

　　进行媒体选择的直接目的是广告效果，最终目的是实现产品销售，媒体选择的出发点则是受众。任何媒体选择行为的实施都是为了改变受众对产品、品牌、企业的认知，达到广告预期目的。广告对媒体的要求有：

　　（一）传达性

　　广告媒体要能准确地传播广告信息，使受众能从媒体上认识广告的内容，明确广告所要传达的信息。

　　（二）吸引性

　　广告媒体要让一定数量的受众感受到它的存在，引起注意，产生兴趣。

　　（三）适应性

　　广告媒体自己要有适应受众需要的功能，以便让不同层次的受众在不同空间范围内都能感受到广告的存在。

　　符合以上三方面的物质都可以被广告用来当媒体，大到广袤的蓝天，小到钥匙扣等物件，天上飞的、地上跑的、水中游的；传统的实物媒体，印刷媒体，现代的电子媒体；从建筑物到人体，从动态物体到静态物体都可成为广告的媒体。

二、媒体选择在广告媒体运筹中的位置

　　现今社会，广告以各种各样的表现形式，越来越广泛地应用到产品销售中。作为销售信息的载体，广告形式越来越多，通过各种途径传播给消费者。正是如此，选择广告媒体要慎重，一旦媒体选择不合适，不仅对销售产生直接的影响，还可能贻误销售的最佳时机。

　　广告媒体运筹是系统工程，总的来说，涉及营销、广告、媒体三个方面。营销、广告、媒体三者相辅相成、紧密结合，共同服务于企业营销目标。

媒体选择在广告媒体运筹中的位置体现在以下几个方面：

（一）广告媒体的选择是在系统中确定一整套广告信息同消费者的接触方式

也就是说，一套完整的广告方案计划的落成，广告媒体的工作同时也就完成了。

（二）媒体选择是架接营销与媒体的桥梁

媒体选择在广告媒体中的各个环节都有着举足轻重的地位。大到市场营销策略，小到广告媒体都少不了媒体选择的环节。

有一家生产饮料的民营企业，其规模并不大，却不惜巨资在中央级媒体做广告，可因为资金有限，所以其广告只能是零打碎敲，效果可想而知。其失误的重要原因就是媒体选择过大，广告做得不少，但没有能提供给客户足够的产品数量，也没有遍布全国的销售网络，想卖没那么多的产品，想买又没有销售点，造成了财力、物力的浪费。另外，凡有点广告知识的人都知道，广告应当有一定的数量，一定的周期，才能在受众心中留下深刻印象，才能促进购买欲的萌生，才能使受众产生购买行动，而零打碎敲式的广告，就像过眼云烟，很难给人留下深刻印象。

三、影响媒体选择的主要因素

媒体选择指的是开展广告活动前对媒体的挑选。每一种广告媒体，一方面都有其独特的优点，另一方面也不可避免地存在着这样或那样的不足。媒体选择既要符合产品的特性，又要针对产品不同发展阶段的特点；不仅要从媒体本身的功能进行考虑，而且要适合营销策略的需要。为了减少媒体选择中的失误，广告策划者必须善于辨别媒体选择的方法，充分了解各类媒体的评价指标，并掌握媒体选择规律，这是取得广告成功的关键。以下主要分析影响媒体选择的几个要素。

（一）广告预算费用

这里所要考虑的广告费用，是指根据自己企业的经济承受能力或广告费用的支出情况，在全面地比较了各类及同类广告媒体的广告成本可能带来的广告效果后，再来选择合适的媒体。如果广告预算是无限的，许多公司就会每天做广告。但正是因为广告预算的有限，所以必须在较短的排期内做强度更大的广告。

那么，决定广告预算问题的关键又是什么呢？是地区为单位的消费者购买力。一般来说，购买力是有差别的，对于差别的掌握，是依照媒体与它的受众的分布关系加以运作的。值得强调的是，广告费用的支出，一方面是由媒体自身的广告价格所决定，但另一方面，也是由不同区域目标消费者购买力的大小所决定。在中国，东南沿海的发达城市个人平均购买力比西北的内陆城市要高，所以若加大在沿海城市媒体上的广告资金的投入，所得到的回报就相应会高；反之，则收效甚微。所以在此大背景下，不能说内陆城市的广告媒体费用低就因此而选择它，而沿海城市的广告媒体费用高就放弃它。那样的话，你完全可能是在做无用功，到头来，得不偿失，看似省钱，实则浪费。

比如上海地区的个人平均购买力，就比贵州地区的个人平均购买力强。因为在购买力强的地区，广告预算的投入就比购买力低的地区大得多。消费高的区域，其广告媒体可能要贵一些，但你不能就因此而放弃，你可以采取所谓"变通"的方法。实际上，广告媒体选择策略就是让我们在实际的操作中进行各种变通的。前面的章节里曾经说过，各类广告媒体中，电视是最贵的，其他像报纸、路牌、招贴等相对要便宜些。所以，学过了广告媒体运筹后，我们便不会一提到广告媒体就只想到电视，特别是那些财力不是很充足的小企业，实际上有很多媒体利用好了反而会起到既省钱又轰动的出奇制胜的效果。

还有一点值得考虑，同一企业的商品，在有的地区很畅销，在有的地区则根本没有办法推出去。问题可能在于该商品的销售网不够完善，或是销售网尚未建立。

所以，广告预算费用是制约媒体选择的一个重要因素，企业往往根据自己的经济承受能力或广告费用的支出情况，综合比较各类媒体的广告成本和可能取得的广告效果，从而选用合适的媒体。

（二）目标对象

一般来说，目标对象指的是品牌的需求群体。此外还有一种理解是品牌的目标市场的人群构成。目标对象是影响媒体选择的一个重要因素。只是在媒体选择时，要注意把它更加细化，在仔细分析目标对象的收视和阅读习惯的基础之上，科学地选择出与之相应的广告媒体。

广告在媒体的选择上，一定要根据目标对象使用媒体的情况进行选择，否则是不会有什么效果的。不同年龄、性别、职业、文化修养、社会地位、经济状况的消费者，对广告媒体的接受能力和接受习惯有所不同。

目标对象对媒体的影响主要有以下几方面：

1.根据目标对象的媒体接触率及习惯来选择媒体

虽然在人的一生中要接触各种各样的媒体，但由于各种社会和经济因素及生活习惯的不同，每个人接触某一具体媒体的机会还是有很大差别的。因此广告主在进行媒体选择时要充分考虑上述因素，找出自己目标对象接触最多的媒体，从而使他们之中更多的人看到或听到自己的广告。

2. 依目标对象的收听、收视率的高低来安排媒体时间

对于电视和广播这两种媒体，人们不可能一天到晚都在收听、收看。他们往往只是选择自己偏爱的节目收听、收看。因而造成人们收听、收视率的差异。例如电视中的体育节目，年轻人收视率最高，而港台古装连续剧则中老年人的收视率最高，因此广告主应根据自己产品的目标对象的收视、收听习惯，安排广告在媒体中播出的时间。

（三）媒体特性

媒体特性是影响媒体选择的一个重要的因素。媒体的特性主要考虑两大方面：一是可量化的方面，如覆盖域、接触率、到达率等；二是质的方面（通常是很难量化），如权威性、广告环境、受众心目中的媒体形象等。这两大方面通常是相辅相成的，比如权威高的媒体，其覆盖域往往也会很大。反过来，广告环境比较好、违法及虚假广告比较少的媒体，其有效到达率也是较高的。

下面重点介绍如何依据媒体特性来选择媒体：

1. 理性诉求和感性诉求

广告确定了以理性诉求为主，还是以感性诉求为主，在很大程度上决定了应该选择什么类型的媒体。自古以来，报纸、杂志等印刷媒体的特性是偏向理性的，这类媒体在形成和引导社会舆论方面具有不可磨灭的作用。印刷媒体传递信息的能力最强，读者可以自己掌握阅读速度，决定在任何方便的时候阅读，而且内容被主动的吸收。广告主可以在印刷广告上放入复杂的、详细的、大量的信息。因此，印刷媒体比电波或户外媒体更容易传递信息。而广播、电视等电波媒体的特性是偏向感性的，它们与印刷媒体相比，理性诉求上并不具有优势，但在感性诉求方面更胜一筹，能发挥更大的作用。

2. 覆盖面

广播和电视具有很大的覆盖面，可以不受区域和国界的影响。自问世以来，广泛性就一直受到公认，这一点对于我们这样一个大国来说显得尤其突出和重要。

某种媒体如覆盖特别多的某类读者或观众，那么在选择媒体时就要针对这一特点。如本产品的目标是少年儿童，那么可把广告放在少年儿童阅读、收听或收看最多的媒体上，以达到最有效的广告信息传递。

3.速效性

速效性是指媒体需要多久才能将信息传递给客户。各种大众媒体的速度显著不同。广播的速效性历来是四大媒体之最,无论是节目制作的简便和低成本,还是在抵御各种不利自然条件的能力上,都是其他媒体无法相比的。电视能在每时每刻把信息传递给受众,相比而言,期刊杂志则只有在发行日才能把信息传递给受众,因而杂志广告的传播速度比电视慢。还有一点是媒体广告制作所需要的时间。从这一点来看,电视又可能是最慢的(因为拍摄电视广告要花很长的时间),而广播广告可能是最快的,然后依次是报纸、杂志和路牌广告。

因此,广告目标是为了快速将信息传递给广泛的受众,那么可以选择广播、全国性的报纸。如果选择电视,那么电视广告就必须提前准备。有很多企业开展短期促销活动,比如康师傅、统一等,就经常选择观众很多的电视节目或全国性的报纸做广告。如果广告目标是想改变某目标消费群体已形成的印象,选择杂志或特别的电视节目更合适。

4.影响力

各大媒体本身的影响力是不同的。以影响力来选择媒体时,首先,应根据与被确定的诉求内容最为吻合的标准来选择媒体和广告单位,选择各媒体的广告投放规模以及投放时间。其次,应考虑同一媒体内部由于时间、位置、节目、栏目种类的不同,其发布广告的影响力的差异。

5.场所

这里的场所是指受众最可能接受到信息的地方。如,电视通常是在家里看;广播可能会在驾车途中收听;印刷媒体一般是在家里或者是在办公室里阅读,而户外广告和POP广告是在户外和卖场接触受众。如果广告能恰如其分地出现在消费者作出决定的场所,那么这种广告一般最有效。

但在个别情况下有也有例外。比如在媒体竞争日趋激烈的今天,各式各样的媒体炒作现象此起彼伏,短时期内虽造成了接触率的虚假上升,但其权威性却可能因此而下降。

需要说明的是,目前的信息社会中,各类媒体的特征有时也不能简单僵化的划分,比如就电视媒体来说,你不能排除这种可能:某电视台总体上是一般甚至是较弱的,但它在个别栏目或个别频道上影响力却是出类拔萃的。或者,昨天还是默默无闻的一家报纸,但今天就有可能一鸣惊人,且从此就"火"得一发而不可收拾。这就要求我们要具体情况具体分析,时刻把握各类或同类媒体的最新动态。

商机，并不是全在市场上，广告媒体选择准了，也等同于抓住了商机。当然，在考虑媒体特性的同时，也要兼顾所做广告在诉求方面是属于理性的还是感性的。通常，报纸、杂志等印刷媒体在信息的获取上相对来说较少受到时间限制，不像广播、电视媒体那样转瞬即逝，因而比较趋向于理性性质，适合说服性的广告诉求，特别是在购买金额巨大、必须慎之又慎的商品如房宅，人们通常将广告做在报纸上。反之，广播、电视媒体则比较适合感性诉求的广告。

（四）媒体的可用性、弹性与灵活性因素

媒体的选择，首先要考虑实现是否存在或可否做到，然后再考虑其可行性。如本产品想在电视某一特定时间做广告，但恰恰某一特定时间被别人买下了；又如某产品想在闹市中心树立广告牌，而该市有法规规定不准在闹市中心做广告。因此，你就要修改媒体的计划。通常，如果选择特定的媒体、特定的时间或位置，都要付出较高的代价。

媒体的弹性是指广告从制作到广告播出之间的时间差距。最有弹性的媒体是电台和报纸，只要在广告播出前的一天把录音带或广告稿交给媒体负责人即可。这类广告最适合零售业或其他需要经常修改信息的广告客户。但印刷性的媒体，如杂志则弹性较小，因为彩色稿需要进行分色、印刷、装订等复杂过程，所以广告稿通常都要在杂志出版前三四个星期交到杂志社，且期间内不能在做任何的更改。最缺乏弹性的媒体是电视，因为电视广告片的制作时间比较长、费用巨大，需要更改的费用也很大。因为，在选择更改媒体时，必须充分考虑产品广告信息的时间性和弹性，然后再确定最适合的媒体。

此外，能否对媒体渠道上的广告做一定程度的调整和修改，这是衡量广告媒体灵活性高低的标准。一般来说，若在广告推出前，可较容易地修改广告文本，调整推出的时间与形式，则此媒体的灵活性就高；若在某一媒体上确定广告，其媒体灵活性就很差；广播广告，其媒体的灵活性就很强。凡是促进短期销售、推销产品多变、广告文本中需标示可能调整的价格等情况，就应该选择灵活性较强的媒体。

（五）产品特点

如果你经常浏览各类媒体广告，你会发现有些广告在此媒体上对广告内容或产品特征表现得很不尽如人意，但放到彼媒体上后，效果竟出奇的好。所以，根据广告内容和产品特点来选择不同的广告媒体，同样是媒体选择中不可忽略的重要因素。

产品本身的特点也是影响媒体选择的一个重要因素。现在各种各样的商品数以千万计，各种产品特点也千差万别。广告策划者传播广告信息时，大都以宣传企业或产品（或服务）所具有的各种特点为主要内容。因此在选择媒体时，必须考虑企业或产品本身的特点。各种商品的特点、性能、用法和适用范围均不相同，因而广告的要求也不一样。例如有些产品是全国性的，有的却是地区性的；有的是全年性的，有的却是季节性的；有的商品非用大量的文字说明不可，有的则非用色彩或画面或照片不可等。广告主应针对自己商品的种类和特性来选择媒体。例如：专业性产品应选择专业性的报纸或杂志或直邮，而不宜采用综合性的报纸杂志等。各种媒体广告类型在示范、形象化、说明、可信度和色彩表现力等方面的潜力也各有不同。例如：妇女时装广告最好刊登在印刷精美的色彩杂志上。

此外，在做广告时，常常出现这样的情况，把一些在这种媒体上不能很好表现产品特征的广告，拿到另一种媒体上做，效果可出奇的好。因此在选择广告媒体时，必须考虑所宣传的产品的特点。

（六）营销时机

企业行销过程中，不可能总是旺季，总有很多机遇，所以企业应该根据销售季节及销售机遇的不同，有针对性地选择广告媒体。

1.依销售淡、旺季进行媒体预算分配

许多商品都是有季节性的，如服装、饮料等，广告主应该在销售的旺季集中中大部分的费用尽可能多地选用各种适当的媒体展开广告宣传攻势。而在销售淡季则减少广告预算，减少媒体数量，从而使广告宣传有重点和针对性，以避免广告费用的浪费。

如，可口可乐公司在中国做广告时，一般在夏季投入的预算很多，选择中央电视台和多家地方性电视台以及各类媒体展开广告攻势。而在冬季其广告预算大大降低，减少了在电视台做广告的时间，只做相对较少的广告以起维持作用。

2.利用不同媒体在不同时机受注目程度的不同，来选择媒体及刊播时间

各种媒体在不同情况下受注目的程度是不同的，例如一些重大的新闻事件发生时，会使广播、电视等传播速度快的媒体吸引受众多的观众和听众，而报纸，尤其是杂志受注目的程度就大大下降了。而一些重大的集会、体育赛事，则使一些辅助媒体，如户外广告等的受注目程度得以提高，所以广告主应抓住各种时机，有针对性地选择适当的媒体和播放时间。

我国这几年进行足球职业联赛，中央电视台进行现场直播，许多广告主

纷纷利用赛场周围的广告版为自己的产品做广告，效果相当不错。

（七）区域销售

有些商品的销售是区域性的，只在一定地域内或是商品只针对某一特殊的顾客群。针对区域销售的特点，选择媒体是应注意以下几点：

（1）地区性商品或以区域性销售为主时可考虑地区性媒体或辅助媒体。因为地区性商品或区域性销售时，产品的潜在销售者仅局限于一定的地域之中，如果采用全国性的广告媒体，会浪费广告费用，而采用地区性媒体或辅助媒体不仅能够节约广告费用，而且也更有针对性。

（2）销售渠道窄的或直销的产品，不宜采用大众媒体。如果采用大众媒体将产品介绍给众多消费者，但产品的销售渠道窄或是直接销售时，消费者无处购买，也不能充分发挥大众媒体广告应有的作用，浪费了广告费用。所以直销产品一般不用大众媒体做广告，而是采用一些辅助性媒体，如DM（直邮）等来作为广告媒体。

（3）目标市场区分明确、目标对象特征明显时，应选择杂志媒体来适应目标对象。有些产品的目标对象很明确，它们都有特定的消费者，而这些消费者了解产品信息的途径主要是通过一些专业性杂志，所以在这些杂志上登广告针对性就很强，而且能够节省广告费用。

综上所述，影响媒体选择的因素很多，要具体情况具体分析和对待，如果你在媒体选择的实际操作中发现了上面列举的主要因素并不全面，那也并不奇怪，因为现代社会，信息发布的途径因各种新媒体特别是网络媒体的飞速发展而变得越来越多，影响媒体选择的因素也因此而发生了各种微妙的变化，但不管怎样，只要我们时刻注意综合性地分析和掌握企业营销状况、竞争状况、目标市场、产品周期、国家法规等最新情况，就能选择好最佳的媒体。

四、媒体选择的原则和要领

媒体选择的原则和要领是指在广告实施过程中合理选择和运用媒体的指导思想。其核心内容是怎样才能使广告在目标市场影响范围内尽可能拥有更多的视、听、读者，让他们对产品广告留下深刻记忆，产生购买欲望，并付诸行动，使企业的广告费用突出尽可能收到最满意的促销效果。

由于媒体的物理性质和状态均不相同，广告的形式多种多样，企业做广告不能每种广告形式都采用，因而必须选择适合表现不同信息内容及其艺术形式的广告媒体，才能达到促销目的。一般来说，媒体选择的最佳原则不外是要达到信息传播的范围广、及时针对性强、费用最省、促销效果最好的目的。

（一）广告媒体选择必须与广告目标和广告战略相一致

广告媒体选择必须与广告目标和广告战略相一致是广告媒体策划的根本原则，从广告效益的角度看，广告目标和广告战略是影响媒体选择的主要因素。因为不同是消费者，对广告媒体的态度不同，只有根据目标对象的习惯来选择媒体，才会收到较好的效果。例如，对象是农村市场的农民，向他们推销生产资料和生活资料的产品、服务时，适宜利用县以下的有线广播网。因为我国农村有线广播已经普及，大多数地区的农民几乎家家安装了有线广播喇叭，利用这种媒体做广告，可以家喻户晓。若对象是城市妇女，则应利用妇女杂志、家用挂历、电视节目报、宣传画、商店橱窗等媒体刊登广告。因为我国城市妇女的文化水平一般比农村高，大都是城市各行各业的干部或工人，这些人的工作、休息规律性强，工作之余有阅读报刊、看电视、上街采用日用品和美化家庭的习惯，选择这类媒体为她们做广告，可以提高广告的收视率，增强广告效果。任何广告媒体都有自身的优点和不足之处，广告策划者在选择媒体时，必须选媒体之长，避媒体之短，尽可能让媒体的目标对象与产品的目标对象保持一致。

（二）广告媒体的选择必须与客观环境相适应

环境是指存在于广告媒体之外的事物，例如，广告管理、广告法规、市场竞争、信息交流、人力、物力、财力以及广告代理与媒体经营单位等，均对媒体的选择产生影响。如果媒体的选择能与外部环境保持最佳的适应状态，就是理想媒体选择。如我国制定的《广告法规》规定，不准在电视上播放香烟广告。这就是说企业原来想利用电视作香烟广告，而现在客观环境制约了香烟广告媒体的选择，那么，广告策划者就应当机立断，改变原方案，做适当处理或调整。

（三）广告媒体的选择必须坚持从多数媒体的比较中产生媒体组合（优化原则）

对媒体的选择必须坚持从多数媒体的比较中产生媒体组合方案的原则，即使在单一媒体选择中，也要坚持在单一媒体种类中进行优化组合。这就是说，你选择报纸类媒体做广告，广告策划者也要从多种报纸中明确报纸的级别、特点和性质，然后再从不同的报纸媒体中选择能达成广告目标的报纸媒体。当然，对电视、广播、杂志等媒体，也必须坚持同一的原则，选其最适宜者用之。

（四）媒体的选择必须有利于广告内容的表达

在当代广告运用中，媒体的选择要有利于广告内容的表达，这是不容忽视的。如果广告的内容需要用声音或动态的形象来表达，其媒体应该选择电视；如果广告的内容需通过文字形式来表达，那么，广告策划者就应该果断地选择报纸或杂志广告媒体。

（五）选择任何广告媒体都应该把广告效益放在首位

通常情况下，广告效益的好坏与广告预算的多少有直接关系。一方面，广告预算多，广告做的次数就多；广告次数多，自然比广告次数少要好。另一方面，广告预算的多少不仅决定广告量，而且还决定广告版面的大小和电视、广播时间的长短。从报纸角度看，如广告版面大些，占据的地位突出，自然比小版面的广告效果要好得多。同样，电视广告的黄金时间与一般广告时间在效果上必然有明显区别。因此，广告的版面大小程度和播放时间的长短，都是影响广告效果的重要因素。尽管广告预算的多少直接影响广告效果，但媒体选择的正确与否，同样是影响广告效果的关键因素。如果媒体的选择根本就是错误的，在这种情况下，广告投资越多，广告效果就会越差。这里提醒所有的广告策划者，在评估媒体选择方案时，必须坚持用定量法对媒体的效应进行分析，切记断然决定媒体的选择，这是广告策划者应该遵守的重要原则。

1986年1月23日，广州百事可乐汽水厂投产，当年4月份就占领了广州市场，月销量达到2000多吨。之所以取得如此业绩，正是因为他们采取了行之有效的媒体组合策略。首先派业务员穿着百事可乐工作服在各个销售点张贴商标广告，紧接着他们又以"百事好味道，全球都赞好"为口号，配以有实物图案的广告画进行宣传，并在市内选择了5个地点进行免费赠饮活动，又及时投放一批印有"注意交通安全，百事可乐汽水厂"的太阳伞到交通岗上，此外，他们还赞助了社会公益事业和群众性活动。在这次广告活动中，他们采用了广告画、POP广告伞等载体，而且组合得相当成功，所以才能在极短的时间就打开并占领市场。

第二节　媒体选择流程及方法

运用科学的方法，对不同的广告媒体进行有计划的选择和优化组合，是广告媒体策划中的共识。媒体选择实际上是一个调研、构思、论证和实施的过程。这个过程通常包括四个阶段：

调查研究→确立目标→方案评估→组织实施

一、调查研究阶段

如果将媒体选择过程比喻成建筑一座大楼，那么调查研究就是一个测量数据打地基的准备阶段。调查研究是任何事物运筹的前提，媒体选择也不例外。

调查研究阶段分为四个步骤：

（1）分析媒体的性质、特点、地位和作用；

（2）分析媒体传播的数量与质量；

（3）分析受众对媒体的态度；

（4）分析媒体的广告成本。

就我国目前的媒体调查的实践中，广告主较重视的，主要是媒体传播的数量及媒体的广告成本这两项上。

二、确立目标阶段

确立目标阶段是媒体选择中最重要的搭建主体框架的阶段。

1. 分析目标

这里所说的目标，具体分为四个方面：传播对象、传播时间、传播地点、传播手段。其中最具纲领性的目标就是传播对象或称广告对象，它是确立其他三个目标的前提条件，所以它是个纲，纲举才能目张。同时它又是个领路人，如果目标定错了，则其他几个方面都会跟着错。

2. 确定目标媒体

这又涉及了本章所要探讨的最基本的问题：如何才能做出最佳的媒体选择？前面一节我们分析了影响媒体选择的主要因素，这里我们要强调的是确定媒体时必须遵循的两大基本原则。

首先，是目标原则。就是说：广告媒体选择必须与营销目标、广告目标相一致。这是一个任何情况下都不能忘记的根本原则。因为任何广告媒体都有自己的优势和劣势，都有自己存在的理由，甚至从某种角度上说，他们没有强弱之分。强与弱，必须以目标对象这个标尺来衡量。比如电视媒体，对于盲人来说，它是绝对不如广播电台强的。因此，那么所谓的强势媒体也好，弱势媒体也罢，最适合向目标对象传达广告信息的媒体就是好媒体。

其次，是适应原则。所谓适应，就是媒体的选择必须与客观环境相适应。

这里所说的客观环境，主要包括政治环境、经济环境、地理环境和心理环境。对此你可能会说，广播电视、报纸杂志，这些放之四海而皆行的媒体，选择其中的这种或那种，怎么会扯到与各种环境的适应与不适应呢？别忘了，所谓广告媒体，不仅指这四大媒体。广告媒体是动态的，并永远在改变中。当今世界，媒体的种类千千万万，数不胜数，各种新媒体层出不穷。在这种情况下，如果你选择的媒体与上面所说的各种环境中的一种不适应，那么你的选择便不是最佳的，甚至是起副作用的。

3. 确定媒体实施方案及广告表现形式

这一步骤，说的是在你将所要使用的媒体确定后，你要马上着手解决接下来的两个大问题：

你决定采用单一媒体方案还有多种媒体组合方案？所谓单一媒体方案是指你只使用一种或同一类别的媒体来发布广告信息。多种媒体组合方案是指使用多种类别的广告媒体发布同一内容的广告信息。

就目前来看，许多人总是认为广告预算才是决定一切的主要因素，认为单一的媒体方案只有在广告经费不足的情况下才是首选，否则最好是选择多种媒体组合方案。这实际上是背离了媒体选择的初衷，因为选择，就是要选择最精和最佳，绝不是选择最多。广告资金充足选择的余地可能要大些，但越是这样才越需要选择。

同时要考虑每种商品的性能、特点、使用价值、使用范围和广告宣传要求的不同。那么何时在媒体上推出广告及怎样对广告进行排期呢？

一是根据营销的需要；二是根据产品的生命周期及销售周期；三是根据目标消费者的接受信息的特点；四是根据媒体自身的权威性；五是根据总体的广告预算。

三、方案评估阶段

选择广告媒体是实现广告目标的物质手段。为准确地选择广告媒体，减少广告计划制定过程中的偏差失误，广告策划者在媒体选择方案初步形成后，必须对其内容和形式进行认真的评估。大的方面来说，内容主要是围绕着效益、危害性、实施条件等几个方面来进行分析；形式则主要是从是否定性、定量、定时、定域等几个方面来着手。

（一）效益分析

在确定媒体方案时，首先要充分考虑方案的可行性，以及它的经济效益和社会效益。效益分析要从两方面着手：一是经济效益。将计划支出的广告费用与可能实现的促销效果进行衡量，要从广告投资额与促销效果之间的比较得出结论。看是否是以最小的费用换取可最大的促销效果；二是社会效益。主要看媒体所传播的广告信息能否对社会生活特别是目标消费群的生活产生公益方面的影响。有益者为好，有害者为劣。

（二）危害性分析

危害性分析，是指媒体方案实施后可能对社会经济及生活特别是目标消费者生活可能产生的不良影响进行分析。广告是一种负有责任的信息传播，对社会有着重大影响作用。

（三）实施条件分析

实施条件分析，主要是对所选择的媒体各方面的分析，其内容主要包括：

（1）媒体单位是否有能力完成该方案。

（2）媒体单位是否会尽全力完成该方案。

以上是从整体的大的方面对媒体方案评估的把握。实际操作中。具体款项还要从影响媒体选择的主要因素入手，带着可能出现的问题逐项进行核对落实。

你可以将下列问题抛给媒体方案，看能否得到其肯定的答案：

1.所选媒体是否与企业特征相符

不同的企业或商家的规模需要不同的广告媒体。小商小贩采用原始的广告媒体，如实物、口头叫卖、招幌、音响、牌匾等。而现在大、中型企业，其产品社会上的多种层面及地域上的广阔性则对广告媒体在信息传播上有时间、空间、速度、效果等方面更高、更新、更强的需要。所以不同的经济组织形式及其经营规模、产品的供应范围等，是决定其选择哪种媒体做广告的重要影响因素。

2.是否按目标市场选择了广告媒体

如果你的产品目前的市场目标只是在中国的南方销售，但你却选择了全国性的广告媒体，你能给广告主或你的上司一个合理的解释吗？反之，如果产品行销全国，但你选择的却是地方性媒体，为什么呢？

另外，市场风云变幻莫测。检查一下，就在你制订媒体方案的日子里，产品及劳务市场又发生了哪些变化？其供求状况是否发生了变动？是否因自然再减或其他别的因素使得目标市场被扩大或缩小了？你最终选择的媒体，是否考虑到了未来广告宣传期内目标市场可能会发生的变化？

3.你所选择的广告媒体，是否完全适应商品和服务的特性

分析一下你的商品及服务的性能、特别、使用价值和使用范围，看它们

对广告宣传的特殊要求是什么，然后检讨你所选择的媒体是否能真正满足其要求。

大的范围上讲，有的产品属于生产资料，有的产品属于生活资料；有的属于高技术流水线产品，有的则属于小作坊式原始手工制作；有的属于日用百货，有的则属于五金交电；有的属于软性产品，有的则属于硬性产品；有的属于畅销名牌，有的属于还未打开市场的一般性产品，如果你的产品在技术性能上比较高，且要求使用者具备一定的专业知识或使用常识，那么你现在所选择的媒体是否具备相应的示范性表演上的功能？

如果你的产品是属于大型机器设备等硬性产品，而你选择的广告媒体是电视，那么你是否有充足的理由来解释为什么不选用报纸等印刷媒体？

4. 所选择的媒体主要考虑了消费者接触媒体的哪些习惯

你可能确实是根据目标消费者的特征而选择媒体，但问题是：你主要是根据目标消费者的哪个主要特征而选择的？

比如说你的产品是 MP3，它的主要目标消费者是 16 ~ 23 岁的年轻人，考虑到各方面的因素，于是你觉得选择电视媒体比较好，而且你还具体选择了在电视的综艺节目中播出，甚至你还制订出了寒假或暑假中强势播出的广告排期计划。但你把广告主要安排在每天中的哪个时段了？你回答说：当然是安排在每天晚上 7 点至 11 点的电视黄金时段。但从这个年龄段的消费者接触媒体的习惯上来看，你不觉得在可能的情况下他们在这时间里一般会选择上网冲浪吗？

四、组织实施阶段

组织实施阶段是对前面所有工作具体落实的阶段。如果你觉得这是一个比前三个阶段都容易的阶段，那你可能就容易犯下一个或数个致命的错误。组织实施阶段共有四个步骤：一是与广告主签订媒体费用支付合同；二是购买广告媒体的版位、时间和空间；三是推出广告并监督执行；四是收集信息反馈并对传播效果做出评估。

（一）与广告主签订媒体费用支付合同

一般来说，如果你只是个广告公司的普通雇员，尽管你可能参与了整个媒体计划的制订甚至主要是你所完成的，但你也可能参与不了与广告主的媒体费用支付合同的签订，因为这通常是老板之间的事，但也可能有这样或那样的例外出现。

（二）购买广告媒体的版位、时间、空间

通常，公司都会指派专门人员去购买广告媒体的版位、时间、空间。老板对购买人员的选择很严格也很慎重，并且对他们在各个方面都有一定的要求。比如第一要对公司绝对的忠诚，第二要很懂业务，第三要机灵干练，公关能力强。

（三）关于媒体销售的基本信息

首先你要知道，不同的广告媒体对广告的度量单位是不同的。

电波媒体通常是以时间来计算的。如电视广告，广告单位甚至是以秒来计算的（最短为 5 秒）；空中广告如飞艇，通常是以飞行的时间来计算，但烟雾广告，却又总以次数来计算的；平面广告媒体通常是以空间来计算的，如报纸、杂志等就是以版面的大小来计算；网络广告媒体则通常是以点击率的多少来计算；而对路牌广告来说，它是以路牌面积的大小加使用时间的长短来计算的。其次，在媒体上投放广告的位置、时段、地段不同，其价格也会有所不同。如电视的黄金时段（晚 7 点至晚 11 点）、日间时段（上午 10 点至下午 4 点半）、深夜时段（晚间 11 点半至节目结束），其中黄金时段最贵。

其他如报纸媒体第一版位置最贵、杂志媒体的封面广告最贵，网络中首页上的广告最贵，路牌广告中，处于繁华主要街口的则最贵。

（四）媒体广告购买的常用策略

联合其他广告公司同时购买。由于是联合，所以价格上肯定会有优惠，买卖双方皆大欢喜、同时，由于费用分担，每个购买者都会节省不少广告费用。

缺点是需要有充足的广告资金进行运转，且风险相对较大。

还需说明的是，购买全年广告或签订全年广告合同时，虽然通常会给你额外的广告赠送时间，但很可能不是按照你媒体计划的需要，而是依照常规来投放，需要也投，不需要也投，这实际就是一种极大的浪费。所以，购买媒体全年广告或签全年合同时，一定要经过详细论证，如确有必要时，则选择一些比较好的、有影响的，收视率与受众群都相对稳定的媒体，签订时只签总量。然后，在争取一个低的折扣及优惠价格，便于掌握主动。对于一些时段不好广告赠送，虽然便宜，但灵活性较差且不允许你调整，这种全年的合同就不一定要签。

（五）广告执行过程中的调整与监测

当你精心计划或策划的广告活动被执行时，你不能有"剩下就没我什么事了"的想法，你要继续关注各种变化，特别是突发变故，甚至未雨绸缪，事先就准备好了你的各种替代方案。

1. 时刻准备应付各种突发变故

一方面，因为各方面不可预测的原因，媒体方面很可能会发生各种突如其来的变故如重大社会变故、重大自然灾情，等等。

另一方面，广告主自身或市场也可能发生各种变故，如产品在使用上出现异常事件或竞争对手突然退出市场或强势打入市场等。

如出现上述变故，那么就要求你迅速作出判断，主动向广告主或你的上司提出最优解决方案，或大幅调整广告排期，或调整广告诉求，借力使力，顺势炒作。

2.定期细心监测媒体方面技术环节上的各种差错

如果发现有下列情形，你要立刻向媒体提出改进意见或相应解决办法。

（六）媒体计划实施效果评估

媒体计划实施效果评估是指对媒体计划及媒体实施完成情况的检查评估。其目的是通过评估，了解和掌握媒体计划中市场区域分配及广告排期（若是进行了媒体组合则也在评估之列）的合理性、到达率情况，经过综合客观的评价，进而提高媒体投放的科学性并加强对媒体投放质量的控制，为今后积累宝贵的经验。

既然是评估，就要求有一个评估报告，而评估报告的质量，则显示着你对评估工作的态度及评估水平的高低。

复习练习题

1.如何根据媒体目标选择适当的媒体策略？

2.媒体选择的原则有几条？

3.媒体选择的流程有几步？

实践训练题

一家啤酒厂，年销售额约 5 亿元，利润 3000 万，希望第二年销售额提高 10%，利润率提高 20%，请给出媒体选择方案（花多少钱？哪种媒体？投放时间？次数？等等），要说明理由。

媒体选择方案：

一、花费

根据题目得出：

第二年销售额预测 $= 5 \times (1 + 10\%) = 5.5$（亿元）

第二年利润预测 $= 3 \times (1 + 20\%) = 3.6$（千万）

根据销售额百分比法中的下年销售额百分比法，已知第二年销售额预计为 5.5 亿元，拟定广告费用率为 2%（税法规定，广告费按销售收入的 2% 计提）。则广告费用 $= 5.5$ 亿元 $\times 2\% = 1100$（万）

故媒体花费约为 1100 万。

二、媒体选择

采用报纸与电视媒体相结合（报纸媒体预算：200 万；电视媒体预算：900 万）

原因：以年青人为主要的广告对象目标消费群，确定在 25～35 岁的男性，他们的生活形态是：平常不喝啤酒以外的烈酒，热爱生活，对运动与时装非常有兴趣，喜爱多姿多彩的休闲活动。运用电视传播速度快、感染力强的特点与报纸说明详细、目标消费群集中的优势进行组合，可以将广告信息全面、生动、灵活、迅速地传播给广大受众。如以报纸广告作先行，对产品进行详细的介绍，然后再运用电视针对目标市场进行宣传，可以产生良好的广告效果。在媒体分布中，报纸媒体占了很大一部分。《都市日报》、《生活周刊》的消费人群影响力较大，消费人群直接对准目标受众。

三、投放时间

在整个啤酒市场上，季节性很强，6—9 月份销售很大，还有 12—2 月份。因此要增加销售旺季的广告投放，淡季则应理智地缩小广告规模。

在一天的时间内，大多数消费者都表现出一个明显的生活规律：白天工作，晚上休息。所以我们在选用电视媒体进行广告宣传时，应该侧重于 18：00—23：00 这一黄金时间段。因为大多数媒体受众在入睡前，常常对电视流连忘返，这一时段的电视广告具有较高的注目率。因此广告费用安排也应侧重于这一时段。

四、投放次数

报纸媒体：按平均每月选择 2 个媒体，频率以每月 2 次或一个月 3 次计，6—9 月，12—2 月，媒体发布费约在：200 万左右。

电视媒体：在 6—9 月，12—2 月选取一个频道在黄金时间段每天播放 2 次。媒体发布费约在 900 万左右。

原因：

广告频次与广告预算成正比关系。根据有效到达率指标，经验证明在一个月中，有 3 次暴露频次才能产生传播效果，最佳暴露频次是 6 次。超过 8 次可能会引起人们的反感。

适中的媒体频率，即不刻意强调轰动效应，也不会在啤酒热销季节中错过了时机。而且其中很大一部分是安排的软文推荐，介绍有关于啤酒文化的热力话题、活动的行程安排以及活动的详细介绍，让消费者不会感到反感，同时引起消费者的兴趣。

第九章　媒体组合策略

知识要点

1. 了解媒体组合的原则。
2. 掌握媒体组合的策略。

案例导入

飘柔洗发水广告媒体组合分析

飘柔洗发水以情感作为策略推广核心，塑造温馨的品牌形象。这不仅使得飘柔品牌形象内涵上满足了消费者的内在心理需求，而且在品牌定位和调和性上与其他的洗发水品牌有鲜明的区别。

市场情况

中国洗护发产品是化妆品行业乃至日化产业市场规模最大，市场竞争难度最大的产品大类市场。随着市场秩序的进一步规范，将有更多的灰色市场显性化，推动市场发展。

中国是目前世界上洗发水生产量和销售量最高的国家，根据相关机构推断，2000年洗发水市场规模超过130亿元，沐浴露销售额约为20亿元。索福瑞调查表明，全国主要城市家庭洗发水年平均购买量由1999年1.4升上升为2000年1.5升，年平均购买次数依旧持平为3.9次，平均购买量1999年为370毫升，2000年381毫升。中国洗发水成品产量达到25万吨。

竞争状况

1. 行业产业集中率及主要品牌市场占有率

由于洗护发产品同质化日趋严重，在营销上占显著优势的强势企业（品牌）主导市场，垄断大部分市场份额。

2. 保洁内部竞争

宝洁旗下共有5大洗发水品牌，20多个系列，包括飘柔、海飞丝、潘婷和沙宣、伊卡璐。此外，还有被雪藏润妍品牌。自2001年5月22日，宝洁（全球）斥资49.5亿美元收编百时美施贵宝旗下的伊卡璐后，宝洁的洗发水产品链已经几尽完美:"飘柔"重"柔顺";"潘婷"重"健康";"海飞丝"重"去屑";"沙宣"做"护发专家";"伊卡璐"重"染发洗护",再加上各子品牌的系列化产品。

3. 竞争对手——丝宝现状分析

丝宝旗下共有 3 大洗发水品牌,10 多个系列,包括舒蕾、风影和顺爽,分别针对宝洁旗下的潘婷、海飞丝、和飘柔。原有的"丽花丝宝"洗发水品牌已经转为专业的化妆品品牌,顺爽品牌也面临考验。

广告目标

在销售淡季时提高产品的销售量,提高产品的知名度,增大影响力,培养潜在消费者,使在销售旺季时,在同行业中取得较大优势。

目标受众

20~50 岁这一年龄层的消费者占了 89.1% 的购买份额,他们相信实实在在的产品只有在用过后才感觉得到其功效。而其他年龄段的消费者仅占 11.9% 的购买比例,相对来说比较感性,而且易受广告等外界因素的影响。

● 在购买洗发水消费者中,女性占 71.8%,起决定作用。她们的购买欲相对男性来说较强,而且易受广告和促销等因素的影响,有时并不完全是为了真正的需要而购买。而男性在购买时相对理性,且一般情况下是家里有什么品牌的洗发水就用什么品牌,所以他们仅占购买者的 28.2%。

● 78.2% 的消费者表示自己喜欢在超市或大卖场购买洗发水。

从整体上来说,随着中国洗发水市场的逐渐丰满,品牌数量越来越多,消费者的购买决策已由过去的低介入向较高的介入度转变。

再从消费者市场分析。中国洗发水市场的容量巨大,据统计,与发达国家相比,我国洗护发用品人均消费量较低,人均消费额不到 10 元人民币,仍有很大发展前景。据 Clairol 公司调查,95% 以上的美国人每周一般洗 5 次头发。西方发达国家人均洗发频率为每周 6.4 次,日本每周 5 次,香港每周 7 次,而中国内地即使在洗发频率相对较高的城镇地区,平均每人每周只有 2.5 次。仅以人均消费洗护发产品 20 元计算,中国的洗护发产品的市场容量就达 240 亿人民币。可以预见,随着中国经济的发展和人民生活水平的不断提高,洗发水的市场还有很大的发展空间。

媒体投放

由于我们此次活动是以"恋爱的季节"为主题,所以主要力量是放在年轻人的身上,所以重点进行了如下途径的宣传。

(1)电视广告——在电视台的黄金时段(新闻节目和电视剧场前后)播放

广告——吸引客户。在火爆综艺节目时段播放广告——吸引年轻群体。

（2）电梯广告——在电梯上做框架式广告，设计新颖、画面精美，很容易吸引人们的注意。在电梯上做广告的优势还不仅在于此，相比广播电视媒体，电梯媒体广告的成本比较低。目标群非常明确，可以根据产品的使用对象不同而选择不同的高层建筑。与电视报纸的受众相比，它的受众规模比较小。也正是电梯媒体的小众化特点，它的作用才突显出来，它可以帮助企业打阵地战，配合企业的营销策略，能在一个城市或小区迅速提高产品的知名度。

（3）网络广告——在各游戏网站推出平面广告。因为主要吸引者为年轻人，所以网络的宣传要花费很大力气。并与一些婚恋网站经行沟通，例如"世纪佳缘"等等，这样会吸引更多的人来参与，还有在一些聊天工具上，例如 QQ 等，来征集"恋爱的季节"的口号，应该会得到很好的反应，并且令他们参与投票活动，提高活动的参与率。

（4）平面广告——在各大售楼处及未开户即将开户楼盘张贴平面广告。在公交车站粘贴大幅活动广告，在销售的商店悬挂相关活动海报，手绘 POP 广告，更加吸引顾客的眼球。

（5）在各大酒店播放电视广告。

在广告活动中只使用一种媒体的情况较少，大多数的情况下，需要调动多种广告媒体共同发布。媒体组合就是为了取得协同作战、声势巨大的效果。媒体组合可以使企业有效利用媒体资源，节省推广费用，在激烈的竞争环境下使企业能够稳步发展。

第一节　媒体组合

所谓媒体组合，就是指对媒体计划的具体化。即在广告发布计划中能够在一定的时间段应用两种以上不同媒体的组合状态。

媒体组合包括媒体种类的组合、媒体载体的组合以及媒体单元的组合。运用媒体组合策略，不仅能最大可能地提高广告的到达率和重复率，扩大认知，增进理解，而且在心理上能给消费者造成声势，留下深刻的印象，增加广告效益。

一、媒体组合原则

（一）能够扩大广告的受众总量——互补性原则

某一种媒体的受众群体，不可能与广告的诉求对象完全重合，那么就需要另一种媒体来补充该媒体以外的受众。因此，媒体组合中的多种媒体在受众的范围和特征上应该相互补充。其中包括点与面的互补、传播特性的互补和周期性的互补等，这样就能使通过媒体发布的广告在受众范围上尽可能地接近所有的诉求对象。

（二）能够使效益最大化——有效性原则

不能单纯地为了媒体组合而组合，而是要对在各种媒体上发布的广告的规格和频次进行合理的组合，以在保证广告效果的前提下，尽量节省广告费用，获得更大的广告效益。

达到媒体组合的有效性，要看所选择的媒体及其组合是否做到了以下几点：

（1）是否有效地显示了企业产品的优势；

（2）是否有效地增加了产品的销售及品牌的良好形象；

（3）是否有效地节省了广告的资金；

（4）是否有效地增加了广告的覆盖域；

（5）是否有效地提高了信息的重复暴露率；

（6）是否有效地狙击了竞争对手。

（三）能够对广告进行适当的重复——可行性原则

广告受众对广告信息产生印象、兴趣和购买欲望需要一定的广告暴露频次，而受众对在一种媒体上刊播的广告的注意程度在广告暴露达到一定的程度后会逐渐降低，因此需要多种媒体之间的配合，媒体组合使用将使部分广告受众增加，广告接触次数，也就是增加广告传播深度。消费者接触广告次数越多，对产品的注意度、记忆度、理解度就越高，购买的冲动就越强，这样一来就增加了广告达到有效受众的机会。

一、影响媒体组合的因素

媒体组合，不是简单地将所选用的媒体累加起来，要善于思考，深入细致地分析媒体组合所构成的效果并进行优化，使组合的媒体能够发挥整体效应。所以，决定进行媒体组合之前，要考虑如下因素：

（一）市场因素

1. 产品的生命周期

媒体组合要考虑产品处于哪个阶段的生命周期。如果产品的生命周期处于衰落期，那么在强势的媒体组合也改变不了其命运；反之，如果产品处于生命的初期，则媒体不仅要组合，甚至要大手笔地去做。

2. 产品使用的难易程度

产品在使用上的技术要求越高，就越是有必要科学地进行媒体组合。例如苹果系列高科技产品，除相关大众传媒以外，更要有一些分众传媒作为辅助。

3. 产品品牌的认知程度

消费者对产品的认知程度要与媒体组合的程度成反比。如消费者对产品品牌的认知程度较高，媒体组合就可以缩小范围；反之，就要大范围进行媒体组合宣传。

（二）竞争状况

竞争状况决定着媒体组合的规模大小。所谓竞争状况，包括竞争对手的态势；主要竞争对手的知名度；竞争对手的产品在市场上的占有率。

（三）产品自身因素

产品自身的因素决定着媒体组合样式。各个产品都有其自身的特殊性，根据媒体产品自身因素来选择合适的媒体组合，有利于提高产品的品牌形象，才易于被消费者所接受，才能把信息全面而准确地传达到目标消费者。

（四）产品所处环境

产品所处的环境因素往往决定着一些所谓的最优组合是否具有实践性。这里的环境，既包括宏观环境，如相关的广告法律法规；又包括微观环境，地域间的差异，如地域的现代化程度、经济发展状况、民俗民风、区域性政策等。

三、有效运用不同媒体

媒体组合的指导思想是将两种或两种以上的媒体组合起来使用，发挥优势，克服其弱点，使广告达到最佳效果。

（一）尽量覆盖所有目标消费者

一是把确定的具体媒体排列出来，看是否能把大多数甚至绝大多数的目标消费者纳入了广告可以产生影响的范围之内，即媒体能否有效地触及广告的目标对象。

二是将具体媒体的针对性累加，看广告必须对之进行劝说的目标消费者是否都接受到广告信息。除此之外，要注意媒体覆盖的范围不能过多大于目标市场的消费者，以免造成浪费。

（二）注重媒体的影响力

有的媒体接触范围较大，但由于费用太高而难以多次重复使用；有的媒体没有足够的影响力，不会在受众中造成轰动效应。

组合后的媒体，其影响力会有重合，重合的地方，应该是企业的重点目标消费者，这样才能增加广告效益。反之，如果所选用的媒体影响力重合在非重点目标消费者上，甚至是非目标对象上，这样就得不到理想的广告效果，造成广告经费的浪费。因此，要以增加对重点目标消费者的影响力为着眼点，确定媒体购买的投入方向，避免在非重点目标消费者上花费过多的费用。

（三）与企业整体信息交流

运用媒体组合策略，还要树立系统观念。媒体组合是为实现广告目标服务的，广告目标依赖于企业营销目标的要求。企业要实现营销目标，也要运用营销策略，进行多种营销策略手段的组合。媒体组合要与之保持一致性，特别是现代营销战略的指导下，要符合整合营销传播的要求，在广告计划的统一安排下进行。注意与企业公共关系战略相互配合，与促销策略相互呼应。在进行综合信息交流的思想指导下，善于运用各种媒体，发挥整体效用。

第二节 媒体组合的方式和策略

在选择具体媒体时，媒体策划人员首先必须决定采用哪种媒体组合。媒体组合可以采用两种方式：一种是集中式媒体组合，另一种是分散式媒体组合。

一、集中型媒体组合

集中型媒体组合策略，是将全部媒体发布费集中投向一种媒体，形成集中媒体，对目标对象施加最大限度的冲击力。

集中型媒体组合可以使品牌获得更多受众的接受，提高受众接触广告的频率，通过媒体所呈现出来的局部上的优势，来使受众接受企业的产品或服务。

在实际使用商品阶段，消费者本来对商品就具有一种因熟识而导致适应的惯性。在选择商品是，这种惯性的作用潜藏在人们的意识中，反过来会促使他们对某一品牌进行选择购买的可能性得到提高。因此，如果某种商品以某一媒体为中心，实施集中型广告，同时只要当该商品信息的覆盖范围与目标消费群的视角一致，就会形成受人欢迎的商品形象，进而赋予该品牌的"市场份额"。

集中型媒体策略的另一个优势，是把广告费集中投入某一特定媒体的组合方法，特别是对于既采用收视率高的电视时段，又购买有影响力杂志的广告版面，通常能够对流通领域的消费者对该商品的关心度，形成有力的刺激，进而加大他们对该品牌支持的力度。对于企业及经销商来说，也会想方设法让消费者记住该品牌商品。同时，广告主也能够在广告费折扣率上的优惠待遇下优先获取有利的投放时段或版面的权利。

二、分散型媒体组合

分散式媒体组合采用多种媒体到达目标受众，它是广告媒体战略的核心。分散式媒体组合有助于广告主与多个细分市场进行沟通，借助不同的媒体组合，广告主可以在不同的媒体中针对不同的目标受众发布不同的讯息。

广告客户通过利用各种不同的媒体，形成多元化媒体组合，能使不同的广告信息，分别流向不同的人群。这样，针对不同的消费者、不同的消费市场的营销策略，在执行上变得容易。而对于拥有多个不同消费群体的广告主来说，分散型媒体策略就更显示出其优势。例如，生产儿童玩具的厂家，给孩子们信息，可以通过电视节目向儿童传递，给家长信息，就可以利用家庭杂志，以此来形成媒体组合。这些是集中型媒体组合策略无法达到的。

第一，采用分散型媒体策略，广告主可以和既定的受众对象，通过信息传达形成沟通；与此同时还能针对不同地域民族文化的对象，进行多渠道沟通。

第二，如果在单一媒体中连续不断地发放同一信息，会产生消费者关心度被弱化的现象。而广告信息得以在各种不同场合暴露的结果，使目标对象的关心能够得到较好的维持。

第三，信息通过各种渠道加以传播，消费者能更加容易地获得商品信息。因为消费者在一定程度上是"懒惰"的和被动的，尤其当获取的信息在作出消费决定的过程中，使其"方便且容易的获知商品信息"，对于实现了解商品信息的效果，是十分重要的。

第四，分散型媒体策略，具有提高到达率的显著作用。一般来说，对于既定的目标受众，利用各种类型的媒体来做广告，比平均地利用某一特定的媒体来做广告，所能获得更高的到达率。因为不同的媒体，对媒体利用者的覆盖范围有所不同，在这种情况下，采用分散型媒体策略，基本上能满足广告主为实现其层次不同的广告目标的要求。

第五，如前所述，集中性媒体策略对提高受众对品牌的亲密度有关，只适于在特定的媒体接触习惯下在一个有限的范围内的目标受众中才能产生。然而，当预计的媒体覆盖面是在一个较大范围的情况下，对于大范围的媒体受众，采取集中型媒体策略，会形成广告信息在目标受众群中不能均等地到达。因为受众在接触同一媒体时，因人而异地出现"轻度接收者"和"重度接收者"等的差别，故而使广告信息不能在一个较大受众群中实现均等到达。而采用分散型的媒体策略来传递信息，对于同样的目标受众群，就可能构成有关某一品牌的信息从各个侧面不断地到达的印象。换句话说，目标受众本来就有接触各种媒体的兴趣，因此可以说有相当数量的受众，实际上接触媒体的范围是很广的，采用分散型媒体策略，可以通过受众的不同兴趣领域，把信息更加广泛的传达给他们。

作为媒体策划者来说，在了解分散型媒体策略的优势的同时，对于他的不利之处，也必须加以充分的注意。以为在分散型媒体策略的执行过程中，由于利用了多个媒体，这是用于整个广告的预算的相当部分，就有可能被广告的制作费所占据，而能够用于媒体购买的部分会十分有限。媒体组合在保证其覆盖面的情况下，各方面所形成的力度会显得单薄而无力。

三、媒体组合的类型和方法

运用多种媒体发布内容大致相同的广告信息成为媒体组合。运用这种方法可以扩大广告的影响范围，增加广告接收效果。根据媒体传播的有关资料分析，单一媒体重复传播4次，不如4种媒体各传播一次相同广告的影响深刻，这是由人的记忆心理特点决定的。

在广告活动中，企业之所以要选择多种具体媒体并加以最佳组合推出广告，其根本原因就在于单一的媒体无法触及所有的目标市场消费者。选用多种媒体就是要尽可能触及所有的目标市场消费者。此外，媒体组合的原则还将使在每一种媒体上推出的广告相互协调，以一定的广告费投入，获得最好的效果。

下面就媒体组合的基本方法进行具体的介绍。

（一）媒体种类的组合

在现代广告运作过程中，媒体的选择余地越来越大，不同的媒体具有不同的特性，为了达到预期的广告效果需要对使用的媒体进行慎重的选择与组合。因为使用单一媒体往往很难达到预期的传播效果，而媒体组合只将经过选择的广告媒体进行合理的时间、版面等的配置，以提高广告的传播效果。

广告媒体渠道组合的形式并不是一成不变、放之四海而皆准的模式，何种媒体组合的方式效果最佳，则需视具体情况而定。比如，做汽车广告可以在电视上宣传品牌形象；在报纸、杂志上详细说明产品品质及技术指标；在广播上提示相关的促销活动及时间；在邮件中附上优惠券促使消费者购买。

媒体种类主要有四大媒体：电视、广播、报纸、杂志。此外还有户外、网络媒体等。下面所列举的几种媒体组合方法是其中具有代表性的。

1. 电视、报纸组合

电视、报纸组合采用的是瞬间媒体与长效媒体的组合策略，可以用报纸广告作先行，将广告信息传播给广大受众，使之通过文字资料对本产品先有个较为全面、详细的了解，在运用电视媒体通过图像来展示产品的优良品质和形象。以大规模的广告宣传制造声势，配合产品销售，逐步扩大产品销售市场，亦可用之强力推销。

它的特点是利用电视传播速度快、冲击力强的特点与报纸信息量大，目标消费群集中的优势进行组合，使品牌认知及产品功能得到同步发展，从未有利于整体形象的突出及提升。

2. 电视、广播媒体组合

电视、广播媒体组合是一种视觉媒体与听觉媒体的组合策略。利用电视传播速度快、视觉冲击力强、影响力大的特点与广播收听群体相对固定的特点进行组合。一方面能提高品牌认知，另一方面又强化产品特性，吸引注意力，提高消费者对产品的兴趣。它的特点是有利于城市与乡村的消费者能够普遍地接受广告信息传播。但是都属于瞬间媒体，在时效方面互补性较差。

3. 电视、户外媒体的组合

瞬间媒体与长效媒体的组合策略，适合城市中产品品牌形象及产品销售上的体形和强化。户外媒体具有提醒、强化的效果。这种组合利用电视传播速度快、视觉冲击力强的特点与户外媒体进行组合。可以使电视媒体的效果得到延伸，并增强在销售上的提醒，强化使用效果。

这种组合的缺点是户外媒体的有效到达率在寒冷地区有季节性的差异，所以无特殊情况，最好适当增加电视广告在冬季里的排期，同时相应减少夏季里的排期。

4. 电视、杂志媒体组合

瞬间媒体与长效媒体的组合策略，适合时效性较弱的精美及高档产品的广告宣传。

电视媒体视觉冲击力强、形象好，而杂志对目标消费群相对集中，将它们进行组合，既能树立品牌形象，又能全面说明产品功能，对销售有积极的推动作用，同时还影响潜在消费群，使产品的生命力得到很好的延续。

这种组合的缺点是除非你有意将广告信息送达并影响或争取到大量可能的潜在消费者，否则电视媒体受众与杂志媒体受众比率相差太大，造成电视媒体目标消费者实际千人成本的大幅度提高，从而造成广告相对成本上的极大浪费。

5. 报纸、杂志媒体组合

报纸、杂志媒体组合属于媒体覆盖空间组合策略中的特殊覆盖策略。此种策略指的是在特定的环境和条件下，对某一特定消费群体有针对性地进行覆盖，适合具有一定教育程度或文化本经的目标消费者群。该组合利用了报纸的影响力，配合杂志目标消费群的信任，加强产品功效特点的宣传，吸引了实际消费者或使用者。这种方式对销售有直接的推动作用，并可能形成相对稳定的目标群体，同时影响潜在消费群体。它的特点是可利用报纸广告做强力推销，而借助杂志广告稳定市场；或利用报纸广告进行地区性信息传播，而借助杂志广告做全国性大范围的信息传播。缺点是节奏较慢，形式较为单一，难以形成轰动效应。

6. 电视、报纸、广播、杂志和户外媒体组合

电视、报纸、广播、杂志和户外媒体组合是多种策略的组合运用，适合产品初始时的推出上市，是一种在短期内引起消费者注意、认知和购买，从而迅速打开并站稳市场的营销战略。同时，对于有些产品，该组合可以做到受众群、重复率、周期上的配合等较多层面上的互通有无，从而能在极大的程度上加速营销目标的实现。

例如，我们要给一个知名的房地产商做广告宣传，就可以采取在电视上宣传企业的品牌形象；在报纸上详细说明房宅的结构及相关的技术指标；在杂志上印制精美的房屋内外照片或图片展示现代生活理念；在广播上提示相关促销活动的内容、时间和地址；在路牌媒体中打出广告标语并强化其住房环境上的优势。缺点是对企业的人力、物力和财力的要求较高，短期行为明显，持续性困难。

（二）载体的组合

同类媒体组合，指的是把同属一类的媒体组合起来投放广告。由于其媒体特性上的大同小异，因而在互补性上不如异类媒体组合那样鲜明与突出，但是从广告制作上来说，由于载体相同，因为只要制作一种形式的广告就可以，因此可以省下一笔相当的广告制作费用。

同一媒体，它可以有不同的载体，比如说电视媒体，它就具有中央台和地方台这样的不同载体。推而广之，报纸、杂志、广播、户外等媒体也有不同的载体。载体之间进行优化组合，主要有以下方法和形式。

1. 电视载体的组合

就国家来说，电视载体的组合可以分为中央级与区域级的组合以及区域之间的组合；就全世界来说，又可分为全球卫星电视与国家级电视的组合、国家与国家级电视的组合及同语系与非同语系电视的组合。

（1）中央级与区域级的组合。中央台是一种全国性的媒体，就其欣赏性上来说，可能在某种程度上比不上某些地方电视台，但其拥有众多的频道和各具特色的栏目，因而影响力大、权威性、覆盖面广，是企业首先选择的广告媒体。当然，相比地方台，中央台具有花费昂贵的缺点。地方台因为有其独特的地方色彩和较完备的设置成为本区域内首收视的主导。企业在考虑使用何种形式时，一般要注意一下几点：①从企业的发展阶段考虑选择。比如在产品的初期考虑以地方台为主，当然也不排除以中央台为主提高知名度。②针对销售区域，选择合适的组合形式。如果产品的销售区域是全国，则以中央台为主。③选择目标受众集中的频道（中央台）、途径（区域无线台，有线台、卫视台）。

中央级与区域级的组合形式又可分为两种。一种是以中央台为主媒体，以省市台为辅助媒体。这种形式的特点是中央级媒体打品牌广告。地方媒体做产品广告及品牌广告。区域销售达到一定规模，且产品需向全国推广时，可采用此类组合。目的是通过中央级媒体告知品牌及产品，而地方媒体组合则在产品诉求及消费者购买提升上做进一步定位。另一种中央级与区域级的组合形式是：中央台与省市级台进行平衡组合。这种组合的特点是产品进入成长期之后，市场趋于稳定，目的是保持品牌形象，促进销售。虽然产品已经在全国销售，但市场份额的扩大和市场成长计划仍存在。这类组合一般是中央台做品牌，地方台做促销，通过更接近消费者的广告形式，扩大市场占有率及提升销量。区域间的组合这实际是销售重点与销售重点的组合，两点连成线，规划好，便可以成面。

（2）区域间的组合是指在一省内部或相邻相近省份以及部分省、省会之间的组合。这种组合方式强调重点区域的作用。因为各区域间的发展水平有一定的差异，重点区域自身的消化能力较强，以这些重点区域作为媒体组合的主要因素，能取得比较理想的效果，并影响周边地区的开发和利用。实际上，就全球范围来说，由于通讯技术的突飞猛进、加入世界贸易组织的国家不断增长及跨国公司与合资公司大量涌现，媒体——特别是电视媒体和网络媒体已经越来越向无国界的趋势发展，由此必然会带来一系列一些广告界同仁从未遇到的问题，包括此种情况下如何进行媒体选择及组合等一系列新问题。

地区间的组合在以下几种状况可以考虑使用：①产品在几个重点城市已有一定的市场占有率及销量，力图扩大销售区范围；②在重点城市的主要销售区域已经达到前期营销的基本目标，准备更深入挖掘市场的潜力；③在主要城市已经建立了产品的销售网络及市场服务体系，准备利用通路配合市场运作，以达到整体市场份额的扩大与提升。

区域间的组合形式有两种，一种是以重点省的电视台为主要媒体，一般省、市的电视台为辅助媒体。其特点为重点突出，同时扩大品牌传播的范围。另一种形式是重点省市级电视台与一般省市级电视台的平衡组合。其特点为有利于品牌的迅速推广，扩大目标消费群。

2.报纸载体的组合

报纸载体的组合主要是全国性发行的报纸与地区性发行的报纸的组合。全国性发行的报纸主要有党报、政府报、行业报以及娱乐性报纸。因为具有发行量大、影响力广和权威性强的特点，在组合上常常被企业利用。地方性报纸由于地方特点突出，易被当地人接受并能产生精度率，所以地方报纸的作用往往更直接、更明确。报纸载体的组合形式有：全国性发行报与区域晚报的组合；全国性发行报与区域体育、文化娱乐报的组合；全国性发行报与区域行业报的组合。这几种组合的特点是在全国性报纸发表消息和结果，而在区域性报纸重点介绍内容。

3.杂志载体的组合

杂志载体的组合主要有全国发行组合、区域发行组合、全国发行与区域发行的组合，以及一般与专业的组合的四种形式。全国发行组合是指以几个全国性覆盖的杂志进行的组合，其功能特点是可以对品牌进行广泛传播，同时造成好口碑。但由于其组合战线时间较长、控制难，一般较适合不分淡旺季的产品。区域发行组合是指以几个重点区域的杂志与重点杂志的组合，其特点为较容易控制、区域销售效果明显。第三种为全国发行与区域发行的组合，这种组合形式是以一种或几种全国性覆盖的杂志与重点杂志或重点区域的杂志的组合。其组合功能是全国普遍开花，对于产品集中地区，又能做到重点宣传。还有一种就是一般与专业的组合，这种组合形式是以一种或多种文化娱乐知识性杂志与专业杂志的组合，其功能特点是适合产品品牌的提升。比如宝马、卡迪拉克车在专业杂志上体现专业性，而在通俗性杂志上体现品牌，让老百姓认知，让老板购买，这就是提升品位。

4. 广播载体的组合

广播载体的组合同电视载体的组合较为相似，有三种形式：一种是中央台与区域台的组合；一种是区域台之间的组合；另外一种是同一电台不同频道、栏目、时段的组合。我们在运用广播载体时要注意两点：一是由于广播无法达到对产品的形的认识、色的认识、味的感知以及商标与音的对应等，所以一般是在消费者对产品或品牌有了一定的认知之后进行，或是配合促销活动进行；二是由于广播与其他媒体相比较具有单一性，所以一般需要配合其他媒体使用。又因为广播媒体价格相对低廉，在每年的销售淡季，企业为了产品不至于被消费者遗忘，往往采用广播形式来过渡。该种组合具有流动性与贴身性，价格低廉，普及性高。缺点是作用于人的听觉器官，无形体概念。另外，由于谐音等因素干扰，不利于某些品牌发音上的识别。

中央台与区域台的组合可以以中央台为主媒体、各省市级台为辅助媒体，或将两者平衡进行。中央台与区域台有很多不同。中央台具有政治性、新闻性较强的特点；地方台则有娱乐性、评论性强以及收听群体划分较细的特点。因而中央级以品牌为主，地方级以促销为主。

区域间的组合则可强化品牌形象及认知，增强对目标消费群的诉求效果。中国广大农村市场有许多产品的机会点，而农村的广播系统又较发达，会经常收听中央台及地方台的广播。在这种情况下一些适合农村市场的产品如农药、饲料、农机、保健药品等均会采用这种区域性组合的形式。

5. 户外载体的组合

户外媒体组合式，首先要特别注意各区域的整体布局，间隔有序；其次要注意大小、材质及内容上的统一。户外载体的组合包括重点区域组合、一般区域组合及重点区域与一般区域的组合。

户外载体的组合宜采用集中的形式，在组合中根据户外广告范围有限、随机性、随意性强的特点，充分考虑在发布区域的效果，制定相应的区域安排，同时还要结合企业产品本身的状况及市场条件，选择适宜的区域发布，提高户外媒体的使用效率，达到集中一方、影响一片的目的。

重点区域组合是指几个具有代表性的重点区域之间的组合。这种组合的目的是着眼于形象宣传，希望把一个良好的品牌形象传播出去。一般区域的组合是指多个有代表性的一般区域组合，它主要涉及的是区域形象是否会影响品牌形象的问题。重点区域与一般区域的组合指的是几个重点区域与多个具有代表性的一般区域的组合，其特点是重点区域的户外广告应视为一个枢纽，由它来统领一般区域的户外广告，延伸扩展品牌形象。这种组合如同建立一条市场推广形象的推广链，对区域性的品牌深入人心起到很大的作用。

6. 网络载体的组合

网络载体的组合可分为搜索引擎类网站同专业性网站的组合。可口可乐公司广告总裁纳达乐曾说："网络广告的形式必须要与你的产品或服务相符合，否则就是浪费金钱。"由此可见，尽管网络由于技术上的优势发展迅速，吸引了大量的消费者，但在网络上做广告，还是需谨慎规划。

(1)综合门户网站的组合。由于综合门户网站首页内容复杂且寸土如金，所以，组合时要注意在各网站投放广告时位置、形式、大小及内容上的统一。

(2)搜索引擎类网站的组合。搜索引擎类网站是指那些日访量大，具有众多消费群的综合性门户网站，比如说Yahoo、Sohu等，很多大的广告主，像宝洁、微软、IBM等，都在这类网站中投放了大量的广告。特点是，守株待兔，"愿者上钩"。但是要注意关键词的输入，目的当然是让受众想查的内容在第一时间内找到。

(3)专业类网站的组合。专业性网站是指有明显的行业特征的那些网站。这类网站吸引了大量有关专业性质的广告主。我们在组合中到底以谁为主，这要依产品本身的特点、目标消费群的分布和广告主的财力、物力决定。

一般而言在搜索引擎类网站中打品牌，然后在专业性网站中做销售。在汽车专业网站里，消费者可以通过一个互动展室来完成购买或租一辆新凯迪拉克的全部过程。顾客可以选择自己感兴趣的车型，还可以从外部颜色到内部设计各方面进行选择，屏幕也会相应显示这种车的样子。

(三)媒体类型的组合

在媒体类型组合策略的选择上，首先遇到的是采用单一媒体策略，还是多媒体组合策略问题。单一媒体策略，其做法就是采用单一媒体做持续性广告发布，它是一种集中进攻型广告发布策略。如在杂志的每一期做全页广告。这样虽然到达率有限，但暴露频次和持续性都相当高。这比较适合于那些经常出现在主妇购物单上的日常消费品,如卫生纸、食品等。它可以起一种提醒作用,对销售有较大影响力。主要的媒体类型组合策略如下:

1.视觉媒体与听觉媒体的组合策略

无论是视觉媒体或听觉媒体都有其明显的传播局限性,即使是电视,虽集收视为一体,但在传播深度、理性诉求上的局限仍十分明显。组合能够互补并强化印象和记忆。因此,传播上应倡导多种媒体的组合互补来提高传播效率。如,对电脑、房地产等商品的营销传播,更应深入研究多媒体组合传播,提高传播效果。采用"多管齐下"的传播策略必须借助媒体组合来实现。

2.瞬间媒体与长效媒体的组合策略

瞬间媒体是指广告信息停留时间短暂的媒体,如电视、广播等,这些需与有保留价值的长效媒体(主要是印刷媒体)合用,才能使信息既有利吸收,又便于查阅。

3.媒体覆盖空间组合策略

媒体覆盖空间组合策略主要有以下几种类型:

(1)全国覆盖。利用覆盖面大的媒体和媒体组合,一次覆盖整个目标市场。

(2)重点覆盖。选择销售潜力大的几个市场重点覆盖。这样做,在一个时期内花费的广告费用省、广告效益高。

(3)特殊覆盖。在特定的环境条件下,对某一特定消费群体有针对性地进行覆盖。

(4)渐次覆盖。对几个不同地区分阶段逐一覆盖。即将对全国分为几个区域,逐一在各区实行集中覆盖。媒体工具多选用地区性的,甚至具体广告制作也可以针对这一地区特点而特别制作。这是一种小单元、低成本、高频率、高选择性的广告传播策略。在一个地区得手之后,再将宣传主力转移到另一地区,这有些类似于"集中优势兵力,各个歼灭"的军事策略。

(5)交叉覆盖。利用省级卫星频道的跨省际传播,实现大范围的交叉覆盖。目前,全国31个省、直辖市的电视节目以全部上星,省级上星频道覆盖范围大,广告费用低,利用这些频道的交叉覆盖,从某种程度上讲,其广告传播效果不会亚于中央电视台黄金时段的传播效果。

在确定覆盖策略计划时,往往是综合运用多种策略。例如,我们可以把全国市场分割成都市、城镇、农村市场,也可以再将这些分割成老、中、青、少市场,然后可以对都市市场实行全面覆盖,对农村市场实行重点覆盖,对老年市场实行季节攻势,同时整个覆盖策略计划,也可采取渐次覆盖方式。

4.可控制媒体与不可控制媒体的组合策略

不可控制媒体是指需花费金钱才能传播广告信息的媒体，一般是大众媒体，如报纸、电视等。可控制媒体则是自己创办、设计制造并有自己负责传播的媒体，如直效广告、邮寄广告等。可控制媒体一般传播范围较窄，但能对顾客产生直接促销作用。可控制媒体与不可控制媒体结合使用，便能达到"点面结合"，取得更佳的传播效果。大众传媒具有权威性，但不能控制其传播范围和传播重复次数，可将其传播的信息通过自办的可控制媒体进行多次扩散传播。

5."跟随环绕"消费者的媒体组合策略

这种媒体组合策略就是随着消费者从早到晚的媒体接触，安排各式媒体以跟随方式进行随时的说服。例如，清晨时使用广播、电视，消费者出门时使用户外媒体，继之以早报、晚报以及晚间的电视等媒体类型，造成环绕立体传播效应。

(四)媒体单元的组合

同一媒体有着不同的载体，而同一载体又可以分为不同的单元，单元之间进行优化组合，目的也是尽量挖掘所选媒体的最大潜能，主要有以下几种形式。

1.电视单元的组合

电视单元的组合有三种形式：时段的组合、栏目的组合、广告长度的组合。根据实际需要，你可以选取其中一种形式，也可以对两种以上的形式综合使用。值得一提的是，不同的组合，其广告预算也是不同的，因为电视台对于不同频道、时段、栏目、广告长度等方面的费用收取是不一样的。

(1)时段的不同。时段的差异，不仅对电视媒体来说是异常重要的，对于广告主来说同样是决定广告效果的关键因素。可见，电视时段在广告发布中占有很重要的位置。时段的组合方式直接影响广告效果。一般电视台的时段分为黄金时段、一般时段及特殊时段。由于各台的具体环境、时段的时间性不同，因此在详细了解各台的时段状况后进行组合是很有必要的。并不是所有黄金时段都有好的效果，也并不是所有的一般时段效果就不明显。充分合理地利用黄金时段、一般时段和特殊时段，一方面能达到预期的目的，另一方面也能有效节省资源。时段的组合有黄金时段与一般时段的组合以及黄金时段与特定时段的组合。一般会考虑黄金时段的品牌诉求和一般时段的产品诉求，或者黄金时段的产品诉求和一般时段的品牌诉求，这主要和产品阶段有关。在产品的初始阶段，为了打开知名度，一般会选择黄金时段做产品诉求，而当产品到了成熟阶段，就可以选择黄金时段做品牌诉求。

综上所述，电视时段组合的常用形式是：黄金时段和一般时段的组合，黄金时段和特定时段的组合。

（2）栏目（频道）的组合。栏目或频道的组合，首先要注意目标消费者的喜好，一切以目标消费者的意志为转移。在个性化越来越被强调和受到重视的今天，一定要使所选节目的个性与目标消费者群的个性尽量吻合，弄清受众收视率的详细分布，对症下药。

电视栏目一般都有固定的收视群体，栏目组合的重点在于针对消费群的组合。因为有些栏目的目标消费群比较模糊，消费群不固定；有些栏目的目标性强，消费群比较集中。因此要根据具体情况，针对产品的消费群体、目标消费群体或特别目标群体，采用适当的组合方式。一方面尽量影响潜在消费群体，一方面加强对目标群体、特别目标群体的影响，使广告投放有的放矢，达到更理想的效果。

栏目的组合包括同台（频道）、多台（频道）的栏目的组合。比如说：同一台（频道）的多栏目组合，多台（频道）相关栏目的组合，多台（频道）不同栏目的组合。这里，可以针对那些消费群比较固定、集中的栏目加大投入，而在其他栏目做相应较少的投入。这样，就可以在相同的资金投放下，使广告的效果最优化。比如说某儿童饮料的广告，就可以在各台（频道）的儿童栏目中进行重点宣传，而在其他栏目做次要宣传。

同时，还要注意某些频道的覆盖域究竟有多大。就中央台来说，除了它的综合主频道外，其他的多个频道在全国各地特别是城乡之间开通与否及信号的强弱情况是不一样的。就我国目前这方面的国情来看，栏目（频道）组合最稳妥形式是以主频道或综合频道为主，以其他专业频道为辅的配合使用。

（3）广告长度的组合。广告长度一般分为 30 秒以上、30 秒、15 秒、10 秒、5 秒，因为受时间长度的限制，所以在表现的内容上也存在差异。

30 秒以上的广告一般要宣传较全面明确的企业特点、产品功效、品牌形象；30 秒的广告则一般简洁的宣传企业特点、产品功效、品牌形象的最主要方面；15 秒广告一般只强调企业特点、产品功效、品牌形象的某一方面的诉求；10 秒广告则只侧重某一方面的重点说明，而 5 秒广告则重点是突出某一点的说明，比如说品牌名和口号。

不能认为时间长的广告的效果就一定会好过时间短的广告的效果。对于时间长度的把握，应视产品本身来定。如在产品的初级阶段，因为消费者对产品的不够了解，这就需要时间长的广告来让消费者对产品有更深入的了解，这个阶段的时间组合就应当以 30 秒或 30 秒以上的广告为主，以 15 秒、10 秒或 5 秒的广告为辅进行广告投放。当产品进入了成熟阶段，因为消费者已熟知了这个产品，这时时间组合就应反过来，以 15 秒、10 秒或 5 秒为主，主打产品品牌和形象。可见，广告宣传效果的好坏并不完全取决于广告时间的长短，15 秒是 5 秒时间上的 3 倍，但是效果却不一定能够达到 5 秒的 3 倍。

2. 报纸单元的组合

报纸单元的组合主要是不同版面的组合及不同大小版面的组合。每一种报纸都有许多的版面，报纸的内容越来越多，版面也就越来越多。不同的消费者关注不同的版面，面对这些版面如何选择呢？有些生活类报纸较明显，譬如：汽车版、服装版、体育版、地产版等，这些都易于选择。但有些晨报、晚报类报纸就不太明显，这就需要对产品的消费人群进行分析。这些人群中哪些是关心社会版，哪些是综合新闻版，从中确认最大群体所关注的版面，这里还要考虑人群的性别因素、购买报纸的时间等。在确定版面后还要根据企业的生命周期来考虑是以品牌为主还是以产品为主的宣传，因为这关系到在版面上版位的使用。产品的不同决定了版面和版位的不同组合形式。

版面和版位的组合，主要形式有：

（1）正版或半版组合。这种组合可以通过大版面来确定品牌。比如说以一定数量的整版或半版组合。而有些产品需要靠品牌销售，所以对提升品牌的形象也很重要。

（2）中尺寸版面与小尺寸版面的组合。在产品诉求阶段中尺寸版面已经足够，所以理性产品采用较多。主要用于告知性消息、促销信息、会员通知等。

（3）热门版位与中尺寸版面的组合。比如说会议期间的头版，世界杯期间的体育版等，一般以 1/2 或 1/4 的热门版面与一般性版面组合。利用热门版面多是提升形象与促销活动时采用，因这个时期注意度较高。

（4）一般版面与小尺寸版面的组合，这种组合适合告知信息、培训、医疗、招聘、转让商品的一般性组合信息。

不同类的报纸不同版面及版位的组合，重点强调消费者的广泛性。如：医药的消费者，他可能是 20 岁的年轻人，也可能是 40 岁的中年人，他们关心的话题不一样，所以在购买报纸上有侧重，同时对不同版面内容的关心也有所不同。因此，应根据这些不同来确定版面的组合。

四、媒体组合中常用的基本方法和需要注意的问题

（一）媒体组合中常用的基本方法

1. 同类媒体的组合应用

把属于同一类别的不同媒体组合起来运用。如把视觉媒体中的报纸、杂志、邮寄广告、路牌广告、包装等组合起来，以邮寄广告为先锋，做试探性宣传，用报纸广告做强有力推销，用杂志广告来稳定市场，用路牌广告和包装做辅助性媒体，增强宣传攻势。运用这四种媒体同时宣传某种产品或服务，便是一种组合。也可以将两种或两种以上的不同报纸或杂志进行组合，在广播的不同频道、在不同的电视台播放同一广告。这种组合方案的传播效果虽强于单个媒体，但还不很理想。

2. 不同类型媒体的组合应用

把属于不同类型的媒体进行组合，使各种媒体相互弥补，它不仅使消费者接触广告的机会增多，还由于各种媒体都在重复同一内容，造成很大声势，容易使人关注，是一种较理想的组合方式。如听觉媒体与视觉媒体进行组合，印刷品媒体与电子媒体进行组合等；再如报纸、电视、售点广告、户外广告互相搭配。以报纸广告为先锋，对产品进行详细解释，再运用电视广告进攻市场，充分发挥电视生动、直观的优点，以价格低廉的户外广告弥补报纸、电视的不足，以售点广告提醒消费者购买已有印象或已有购买欲望的商品。不同类型的媒体组合，可以调动人的多种感官，有利于增强记忆，从而争取较为理想的广告宣传效果。

3. 自用媒体与租用媒体的组合应用

企业在花钱购买媒体进行组合运用之外，利用自用媒体如销售现场媒体、产品订单、包装盒、霓虹灯、招贴画等媒体与之配合，从而为产品造声势、扩大影响。一般来说，企业除了利用电视、报纸、车船等媒体进行广告宣传外，都会以自用媒体作为补充。

（二）媒体组合中需要注意的几个问题

（1）要充分了解所选用媒体的优点与缺点，进行组合时，使两种或几种媒体能相互弥补不足，以利于产生最佳组合效果。

（2）要选择最适合宣传自己产品的媒体，或者说根据自己产品的特点来选择那些最能表现该产品优点与特征的媒体进行组合。

（3）广告费使用要量力而行，根据自己的财力及各种媒体的收费情况，进行合理而有利的选择及组合。

（4）在媒体组合方式上要争取别具一格，富有新意，以求在竞争中高人一筹。

复习思考题

1．媒体组合的原则有哪几条？
2．影响媒体组合的因素是哪些？
3．媒体组合的方式方法是什么？

实践训练题

试分析 Ford(福特)媒体组合的策略

挑战

福特汽车公司生产的 F-150 敞篷小型载货卡车 20 多年来一直是全美机动车销售冠军。在 2003 年末，福特公司采取新的广告策略，对他的 F-150 敞篷小型载货卡车提出了一个新的概念。"新的 2004 年 F-150 网络广告拉动销售"商业活动在重大的广告活动中是史无前例的，这一关键事件被福特公司 CEO 威廉姆·福特誉为"福特历史上最重要的广告运作"。

在早期的商业活动中，福特就确信互联网能够成为一个重要的广告运作部分。借助这次商业活动，福特想将互联网度量尺度与整个商业活动尺度进行整合，以更好地了解互联网在支持品牌影响力和新产品销售与租赁上是多么有效。

商业活动

这个广告运作用英语和西班牙语通过电视、广播、平面、户外广告及电子邮件进行广泛的宣传。标准单元网络广告(平面、长方形、摩天楼)在与汽车相关的主要网站上出现。此次网络广告活动侧重在主要门户网站的高到达率及访问率的页面，包括主页和邮件部分。"数字障碍"宣传是福特公司在底特律的代理商的创意。这些数字化障碍在一个月内两个重要日子分开出现。

这次商业活动是福特 50 年来最大的一次，也是 2003—2004 年度中最大的一次广告活动。

方法论

Marketing Evolution 公司对看到广告的电视观众和杂志读者及在网上看到广告的受众做了调研。通过在商业活动运行前、进行中和完成后对电视观众和杂志读者的调查(所谓的前后连续性跟踪研究)，来衡量看到广告的受众对其认知度的增长情况。网络受众方面，通过名为"体验设计"的一流调查方法来进行调查。向约5%浏览过福特广告的受众换为展示美国红十字会控制广告。网络受众也接受了商业活动中电视和杂志广告效果的测试。

效果

电视产生了完全达到受众和购买欲冲击的最伟大层次，但是在成本效果上不如其他媒体。出现在与汽车有关的网页上的网络广告，证实在提升购买欲方面是最有效的。在提升购买欲方面，入口处立放的广告和杂志上的广告比互动广告要贵，但与电视广告相比，他们在每有效印象成本上有很大价值。

网上商业活动的到达率是惊人的。ComScore 的数据显示：在广告商业活动中，49.6%的因特网用户看到了广告，39%的人看到了门户网站的数字路障广告，8.5%的人看到了汽车网站的广告，1.9%的用户看到了两种广告。

网络广告对销售量的提升有重大意义。整体而言，在调查的时限内，6%的车辆销售可以直接归功于网络广告（不包括点选广告）。点进跟踪销售对除6%以外的销售量有重大意义。

汽车网站上的标准单元广告比路障广告的转变率略高，但路障广告的到达率更高，对销售量增加有重大贡献。在市场的网络广告和数字路障广告的组合是增加销售量的最佳方式。比发现互动广告对实质销售量（甚至不包括点选广告）的增加有重大意义这一新发现更重要的发现是，网络广告的投资收益率是其他非网络媒体的两倍以上。

这个调查跟踪了访问 MSN 网站上汽车与卡车网页的用户，将他们的购买习惯与没有浏览过这些网页的人们做了比较。（显示出浏览与购买行为之间的相关性，但不是直接原因）浏览过网页的人购买 F-150 的可能性大概是没有浏览过网页的人的两倍。

调研人员同样跟踪了数十个搜索网站上的许多相关搜索词的运用。在研究时期，这个搜索术语在所有互联网用户的到达率是0.6%，但那些输入跟踪搜索单词的人占所有购买汽车用户的3%。其购买 F-150 的可能性，是不使用搜索功能的因特网用户的4倍还多。

引示

电子路障广告既相对合算，又产生重要的每天到达率。这些在汽车相关的网站上出现的高成本效益广告，将目标具体集中在市场内部有购车需求的受众。当他们要做出购买决定时，关注网站这个强大媒体在达到漏斗的最底部期望值的潜力。

　　对于在网上进行调查的汽车购买者，调研者发现，访问汽车和卡车网页与购买 F－150 间的一个逻辑关系：访问汽车网站的人更有可能购买。总体说，约 10% 的卡车购买者访问了 MSN 的汽车频道。Marketing Evolution 公司推测的是：他们在互联网上标注了许多其他汽车网站的汽车页面，发现大多数购买者在购买前会先在网上进行调查。

　　同时，线上搜索似乎是最后的选择，并与任何分析的网络元素的销售都有很强的关联性。它的到达率很低，然而被认为是对网络广告和非网络广告的重要补充，但其自身并不是基于到达率的广告的代替品。

第十章　媒体计划的制定与落实

知识要点
1. 了解媒体计划的运行步骤。
2. 熟悉媒体计划的执行。
3. 掌握媒体计划的写作。

案例导入

"雪花啤酒"2011年宁波市场媒体计划书

一、引言

随着我国居民生活水平和消费水平的不断提高，国内啤酒需求量增大，目前我国啤酒行业正值大变革的时代，啤酒市场将逐渐形成一个新的格局。从2001年至2007年，在世界主要国家啤酒生产创下最大增幅的竞争格局下，中国啤酒产量则连续6年占据首位，是世界上啤酒市场增长最快的地区之一。近几年，我国啤酒市场从快速增长到增长缓慢，不难想象，未来的啤酒市场将逐渐达到饱和，消费需求的推动力会逐步削弱乃至消失，啤酒企业以销定产的经营方式也要使啤酒产量的增长速度放缓。

目前，宁波啤酒市场已处于稳定期，在这种情况下，雪花啤酒应当如何制订媒体计划，才能在竞争激烈的宁波屹立不倒呢？

二、市场调研

1. 调查说明

由于人力资源稀缺与时间的不足，本次调研采取资料查阅法、定点调查法和个人访谈法。在网络上了解不同啤酒品牌的内涵、定位与竞争状况，啤酒销售的渠道，啤酒消费者饮用或购买习惯、注重的因素等。在学校附近的超市、餐饮店、小卖部了解比较受欢迎的啤酒品牌。另外，对周围的同学与宁波的亲戚朋友就本次调研的一些重点进行简单的访问，获得关于啤酒消费者的信息。

（1）调研方法：资料查阅、定点调查、个人访谈。

（2）调研时间：2010 年 6 月 2 日—2010 年 9 月 15 日。

（3）调研地点：家家乐超市、加贝超市、小卖部、部分餐饮。

2.市场概况

1991—2007 年，全球啤酒产量从 1.17 亿千升上升至 1.78 亿千升，增长 2.66%；中国啤酒产量 1991—2007 年的增长率为 10.2%，增速高于世界水平，从而奠定了中国啤酒世界产销大国的地位。2008 年 9 月份中国啤酒产量达 403.28 万千升，同比增长 6.0%，1—9 月全国啤酒产量累计 3336.29 万千升，同比增长 6.1%。预计 2008—2015 年的增长率为 5% ~7%。但是从人均啤酒消费量来看，中国为 27.6 升，列世界第 53 位，与人均消费量最高的捷克相差 133.5 升，如此大的差距形成了我国啤酒市场巨大的发展潜力和空间。[1]但是，从数据中可知 2008—2009 年两年行业增幅远远低于之前啤酒行业的增幅，国内啤酒市场虽然有继续扩大的趋势，但是已经逐渐趋向于饱和，宁波作为中国的主销区之一，各品牌之间的市场抢夺与打造、反打造将会逐渐成为宁波啤酒市场的主流。

受饮用习惯影响，黄酒是宁波当地主要的传统饮用酒，近年来随消费习惯的转变，啤酒正与宁波人发生着越来越紧密的联系。麦芽汁浓度 7° ~8°，酒精度在 1.9% ~2.3% 的啤酒正占据着宁波啤酒市场的相当份额，成为了消费的主流。[2]通过调查发现，重啤大梁山、华润雪花、英博 KK 这三个啤酒品牌在宁波市场上占有的市场份额最大。大梁山与 KK 是宁波的本土品牌，后被大集团收购，华润雪花 2007 年 6 月也在宁波建立生产基地。

随着消费水平的日益提高，近年来中高档尤其是中档啤酒市场迅速发展起来，但中国大部分啤酒企业 90% 以上的产品还是中低档产品。目前我国啤酒市场中，既有来自国外的企业和品牌，也有来自具有一定历史的本土企业和品牌，还有新进入者和联合品牌，从总体上说，国内的啤酒市场基本形成一个新的格局。

就宁波目前而言，英博 KK 啤酒基本占据着宁波啤酒的中端市场和低端市场，重啤大梁山主要针对中端市场和中低端市场，华润雪花也主要占据着中端市场和低端市场，这三者的市场份额占宁波总啤酒市场的一半以上甚至大半。宁波啤酒的中高端市场，青岛占据部分市场份额，暂时但并不是很强势，尚处于产品推广不是十分顺利的阶段。

---

① 2009—2010 年中国啤酒行业研究分析预测报告: http: //q. sohu. com/forum/121/topic/23762272

② 谈晓芬. 解读宁波啤酒竞争关键词. 华夏酒报, 2008, 3(10)

3. 前景与预测

近几年，我国啤酒市场从快速增长到增长缓慢，不难想象，未来的啤酒市场将逐渐达到饱和，消费需求的推动力会逐步削弱乃至消失，啤酒企业以销定产的经营方式也要使啤酒产量的增长速度放缓。这样，啤酒行业间的竞争会越来越趋激烈。宁波啤酒市场目前已经处于稳定期，任何一个啤酒品牌想要立足宁波市场，占领更多的市场份额，都必须不断地发展壮大自己并且抓住机遇。在宁波，啤酒低价已经不是取胜的法宝，啤酒企业要在竞争中立于不败之地，除了要有敏锐的竞争意识外，还要有敏感的品牌意识，同时必须了解自身及其他品牌在消费者心目中的位置，并了解消费者的品牌观。

那么，宁波啤酒市场在未来有可能会怎样发展呢？

1. 啤酒消费增长，消费人群与人均消费量也将会继续增长，但不再是高速增长

随着饮用习惯的逐渐改变与啤酒饮用的幼龄化发展，加之啤酒品类的日趋丰富，消费需求和选择也会日趋多样化。以色泽来看，淡色啤酒色泽金黄、口味淡爽，酒花香味突出，使不太爱喝啤酒的消费者也开始慢慢尝试，一些家庭妇女也逐渐加入了啤酒消费的行列；浓色啤酒色泽红棕，口味醇厚，苦味较轻，麦芽香味浓；黑啤酒深红棕乃至黑褐色，原麦汁浓度高、口味醇厚，麦芽香味突出。后两种色泽的啤酒正在越来越被宁波消费者接受，消费热情和消费氛围将会继续增长。

但在2008—2009年两年中，行业增幅稳定在6%左右，之前啤酒行业的增幅远远高于10%。这种数字上的变化也催生了啤酒行业理性回归，产能泡沫消退的同时，企业对于基地市场的打造，其企业利润追求等方面也逐步增强。由此产生的营销层面上的巨头之间犬牙交错的市场局面，互相之间利润市场打造与反打造将成为主流，巨头实力范围交界处的战争将成为重灾区。宁波范围内坐落有重啤大梁山、华润雪花和英博KK，相信宁波的啤酒大战不可避免。

2. 整体格局改变

近年来随着消费者消费水平的日益提高，中高档尤其是中档啤酒市场迅速发展起来，但宁波大部分啤酒企业90%以上的产品还是低档产品，而且啤酒企业除重啤、英博等少数几个全国性的啤酒品牌定位已经比较清晰外，其他大多数品牌还处于发展阶段，定位还不是非常清晰。

可以预见，2009年及今后几年，因品牌集中度的相对提高和市场的逐渐成熟，加之资源结构变化和对环境保护更高的要求，一些规模较小、品牌张

力不足、成本较高而又无资源的企业将面临较大冲击。具有品牌优势、资本优势、资源优势、技术领先、规模化经营的企业将占据行业和市场主导，优势啤酒企业将迎来整合发展机遇，行业格局将稳中趋变。中国啤酒行业向集团化、规模化，啤酒企业向现代化、信息化迈进；除产品制造外，品牌和资本越来越显现其重要性；外资对中国啤酒行业的影响已经向纵深发展，表现出积极的作用，使中国啤酒业加快和国际接轨的步伐。

3. 国家政策拉动啤酒消费

从宏观角度来看，金融危机对啤酒市场也有着非常深远的影响。不过自今年以来，宁波市经济运行延续 2009 年下半年回暖向好的态势，工业经济强劲回升，投资、消费、进出口、财政金融、港口运输等主要经济指标增幅较大，经济运行开局良好。2010 年至 2012 年，宁波啤酒市场将面临着较好的发展际遇：国民经济持续快速发展和城市化水平的提高，给市场发展创造了巨大的需求空间；西部大开发、振兴东北地区等老工业基地、促进中部崛起和建设社会主义新农村等重大发展战略，为中国啤酒行业创造了新的发展机遇；全球经济和区域经济一体化进程的加快，为中国啤酒行业在更大范围内配置资源、开拓市场创造了条件。

对于未来宁波啤酒市场的发展前景依然看好。国内油价下调提高行业盈利空间；2008 年 11 月国家提出的 4 万亿拉动内需计划及扩大内需 10 条政策将对啤酒行业产生有利影响等利好因素成为拉动啤酒市场发展的强劲动力。

三、竞争者分析

根据华润雪花目前的情况和宁波地区的市场状况，从其产品的定位、价格、销量和市场份额，确定华润雪花啤酒在宁波市场的主要竞争对手为重啤集团的大梁山啤酒和英博集团的 KK 啤酒，次要竞争对手为青岛啤酒。

1. 主要竞争对手之一 —— 大梁山

重庆啤酒集团宁波大梁山有限公司位于浙江省宁海县科技园区。其前身为宁海啤酒厂，始创于 1980 年，从年产 3000 吨啤酒规模起步，20 世纪 80 年代稳步发展。1992 年兼并倒闭的原国营天明啤酒厂，开启了大梁山快速发展的二次创业。1994 年组建集团公司，以规模经营增强了抗市场风险能力。2002 年与中国啤酒行业前五名的上市公司重庆啤酒合作，引进资金，组建了今日的重庆啤酒集团宁波大梁山有限公司。在宁波市场上，重啤主推大梁山。

（1）优势

● 在宁波历史悠久，产品多样，大梁山目前既有有 7 度、8 度、9 度等多个系列普通产品，也有高档的国宴啤酒，这样的产品结构实现了利润的最大化。其中 7 度深受消费者喜爱；

- 牵手世博会，每年都在组织啤酒节，提升品牌形象；
- 生产管理及成本控制能力强，并有本地生产线，节约了运输成本；
- 宁波本土品牌，品质受消费者肯定；
- 电视、报纸、杂志多种媒体的同时组合投放支持；
- 软硬广告配合较好。

（2）劣势

- 主打产品单一，大梁山啤酒除去 7 度啤酒之外，其他浓度和口味的啤酒市场反响一般；
- 广告宣传活动不多，促销形式单一；
- 在宁波的媒体投放总体较少；
- 媒体花费投入总量较少。

（3）机遇

- 重啤在全国各地并购地方品牌，增强整体竞争力；
- 地方主义保护；
- 加强宁波市场的媒体投放；
- 大梁山在宁波需寻找强而有力的媒介支持。

（4）威胁

- 雪花啤酒进入宁波市场，使得两大企业的战争变成了三大企业的激战；
- 相形保守的做法，竞争者易抢得先机；
- 品牌激烈低价促销竞争，成为进入市场障碍；
- 竞争对手雪花、青岛均是全国知名啤酒品牌。

2. 主要竞争对手之二 —— KK

英博（Inbev）创立于 1366 年，是全球第一大啤酒公司，总部设在比利时的 Leuven。2003 年 4 月英博集团收购宁波 KK 啤酒 70％ 的股份，多年来不停地收购其他啤酒品牌的股份，到目前其有超过 200 个品牌。近几年来，公司全力将英博旗下的啤酒塑造成为全国品牌以来，英博各品牌啤酒一直以清新、淡爽的口感，积极、现代、活力的姿态受到全国消费者的喜爱，成为当代年轻人最喜爱的啤酒品牌之一。

（1）优势

- 拥有较高的品牌忠诚度；

- 成本控制能力强，拥有牢固的根据地、本地生产线和强大的资本实力；
- 善于抓住当前流行趋势(2010 年赞助南非世界杯)，经常进行揭盖有奖的促销活动；
- 电视、报纸多种媒体的同时组合投放的支持；
- 加强了宁波市场的媒体投放；
- 软性广告投放量大。

(2) 劣势

- 产品结构不够丰富，在宁波市场上主要只推纯生；
- 被收购后在宁波市场仍然是单兵作战，没有完全纳入英博集团的营销体系中，英博集团的威力没有完全发挥出来；
- 目前仍未摆脱区域性品牌的形象；
- 软硬广告配合不协调。

(3) 机遇

- 英博在全国各地并购地方品牌，增强 KK 啤酒竞争力，形成抗衡；
- 地方主义保护；
- 合理调整软硬广告的关系；
- 深入人心的媒体投放以及暴露程度。

(4) 威胁

- 雪花啤酒进入宁波市场，使得两大企业的战争变成了三大企业的激战；
- 品牌激烈低价促销竞争，成为进入市场障碍；
- 竞争品牌雪花和青岛均是全国知名啤酒品牌。

3. 次要竞争对手 —— 青岛

1903 年 8 月，古老的华夏大地诞生了第一座以欧洲技术建造的啤酒厂——日尔曼啤酒股份公司青岛公司。1993 年，青岛啤酒股份有限公司成立并进入国际资本市场，公司股票分别在香港和上海上市，成为国内首家在两地同时上市的股份有限公司。20 世纪 90 年代后期，率先在全国掀起了购并浪潮，被称为中国啤酒业"从春秋到战国"行业整合潮流的引导者。目前，青岛啤酒公司在国内 18 个省、市、自治区拥有 55 家啤酒生产厂和麦芽生产厂，构筑了遍布全国的营销网络，基本完成了全国性的战略布局。

(1) 优势

- 青岛啤酒是中国啤酒第一品牌，也是中国啤酒行业唯一一个全国性品牌。

- 在全国都有较为完善的生产线，在全国均有分销渠道和分布点；
- 产品结构丰富，从度数上主要有8、10、11、12、16、18度啤酒，从色泽上分淡色、浓色、黑色，种类齐全；
- 电视、报纸多种媒体的同时组合投放的支持，电视投放的比重高；
- 媒体投放总量相当大，以全国覆盖为主要策略；
- 软性广告投放量大。

（2）劣势

- 青岛啤酒在高中低档啤酒齐头并进，低档啤酒会拉低青岛啤酒的优雅的、有品味的中高档形象，高端产品未与低端产品有效整合；
- 由于受生产线遥远、运输、保鲜保质期等特殊因素，以及青岛啤酒全国性发展的影响，虽然在宁波开拓多年，但成绩始终不理想；
- 成本控制能力弱，近几年迅速扩张的结果将考验其财务能力；
- 在宁波的促销活动少，宣传力度小；
- 在宁波市场非常少的媒体投放。

（3）机遇

- 增强在宁波地区的宣传力度与促销力度；
- 结合地方兼并的通路资源，团结青岛集团其他品牌，迅速扩大市场占有率；
- 深入人心的媒体投放及暴露程度是青岛啤酒扩大市场的机会点。

（4）威胁

- 已有三大品牌竞争激烈，随时引发价格战；
- 竞争品牌大梁山和KK已树立的广告形象与品牌认知。

4. 自身品牌分析 —— 雪花

华润雪花啤酒（中国）有限公司成立于1994年，是一家生产、经营啤酒、饮料的外商独资企业。目前华润雪花啤酒在中国内地经营48家啤酒厂，占有中国啤酒市场的15%份额。旗下拥有30多个区域品牌，在中国众多的市场中处于区域优势。2006年华润雪花啤酒销量超过500万千升，不但突破了雪花啤酒单品销量第一，并且公司总销量一举超越国内其他啤酒企业，成为中国销量最大的啤酒企业。公司近日公布国际权威调研机构Plato Logic的最新统计数据称，2009年中国雪花牌啤酒超越全球啤酒老大英博（AB－InBev）旗下"百威淡啤（Bud Light）"，成为世界销量第一的啤酒品牌。雪花啤酒是唯一进入全球销量前六名的中国啤酒品牌。

（1）优势

● 拥有强大的资本以及独特的行销优势，雪花进入宁波市场时间不久，但其蘑菇式战略在短短几年内迅速抢占了不少市场份额；

● 华润集团 2007 年在奉化建成生产基地，节约了市场成本，具有较强的成本控制能力；

● 啤酒包装多样，口味多样；

● 电视、报纸多种媒体的同时组合投放的支持，电视投放的比重高；

● 媒体总投放量相当大，宁波地方台的覆盖为其主要策略；

● 软硬广告配合较好。

（2）劣势

● 品牌定位存在质疑。雪花定位于"成长"理念，目标消费者对这一理念的理解是否与定位一致，存在质疑；

● 产品线较竞争对手少，没有突出的产品；

● 促销活动少；

● 虽然媒体投放的量大，但是出现的频次与时间不协调，并未能达到一个非常满意的效果。

（3）机遇

● 雪花积极整合，进入宁波市场后营销策略灵活转变；

● 拉高品牌档次形象，以完整的产品线抢占市场；

● 增加促销活动，确保品牌屹立不倒；

● 在宁波地区强势的投放以争取更多的消费市场。

（4）威胁

● 竞争对手大梁山、KK 在宁波历史悠久，深入民心；

● 重啤、英博、青岛在全国范围并购地方品牌，形成抗衡；

● 雪花增产后，供求关系改变，出现供大于求的局面，引起价格战；

● 竞争品牌大梁山和 KK 已树立的广告形象与品牌认知。

四、消费者分析

1. 群体特征分析

受饮用习惯影响，黄酒是宁波当地主要的传统饮用酒，而近年来随着消费习惯的转变，加上宁波受沿海地区夏季特有的持续高温天气的影响，消费者对啤酒的需求量大过以前。如今在宁波，啤酒已经广泛地为消费者所接受，聚会、餐饮时啤酒则基本是必备之物。在宁波，消费者习惯饮用酒精浓度在 3%～4%、麦汁浓度在 10°～12° 的啤酒。

从消费性别来看，男性仍是啤酒的主要消费人群，占总体的大部分；从年龄上来看，由于受到收入和其他条件的影响，较为年少的消费者对啤酒的消费比例较小。

- 消费群体分类

核心消费群体：

年龄在 20~35 岁，男性为主。这部分人通常年轻有活力，追求时尚与流行元素，对生活品质有一定要求。他们认为雪花啤酒应当注入更多年轻、时尚、流行等元素。

中级消费群体：年龄在 35~55 岁，喜欢喝啤酒的人群。这部分人群对于生活质量要求很高，更倾向于消费中高档啤酒。

轻级消费群体：20 岁以下的青少年。这部分人代表着年轻与活力，喜欢追求刺激，不管什么都要大胆尝试。

（1）媒体接触广泛

他们更能够接触到各类媒体，如电视、报纸杂志、互联网、户外媒体等，这与其忙碌的生活状态有一定关系。

（2）媒体内容选择以时事为主

在媒体内容的选择上，核心消费群体的选择点主要集中在新闻、体育、经济方面，这与这部分人的人口特征和较高的教育程度有关。

2. 消费行为要素分析

（1）消费动机

消费动机是任何商品的消费源泉，啤酒消费动机可分为三个层次：

第一层是功能性动机，即啤酒可以生津止渴，休闲消夏；

第二层为沟通与交际动机，如朋友相聚等，通过消费啤酒达到心灵沟通，信息传递等作用；

第三层为文化层次动机，即消费者对啤酒消费的期待，在某种情况下，这种期待与啤酒品牌还具有一定的联系。

（2）消费一般观念

消费者健康意识不断增强，酒类产品消费习惯不断变化，消费者对黄酒和白酒的消费需求日渐下降，而对啤酒的消费也日渐从理性向感性变化，即对啤酒的消暑解渴的品质消费，到把啤酒作为一种情绪和传递感情的工具，对啤酒消费的需求日渐多元化。

（3）影响购买的因素

影响消费者购买啤酒的因素有：产品的口味、品牌、价格、生产日期、购买的方便程度和由于习惯等。目前,在很大程度上价格仍然影响消费者的购买力,但这已不是最主要因素,口味已成为大多数消费者购买的首要考虑因素,而广告及促销、他人的影响等对消费者的影响较小,从此可以看出消费者消费心理较为成熟。

(4)购买量与购买周期

在宁波,多数消费者一周只饮用过一次啤酒,但次数有逐渐增大的趋势。从中可以看出消费者的消费能力在提高。

大部分消费者每次购买或饮用的啤酒的数量在3瓶左右。

(5)购买时机与使用时机

消费观念的改变,使得淡季消费者需求与旺季相比下降幅度日渐减少,淡季局部市场甚至需求比旺季更大,如夜场终端、火锅涮锅类餐饮终端。由于社区终端普通啤酒消费需求趋缓,相比下,餐饮类终端和娱乐终端的中高档啤酒消费需求依然强劲,甚至在餐饮终端由于普通啤酒覆盖率下降,消费者选择空间变化小,中高档啤酒的消费需求被激活。秋冬季节由于节日集中(国庆、中秋、圣诞、元旦、春节),家庭聚会、走亲访友的机会增多,社区终端有一定的消费需求,尤其是商场、超市终端中高档礼品啤酒销量旺盛。在宁波除了炎热的夏季之外,节假日繁密的部分秋冬亦成为是啤酒消费的生意旺季。

(6)购买场所和饮用场所

购买场所:①酒吧、KTV、夜总会;②餐饮店、火锅店、大排档;③大卖场、超市、便利店。

饮用场合:平时吃饭、聚会是消费者最常饮用啤酒的场合,而在酒吧、外出(或旅游)时饮用啤酒的比例较少。这说明宁波啤酒消费的层次仍较低,消费仍为大众化消费,中高档啤酒市场尚有发展空间(表10-1)。

表10-1 消费场所归类

名 称	餐饮店、火锅店、酒吧、夜总会	便利店、大排档	超市、大卖场
特 点	即开即用	边走边喝	家庭饮用

五、媒体分析

1. 媒介目标

● 针对所有品牌使用者,持续传达雪花啤酒的优势与特点,以提高品牌选择机会。

● 进一步宣传品牌内涵,有效地与目标群体沟通,提升品牌形象。

2. 媒介策略

整体媒介策略,选择与品牌战略一致的媒体,结合品牌自身实行投放策略。注重广告和销售终端的密切呼应,开展多种多样的互动式促销活动,实现立体化效果。通过电视、报刊、特殊媒体等的广告最大限度地传达广告诉求,提升品牌形象,并达到更高的媒介覆盖效果。

● 目标对象:

既有品牌消费者以及竞争品牌消费者。

20~35岁,男性为主,喜欢追求活力、流行等元素。

● 地理性策略:

宁波:100%。

● 媒体选择策略:

目前宁波市的媒体主要有电视、报纸、杂志和特殊媒体,鉴于不同媒体所能达到的广告宣传效果、信息传递和渠道的不同,我们将几种媒体组合起来作为雪花啤酒的媒体选择范围,按照媒介目标制订相应的投放周期、区域与花费比例(表10-2)。

表10-2 不同媒体优缺点

	电视广告	报纸杂志	特殊媒体
优点	千人成本低	可承载大量信息	形态特殊,吸引关注
	覆盖面广	覆盖面广	全天候无中断传播
	强迫性媒体	千人成本低	极具创意表现
	有利于感性诉求	制作简单快速	
缺点	制作成本高	非强迫性媒体	覆盖有限
	不易承载过量信息	无声	千人成本高
		不利于感性诉求	只有视觉效果高
		易受印刷品质牵制	非强迫性媒体

3. 宁波市主要媒体分析

雪花啤酒2011年宁波市的媒体选择将会采用电视、报刊、新媒体等多种媒体同时组合投放。

4. 电视:更广范围地建立品牌形象

5. 平面

报纸：到达广泛，对产品的功能能做具体的阐述。

杂志：根据不同的刊物到达主要目标群体。

6. 户外(公交车/候车亭)：大众媒体，有效到达，冲击力强

7. 网络：针对人群层次较高，有效到达目标群

(1)电视媒体的选择：

广告是透过接触次数的累积产生效果，因此效果的产出来自于媒体露出频率。

建议将消费第一高峰期平均接触频率设定为 5 次(Watch)，相当于 10 次接触频次(OTS)；消费第二高峰期平均接触频率设定为 4 次(Watch)，相当于 8 次接触频次(OTS)。

- 总收视点与周平均

	接触频率	到达率	总收视点	有效到达率	周平均
第一高峰期	10	80	800	5 +/50%	200
第二高峰期	8	80	640	4 +50%	160

投放地区：宁波

投放周期：2011 年 1 月开始，配合啤酒消费高峰期

投放频道：宁波电视台一套新闻综合频道、宁波电视台二套社会生活频道、宁波电视台三套文化娱乐频道

栏目选择：一套天气预报前、二套《来发讲啥西》后广告6、三套《阿拉讲大道》插播 3

预期 GRP：预计旺季为 800GRP，不同月份适度调整

时段：18：00—23：00

电视版本选择：30′广告

30′广告能讲述一个具体情节，传达一个概念，如雪花啤酒核心概念等。

(2)报纸杂志媒体的选择

- 报纸投放策略：

8. 考虑硬广告和软广告相配合

硬广告：突出产品的特性

软广告：品牌形象

- 报刊媒体选择：

投放地区：宁波

投放周期：2011 年 1 月开始，与电视同步

淡季以软广告为主，配合硬广告刺激购买意向 3 期

旺季以硬广告为主，品牌和产品特性的宣传 4~5 期

版面：封底、1/2 通栏、扉页、跨页

平面选择：选择 3~4 份高发行量、目标人群偏爱选择阅读的报纸、杂志，如《宁波日报》、《现代金报》、《生活家》、《新城市》

（3）特殊媒体的选择

投放范围：华视传媒移动电视、车站候车亭等

投放周期：2011 年 1 月开始

时段选择：公交车人流高峰期

4. 媒体行程选择

媒体在全年由露出与间断所组成的露出方式成为媒体行程模式。讨论行程模式主要目的是为品牌依行销及传播的需要以及遗忘曲线的差异，在固定资源的情况下，制订最有效的资源分配方式。

宁波啤酒行业是一个竞争剧烈、有明显消费季节性并且购买周期短、周期明显的品类，故雪花啤酒 2011 年在宁波市的媒体行程模式为栅栏式，即时上时下的露出模式，广告波段之间出现显著的空档，当然每个波段的比重并不一定必须完全相等。栅栏式媒体行程模式的优点（表 10 - 3）：

（1）可以依竞争需要，调整最有利的露出时机；

（2）可以配合铺货行程及其他传播活动行程；

（3）可以集中火力以获致较大的有效达到率；

（4）机动且具有弹性。

表 10 - 3 媒体行程范表

媒体	月份 频次	1月	2月	3月	4月	5月	6月	7月	8月	9月	10月	11月	12月
电视	宁波电视一套	30	20				25	25	25	25			20
	宁波电视二套	30	20				25	25	25	25			20
	宁波电视三套	25	15				25	20	20	20			15

续表 10 - 3

媒体	频次	1月	2月	3月	4月	5月	6月	7月	8月	9月	10月	11月	12月
报刊	硬文与软文相结合 《宁波日报》周末版	8	8				8	8	8	8			8
	《现代金报》普通版	12	8				12	12	8	8			8
杂志	《新城市》月刊	1	1				1	1	1	1			1
	《生活家》月刊	1	1				1	1	1	1			1
特殊媒体	移动电视（套播）	第1周	第1周				第1、4周	第1周	第1周	第4周			第3周
	车站候车亭站牌	100 个											

　*说明：1.媒体投放周期为1—2月、6—9月、12月，前期为活动开始，第一个月投入较大，保证较强的媒体投放覆盖，中期为活动主要推广时期，投放力度整体加大，尾期媒体的投放稍有减弱，但保持相对稳定与持续性。2.以上频次均以一月（四周）计算，其中电视媒体为1天1次。

　　在表 10 - 3 中，雪花啤酒广告在电视媒体上出现的频率为1天1次，报刊媒体上的出现频率为1份报刊1次。以下是对表 10 - 3 中关于电视媒体频次和报刊媒体频次排期的具体说明情况（表 10 - 4，表 10 - 5）：

表 10 - 4　电视媒体具体频次排期

	1月	2月	6月	7月	8月	9月	12月
宁波电视台一套	1日—30日	1日—20日	1日—25日	1日—25日	1日—25日	1日—25日	4日—24日
宁波电视台二套	1日—30日	5日—25日	5日—30日	5日—30日	5日—30日	5日—30日	8日—28日
宁波电视台三套	5日—30日	5日—20	5日—30日	5日—30日	8日—28日	10日—30日	10日—25日

表 10 – 5   报刊媒体具体频次排期

	1 月	2 月	6 月	7 月	8 月	9 月	12 月
《宁波日报》	周末 8 天	周末 8 天	周末 8 天	周末 8 天	周末 8 天	周末 8 天	周末 8 天
《现代金报》	周三、周四、周五 12 天	周三、周四、8 天	周三、周四、周五 12 天	周三、周四、周五 12 天	周三、周四、8 天	周三、周四、8 天	周三、周四、8 天

5. 媒体预算分配

根据雪花啤酒 2011 年宁波市媒体策略与媒体行程，具体媒体预算分配如表 10 – 6。

表 10 – 6   媒体预分配算表

媒体名称	规格	时段/版面	单价（元）	频率（次）	金额（元）	折后价（元）
宁波电视台一套新闻综合	30 秒	18：52	14 960	170	2 543 200	×40% = 1 017 300
宁波电视台二套社会生活	30 秒	21：45	14 300	170	2 431 000	×40% = 964 000
宁波电视台三套文化娱乐	30 秒	19：30	21 000	140	2 940 000	×40% = 1 176 000
《宁波日报》	8 × 35	彩色	8 300	56	464 800	×40% = 186 000
《现代金报》	B 版封底 7 × 12	彩色	9 200	68	625 600	×40% = 250 000
《新城市》	扉页	内彩	50 000	7	350 000	×60% = 210 000
《生活家》	第一跨页	内彩	20 000	7	140 000	×60% = 84 000
华视传媒移动电视	30 秒	6：30—23：00	228 000（周）	8（周）	1 842 000	×35% = 638 400
车站候车亭	平均设 100 个站牌，约为 31 万/年	310 000				
总计	4 835 700 元					

*注：本次媒体投放的时段为 1—2 月、6—9 月、12 月。根据常规情况，各媒体不会按照原价格收取发布费用，通常会有一定的折扣优惠。宁波市电视台折扣一般为 4 折，报纸针对啤酒类广告一般为 4 折，所选杂志折扣为 6 折，华视传媒公交平台移动电视为 3.5 折，折算后金额为 4835700 元。

从表 10 - 6 可得，雪花啤酒 2011 年在宁波市分配到电视媒体预算为 3157300 元，平面媒体预算为 730000 元，特殊媒体预算为 948400 元，其所占媒体预算百分比如图 10 - 1：

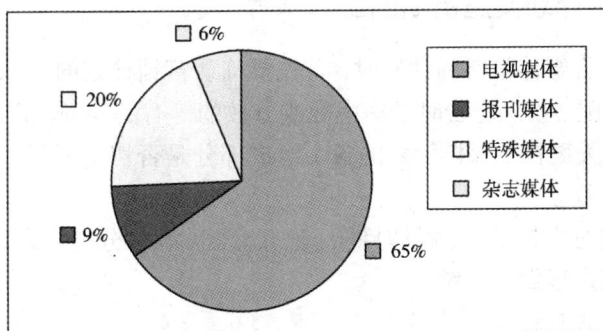

图 10 - 1　各类媒体百分比

雪花啤酒 2011 年在宁波的媒体投放按月计算，每月的媒体预算分配如图 10 - 2：

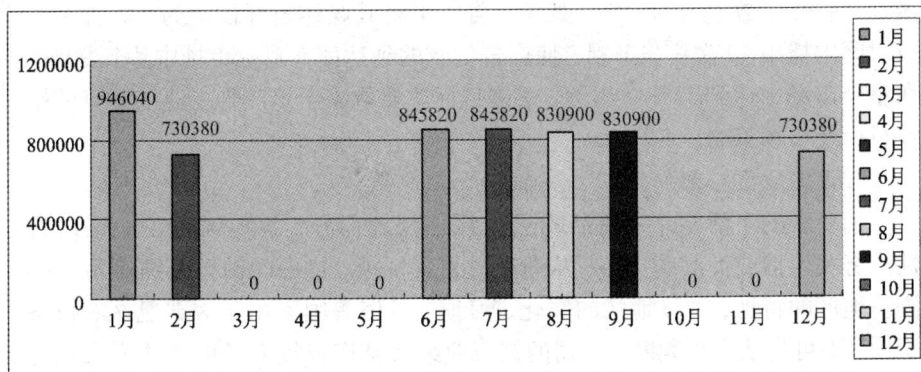

图 10 - 2　媒体预算分月排期表

广告媒体计划书是为了建立品牌所采取的媒体细节行为中的一种重要的沟通方式。科学良好的广告媒体计划有助于客户快速而准确地执行媒体策略。

第一节　媒体计划的运行步骤

一、媒体计划实施前期的工作指导

在设定广告媒体策略的计划时，首先要确认营销计划的目标、检查地区分配、媒体分配、投入广告时是集中的或分散的等有关问题。广告能否取得良好的效果，关键在于媒体计划的各个组成部分是否切实可行，彼此之间是否能够协调一致。

下面着重对广告目标、媒体目标、地区分配、媒体分配、媒体策略、媒体购买等方面的内容做一介绍。

1. 确定广告目标

设计媒体战略时，必须把营销计划所设定的目标，分为主要目标及次要目标。因此，在设计媒体战略阶段，必须将目标加以细分，以设定符合目标的媒体战略。

2. 制定媒体目标

媒体目标是整个计划模式的组成部分，与其他目标相比，媒体目标要求做到精确并以数量表示。如，某一广告主可将其媒体目标设定为：通过在一段时间内播出 20 次广告节目，使广告信息的到达率在目标市场中达到 90%，在整个市场中达到 75%。当然，媒体目标主要取决于该广告主业已制订的销售目标及市场策略。

3. 设定地区分配

消费者的生活水平、商品购买力往往因地而异，各地区有各地区的特性。有关生活或商品购买力，从商店数目或规模、过去的销售业绩等可以推测。地区的特性，如该地区的文化、习惯、风俗等因素由于因袭已久、根深蒂固，不可盲从做出判断，公司的销售业绩及其广告投入量也必须列入考虑内。因此，为达成企业营销计划所确定的目标，在媒体战略上，地区分配成为重要课题之一，但媒体区域不一定必须和行政区域或销售区域一致。

4. 实施媒体分配

媒体分配可以说是媒体策划的中枢，广告媒体种类繁多，如何分类因人而异。为了达成广告目标，就需决定何者为主要媒体，何者为次要媒体及辅助的媒体。不仅要决定主要媒体、辅助媒体，就是选择电视为主要的媒体时，也必须决定哪一电视台、星期几、在什么时段、CM 秒数等。

5.选择媒体策略

媒体分配决定了主要媒体、辅助媒体以及各媒体单位之后，其次就是设定发稿计划，研究什么是投放广告最有效的方法，及广告投放的集中与分散，在此不仅要考虑广告目标，同时还要考虑广告商特性。如儿童玩具需要有季节性，可选择在圣诞节或在农历一月间集中广告。再按广告目标以决定集中或分散，如新产品发售，以提高商品知名度为目标时，就应当在短期内集中广告，反之，如果为了延续产品印象，应采用平均分散方式投放广告。

6.决定媒体购买

媒体计划的最后一项内容就是媒体购买。在做出媒体购买决定之前，广告主应首先核实广告经费额。为了做到心中有数，广告主还应收集有关数据，以正确评估广告对于企业产品销量的影响。假若在计划付诸实施之后不对具体实施情况及实施结果进行跟踪调查，就是使计划行程虚设。

二、影响媒体计划实施的各种因素

能够对媒体计划施以一定影响的因素有：广告预算规模、媒体效率、媒体可行性、媒体折扣结构、竞争、产品性质及促销组合等。

1.广告预算规模

广告预算规模可以对媒体计划产生直接而重大的影响。假定某一广告主的广告预算总额为10万元，而这10万元就是整个媒体计划的上限。换句话说，就是在对广告媒体进行选择并做出最后购买决定时都要以这10万元作为前提，否则就超越了媒体计划的范围。倘若广告主认为广告预算不够，需要再进行追加时，有关人员要特别注意在追加预算没有最后落实之前，不要将追加的这部分费用列入计划之内。

2.媒体的影响效率

要确定某一广告媒体效率是比较困难的，如广告媒体的覆盖范围有多大，发行量、读者(听众、观众)数量如何，这些都在广告媒体效率的范畴之内需要媒体策划者调查和研究。

3.媒体利用的可行性

在制订媒体计划时，媒体可行性是一个必不可少的组成部分。如果媒体计划中设想利用地方性广播电台传送信息，但在具体实行媒体计划时才突然发现当地根本就没有广播电台，媒体计划就会流产或者难以落实。

此外，媒体的可行性还涉及能否保证广告信息的播出时间或刊载版面。如果某一广告主打算在黄金时间播出广告并为此制订了相应的媒体计划，但播出时间却无法得到落实，同样也会贻误时机。

因此，广告主在制定广告媒体计划时要充分考虑到媒体的可行性。如果某一地区的媒体不具备或不符合广告主的条件和需要，那么广告主就要做出决定，变更原来的计划而另谋他途。

4.各种不同媒体的折扣率

同购物相似，广告媒体机构为吸引广告主前来关顾，也采用打折的方式。因此，做出媒体决定时，广告主应充分了解各个不同广告媒体机构及同类广告媒体但不同机构之间所存在的价格差异，以做到在保证广告质量的前提下尽可能地节约广告费用。

5.媒体利用上的竞争因素

广告主为了使自己立于不败之地，都要先对竞争对手的广告媒体利用的情况进行观察，其目的无非在于力求做到知己知彼百战不殆。通过观察还可以对消费者如何知悉广告信息有一个大致了解。一般来讲，在初始阶段，大部分广告信息还是要通过传统的广告媒体来传达给市场区域内的消费者。因为这种类型的媒体计划有助于在消费者中对企业及其产品予以正确定位。当然，媒体计划受到市场竞争的影响也是必然的，假定广告主 A 借助于推出新产品而占据了原本属于广告主 B 的市场份额，广告主 B 肯定会迅速做出反应。在这种情况下，广告主 B 的媒体计划不可避免地会发生变化，影响到原有的媒体计划的实施。

6.产品的生命周期对媒体计划的影响

产品的生命周期又如何能对广告媒体计划产生影响呢？假定某个广告主开发一个完全不同于其他任何产品的全新产品，为了使这种新产品能为广大消费者所熟悉、认识、购买，这个广告主就要拿出相当数量的广告费用，利用合适的广告媒体向消费者传递产品信息，如此一来广告主的媒体计划就要随产品的面世而进行相应的修改和补充。

7.促销组合对媒体计划的调整

媒体计划实际上就是一个利用广告媒体将营销信息传达给目标市场的详细行动计划。所以，广告和促销两种之间的关系是密不可分、相互并存的。倘若某广告主打算利用直销的方式来推销产品，那么这个广告主的媒体计划就势必要进行相应的调整，广告、直销等内容发生变化，都会对促销组合的各个方面产生重要影响。当然，促销组合对于广告主媒体计划的影响程度要视营销目标和当时的客观环境而定，但促销组合肯定会对媒体计划产生一定的影响。故此，倘若促销组合进行规模调整，广告主就必须对广告预算和媒体计划予以重新考虑。

三、媒体计划的运作流程

媒体策略的目的,在于如何能针对市场目标,充分传达广告内容,使其渗透市场,达到广告目标。要把广告内容针对广告目标充分传播出去,最重要的是选择所针对的消费者经常接触的媒体;要把广告内容有效的渗透市场,必须设计出一个向所针对的消费者反复述求的计划。

1. 评估媒体战略的指标体系

到达率、接触频率(频度)、总收视率是一般用作设定媒体战略的三种指标。媒体可分为媒体类别、媒体载体、媒体单位三种标准,原则上媒体战略是按照这个顺序而设定的。选择媒体要针对营销目标、广告媒体、市场目标;为了达成这些目标,就要研究所选择的媒体对广告概念、表现战略、媒体特性等是否能充分发挥作用。至于个别媒体的选定,要从广告预算方面,也就是以提高预算的效果作为决定的着眼点,其选定的指标就是每千人平均成本问题。

2. 媒体策略的惯性

设定媒体策略最重要的是和营销计划、广告计划保持一致。一方面依据营销策略,一方面广告策划必须保证与表现战略相符合。经过以上程序所设定的媒体战略,通过实施及其评价,必须向营销战略、广告战略回馈。

3. 把握媒体特性

媒体选择,要充分把握各媒体的特性。就报纸、杂志、电台、电视四大媒体而言,报纸记忆度高,能使读者理解内容,教育效果好;杂志则有反复性,记忆度亦高,更因印刷技术的提高,可提高注目率及印象度;电台媒体,可做时机广告,展开地区战略,由于听觉传达广告,容易了解广告内容,并有亲近感;而电视则诉诸视、听觉两个方面,印象深刻,持续性亦强。

因此,如果要让消费者详细了解企业的主张或商品的内容等,最好用报纸、杂志等印刷媒体效果较好;如果在短期间要提高知名度,用电视、电台等电波媒体,冲击力强而有效。

4. 形成媒体执行方案

媒体执行方案的形成,主要是根据策略优先顺序,以渐进方式逐渐投入媒体预算,直到预算满额,例如:

(1)对主要市场的主要对象阶层以脉动式方式投入足够媒体量。

(2)再对主要市场的次要对象投入栏栅式形成。

（3）依次投入媒体资源。

（4）思考运用媒体组合的必要性，运用媒体组合的优点是：

获至媒体之间相乘效果。例如，以广播延续电视的广告印象，或以媒体分工方式，赋予媒体不同的功能，而整体组合成传播网。

提高到达率。在单一媒体到达率建立的极限上，使用其他媒体以提高整体达到率。

平衡重、中、轻级对象阶层在媒体接触上的比重。

（5）在运用媒体组合时，必须特别注意下列事项：

在主要媒体安排足够的预算后，再考虑其他媒体，以免过度分散资源形成各媒体投资不足。

注意使用两个一半的媒体不等于使用一个完整的媒体。

（6）必须考虑实际作业中所需要的前置时间，以避免计划确认却无法执行。

5. 替代方案的制订与选择

任何既定媒体策略下，都可能发展出数个具有比较意义的执行方案，媒体执行方案可以从下列角度加以变化：

（1）尝试不同的媒体组合所造成的 GRP、到达率、接触频率及千人成本上的变化，以及对重级、中级和轻级消费者媒体传送量上的差异，从多种方案中选择效果最优的一种。

（2）不同尺寸/长度的创意材料在组合运用上的变化，评估各种情况对媒体计划在量与质上产生的影响。

（3）行程与地区策略可能的弹性变化。

（4）思考执行上任何可能的创新做法，如节目交换、节目赞助、长期合约及折扣、路障等。

（5）回应策略的达成。

在执行方案后，必须以预估方式检视各方案对策略的达成度，并根据对策略的达成度，选择其中最适合的方案加以确认，作为年度媒体执行的依据。

第二节　媒体计划的写作

一份全面的媒体计划书应该包括哪些信息？这些不同种类的信息又分别在哪些方面起作用？这些是媒体计划人员在撰写计划书前应考虑到并熟练把

握的内容。

一、写作前的准备工作

制订媒体计划书要清楚以下几个问题：

（1）主要框架（结构）。

（2）计划书中都具体包括哪些内容？

（3）你会熟练地使用电脑特别是其中的办公软件吗？会简单地排版吗？打字快吗？

二、框架或结构

媒体计划的常见框架主要是由下面五个方面搭建起来的：①标题、摘要和目录；②背景分析；③媒体目标；④媒体策略；⑤媒体计划。

其中，背景分析与媒体目标是因果关系，背景因素导致了具体媒体目标的建立，媒体目标因背景的原因而显示它的合理性。媒体策略和媒体计划则服务于媒体目标，是实现媒体目标的必由之路。而整个的媒体计划又遵从于企业的营销目标。

（一）标题、摘要和目录

此部分作为广告媒体计划书的开端，是对全部计划的一个整体概括，简单介绍媒体计划的总体构想和简单内容概述，这是一份媒体计划书中，人们第一个接触的内容，可使执行人员对要采取的行动快速浏览，所以写作时一定要认真、慎重。

1. 标题

标题要简明朴素，一目了然，方便记忆。忌讳在标题中使用很少有人知道的所谓的流行术语或生词怪词。

2. 摘要

此部分作为广告媒体计划书的开端，是对全盘计划的一个概括。摘要的具体内容要包括这样三个部分：

一是该媒体计划总体思路。比如整个计划是在节省成本的原则指导下制订的，或是在引起轰动效果的指导思想下制订的，或者旨在彻底压制住竞争对手，等等。

二是就其中某一关键之处或最大的特点（或亮点）及可能最值得商榷之处进行简要的说明介绍。比如最新媒体的使用，广告的异常排期，经费可能超出预算等。

最后是果断地说出该计划的胜算率。这是必须得说出的，否则别人还看你的计划做什么？你自己都没把握，别人还怎么执行？

3. 目录

这是最好写的一项内容，但也要注意题号的排列要整齐划一，路径清晰，特别是要在每节小标题的后面详细而准确地标记它的页数。

(二)背景与环境分析

广告媒体计划的背景和环境因素包括企业面对市场的状况、竞争环境，企业的特长及不利因素，各种媒体在广告活动中的占有率等。除非有特殊情况出现，比如市场格局突然发生巨大变动或竞争对手突然消失等，否则背景分析部分通常只是媒体计划中的一种序言或引言之类的角色。

那么，对谁的背景进行分析？当然是对广告媒体计划产生的背景的分析。分析的内容，要与后面的媒体目标发生有机的联系，目的是为后面的媒体目标合理性提供客观而充足的依据。否则就是无用的分析，会让人不知你分析的目的何在。

通常，背景分析主要有这几个方面的内容：

1. 市场形势和产品的历史及现状

其中包括市场规模，成长趋势及品牌占有率，产品的生命周期，产品在何时发生变化以及这些变化对每一个竞争品牌的影响等。

2. 与媒体相关的营销目标和策略

对于媒体企划人员，营销目标将毫无疑问地影响媒体选择及媒体运用。从某种意义上说，销售目标对于媒体计划起到控制作用。

3. 竞争对手的广告媒体综合运用的情况

在竞争对手确定后，即可进行竞争品牌媒体投资分析。在媒体运作中的竞争品牌分析，主要是以各市场为轴心或以品牌为轴心分析市场或品牌的投放量、成长率、占有率以及投放季节性变化等。一般背景分析部分通常只是媒体计划中的一种序言或引言之类的角色，在整个媒体计划书中占的比率较小。

(三)媒体计划目标

每一个媒体目标应该与一个营销目标和策略相关联。力求以准确的词汇对每一个媒体目标进行清楚的陈述。阐述得越详尽、越具体，目标越可能指导媒体策略。一般情况下，媒体计划目标在整个媒体计划中的比重也不是很大，但它却是一个重要的标尺，后面的媒体策略和媒体计划都主要是根据它的标准来制订的。

（1）媒体计划目标最忌说得遮遮掩掩、模棱两可，它必须是看得见摸得着的，除非特殊情况，否则只要严格执行后面的媒体策略和媒体执行计划，其目标就基本上可以实现的。

（2）媒体计划目标必须是有时限的。比如从广告投放的开始到过程中的某一阶段，某目标市场的广告到达率及暴露频次要达到的水平。

（3）各项媒体计划目标的后面要附上相关目标受众的详细数据（如人口统计和心理特征等）。包括消费者的年龄、收入、职业、教育等。目标受众在心理层面的变量主要由消费者的价值观、生活态度及个人兴趣构成。

（4）列出实现目标所需的总预算及各项的配额。

（5）可能出现的影响目标实现的最主要问题及应对方式。

（四）媒体策略

媒体策略是媒体计划中核心部分。媒体目标和媒体策略的不同之处在于，媒体目标是关联到营销目的和策略的目标，而媒体策略是履行这些目标的行为。它承上启下，一方面是对媒体计划目标的呼应，另一方面又为接下来的媒体计划的执行提供路径与手段。

所以在媒体策略的撰写中，要尽量详细地写出你将采取的策略并将它们与前面的媒体计划目标一一对应，具体而又有针对性地循序展开。

具体内容包括：

（1）选择了哪些媒体类别（例如电视、广播、杂志或网络）？为什么？

（2）说明每种媒体在整个媒体策略中所担负的责任、任务。所谓职责，是指其在整个媒体策略中或媒体组合中充当的是主干媒体还是辅助媒体的角色。所谓任务，是指其在各项媒体目标中所应达到的到达率、频次等指标。

（3）各类媒体的费用预算及所占媒体总预算的比率。

如果有媒体组合，则要包括如下内容：

各种媒体组合的可行性论证；

媒体组合的目的、方式。

（4）不同阶段及各种特殊情况出现时的调整策略。如果采用了媒体区域策略，则要包括如下内容：①确定对整个目标市场全面覆盖或只对其中的重点区域覆盖并同时说明其理由。（全面覆盖，是指利用覆盖面大的媒体或媒体组合，一次覆盖整个目标市场。重点覆盖，是选择销售潜力大的一个或数个重点市场进行覆盖。）②确定对目标市场实施渐次覆盖或使用交叉覆盖策略并说明其理由。（渐次覆盖，指对不同区域市场分阶段逐一覆盖。交叉覆盖，比如利用电视媒体的省级卫星频道跨省际传播，实现大范围的交叉覆盖。)

必要时，计划者应撰写每一项媒体策略的基本原理。向阅读者解释为何选用这项策略，并认为它明显优于其他策略的原因；该媒体策略与竞争者策略的关系；对于重点品牌的特殊强调等。

（五）媒体计划说明

这是对媒体计划的重点细节说明部分。具体内容包括：

（1）媒体计划与营销战略目标的符合程度及对实现营销目标的帮助程度，说明其媒体组合、传播分配的科学性、有效性和可执行性。

（2）排列出预估的视（听）众暴露度，说明媒体计划将达到的效果与效率。

（3）如果上年度也曾制订过媒体计划，则与之进行比较，说明在观念或操作上的改进程度。

（4）必要的话，提供可供选择的第二套计划。

（六）媒体传播流程图及刊播日程表

这是两个建立在前面各种媒体策略特别是媒体发布策略基础之上的极其重要的图表。图表的编制要求一目了然，线路清晰，结构合理，具有极强的可操作性。

这是媒体计划书的最后部分，他将集中代表你的广告媒体运作的功力，是对你各方面素质的综合考察。而上级部门领导也多会将最后的审视目光停留在这两张表格上并对你的能力做相应的判断。

第三节　广告媒体计划的执行

在广告信息的传播中，好的媒体计划还有赖于科学合理的执行。媒体计划对广告执行加以确定，并指明对媒体时间、空间的购买。作为一种确定的广告信息发布和媒体购买决定，它的具体执行包括媒体的购买、谈判以及执行过程中的检测等内容。科学合理的执行源于对媒体排期的深入了解，即对广告信息发布的具体媒体、时段、版式、频次、价格等各项具体的有形因素准确地把握。在此基础之上，执行人员才能通过媒体购买达成既定的广告目标和广告策略。

一、媒体排期方式

广告媒体计划中常常是按照相应的广告排期方式来安排媒体的购买。主要的广告排期方式有以下四种：

1. 持续排期法

按照广告策划要求，在整个广告运作过程中自始至终都均匀地安排广告。使用持续广告法的假设前提是产品市场在不断扩大，消费者购买商品比较频繁，或者该产品属于某种短缺性的、有限的产品。

2. 交叉排期法

在一个较长的广告周期之内，根据广告规模和媒体传播情况，对不同规模的广告相互交叉播出。采取这种方式可以通过这种规格的广告形成互补性冲击。同时，也相应地降低了广告的播出成本。

3. 集中排期法

在一个较长的广告运作周期中，对特定媒体的广告发布只集中在一个相对较短的时期中，以期达到良好的广告效果。集中排其对的使用前提是在这一时期通过集中广告轰炸，形成突破性的市场影响。

4. 间歇排期法

在一个相当长的广告周期中，广告的连续性不是通过不间断来体现的，而是在连续性发布之中，有规律地采取某种间歇，用于强化广告效果。这种方法是连续式广告的折中运用，既避免了持续高强度广告发布所造成的浪费和对受众所形成的过度信息重复，又可以保持广告连续性，有益于广告信息的发挥。

以上四种划分方法只是对媒体排期的一种基本划分。在实际广告运作中，各种形式的排期法很多，但一般都是这几种基本方法的变化和演绎。媒体购买人员除了对媒体排期有一定的了解，还要明确不同媒体的广告单位及其付费成本。在媒体的时程规划中，广告在媒体上的单位规划，如版面、大小以及时间长度等同样也决定着广告的规模，并对广告预算发生重大影响。比如，在报纸媒体中通常是以空间计算的，而在电子媒体中，广告的计量格式是以时间长度来计算的。所以，在实际操作中，广告排期和预算必须考虑到刊播的规模问题。购买人员只有对各种媒体的广告单位及其特性熟练掌握，才能依照媒体计划进入下一步的媒体购买环节。

我们来看这样一个案例：

江南国际广告执行计划

一、背景

1. 江南国际是普洱市中心区一个位置较好的楼盘。

2. 江南国际预计 2010 年 12 月 25 日开盘。目前已经是 8 月下旬，还有 4 个多月时间，但是前期的准备工作还没有具体开展起来，所以策划人员面临时间紧、任务重的情况。

3. 普洱市近一两年来销售楼盘较多，2010 年下半年预计推出楼盘也比较多，竞争激烈。

4. 普洱市近些年来楼盘的主题卖点及炒作概念同质化比较严重，如果我们不能用新的主题卖点和新的概念来包装我们的楼盘，我们的楼盘很难在激烈的竞争中突围。

二、目的

1. 用最少的钱在最适合的媒体释放楼盘信息。

2. 用好的卖点和概念把江南国际和普洱的其他楼盘区分开来。

3. 通过广告吸引目标客户群体以达到促进销售的目的。

三、目标客户

1. 住宅部分：

个体私营老板

国有或事业单位职员

国家机关普通公务员

国有企业或事业单位中层管理人员

民营企业中层管理人员

都市白领阶层

普洱籍外地高收入打工者

经常到普洱出差者

2. 商业部分：

个体私营老板

国有企业或事业单位中层管理人员

民营企业中层管理人员

普洱籍外地高收入打工者

普洱当地储蓄较高的茶农

外地眼光独到的投资者

3. 招商部分：

个体私营老板

普洱当地经营商户

云南省内大型商家

省外大型商家

四、广告主题

总主题：选择江南国际　乐享财富人生

商业主题：江南国际　商赢天下

住宅主题：居中心　得天下

五、整体思路

1. 产品卖点定位性包装

（1）整体：小型城市综合体

城市综合体就是将城市中的商业、办公、居住、旅店、展览、餐饮、会议、文娱和交通等城市生活空间的三项以上进行组合，并在各部分间建立一种相互依存、相互助益的能动关系，从而形成一个多功能、高效率的综合体。

城市综合体基本具备了现代城市的全部功能，所以也被称为"城中之城"。

（2）商业：江南国际 MALL

MALL 指"在毗邻的建筑群中或一个大型建筑物中，许多商店、娱乐设施和餐馆组成的大型零售综合体"。Mall 是中产阶级的一种生活方式，除了购物，它提供娱乐休闲一站式服务。Mall 销售的商品和服务未必是最贵或最新潮的，而往往象征着进入主流社会，但主流却不失其多样性。青少年觉得 Mall 很酷，流连忘返；成年人有事没事也爱逛 Mall，使之成为一种习惯和嗜好。

Mall 常常被冠以各种不同的商业地产概念："动力型 Mall"、"生活型 Mall"、"购物 Mall"、"泛商业 Mall"、"商业广场"、"购物广场"、"购物公园"、"主题购物公园"、"体验商场"……粗略统计一下，以 Mall 为核心开发理念的商业地产概念多达 60 余种。

（3）住宅：酒店式公寓或单身公寓

酒店式公寓是一种提供酒店式管理服务的公寓，集住宅、酒店、会所多功能于一体，具有"自用"和"投资"两大功效，但其本质仍然是公寓。酒店式公寓是一种既吸收了星级酒店较好的服务功能和管理模式，又吸收了住宅、写字楼的某些特点；既可居住，又可办公的综合性很强的物业。

单身公寓的诞生最早是从租赁的市场中出现的，有业主将空置的整幢商品房，经过简单装修后推向房产租赁市场，面向中层收入的白领出租。单身公寓又称白领公寓，是一种过渡型住宅产品，是住宅的一种，一般平均在 25 平方米至 45 平方米左右每套，总价在 30 万元至 40 万元，其结构上的最大特点是只有一间房间,一套厨卫。

近年来根据市场的需求,有些开发商也推出了带厨房的功能更为健全的单身公寓楼盘,有的还建造起了跃层小房型公寓,这种房型不仅在建筑面积方面增大到 50 平方米至 80 平方米,而且在房屋结构方面还增加了厨房、客厅、餐厅、阳台等。

2.广告推广的阶段性划分

第一阶段(8 月底—9 月 20 日)

主要内容:概念性项目卖点 + 售楼部开放信息

第二阶段(9 月 20 日—10 月 20 日)

主要内容:产品实际卖点 + 售卡信息

第三阶段(10 月 20 日—2011 年 1 月 1 日)

主要内容:产品户型卖点 + 开盘信息

六、时间节点

2010 年 9 月 20 日　　　　售楼部开放并接受登记

2010 年 10 月 20 日　　　　VIP 卡公开发售

2011 年 1 月 1 日　　　　江南国际开盘

二、广告媒体选择

根据普洱的特殊地理人文环境特点,考虑到成本的节约,我们推荐以下媒体:

(1)电视广告:推荐普洱电视台以冠名或移动字幕的形式释放信息。

(2)广播广告:推荐"普洱广播电台"。

(3)户外平面广告:推荐机场、火车站附近广告位(根据预算定)。

(4)网络广告:推荐在各 QQ 群及网站论坛上发帖。

(5)短信广告:推荐"手机短信"。

(6)直投广告:推荐制作 DM 直投广告。

(7)流动广告:推荐公交车身广告(根据预算定)。

(8)杂志广告:由于普洱没有知名杂志,可以在昆明《加油周刊》上各发 2 期售卡、开盘和招商广告(根据预算定)。

(9)报纸广告:由于普洱没有知名报纸,可以在昆明《春城晚报》上各发 2 期售卡、开盘和招商广告(根据预算定)。

• 广告媒体执行计划见表 10 – 7,表 10 – 8,表 10 – 9。

表 10 − 7 第一阶段(8 月底至 9 月 20 日)

类别	时间	内容	数量	媒体	备注
户外广告	9 月 1 日	9 月 20 日 江南国际售楼部盛装开放 畅享巅峰财富盛宴 感受幸福精彩人生 时尚领地 钱景无限 缔造商业传奇 引爆财富亮点	4	户外	
报纸广告	9 月 20 日	9 月 20 日 江南国际售楼部盛装开放	整版	春城晚报	参考
	9 月 21 日	9 月 20 日 江南国际售楼部盛装开放	整版	春城晚报	参考
加油周刊	9 月 14 日	9 月 20 日 江南国际售楼部盛装开放	整版	加油周刊	参考
	9 月 21 日	9 月 20 日 江南国际售楼部盛装开放	整版	加油周刊	参考
电视	8 月—9 月 20 日	本节目由江南国际统一冠名	1	冠名	参考
	8 月—9 月 20 日	江南国际售楼部即将于 9 月 20 日盛装开放,接受登记中,诚邀品鉴! 咨询电话:×××	1	移动字幕	参考
电台	8 月—9 月 20 日	江南国际售楼部即将于 9 月 20 日盛装开放,接受登记中,欢迎莅临品鉴! 咨询电话:×××	15 秒	交通电台	参考
围墙	9 月10 日前	畅享巅峰财富盛宴 感受幸福精彩人生 时尚领地 钱景无限 缔造商业传奇 引爆财富亮点 买到就是赚到 眼光决定财富 传世领地,商脉策源 优势汇聚,财富之都 雄踞城市核心 容纳八方财富 全新财富领地 璀璨购物天堂 9 月 20 日 江南国际售楼部盛装开放 财富热线:××× 招商热线:×××	8	围墙	
道旗	9 月10 日	畅享巅峰财富盛宴 感受幸福精彩人生 时尚领地 钱景无限 缔造商业传奇 引爆财富亮点 买到就是赚到 眼光决定财富 传世领地,商脉策源 优势汇聚,财富之都 雄踞城市核心 容纳八方财富 全新财富领地 璀璨购物天堂 9 月 20 日 江南国际售楼部盛装开放 财富热线:××× 招商热线:×××	8	道旗	

续表 10 - 7

类别	时间	内容	数量	媒体	备注
公交车身	8 月—9 月 20 日	9 月 20 日 江南国际售楼部盛装开放		公交车身	参考
DM 单	9 月 15 日	概念性卖点 + 售楼部开放信息	1 万		
短信	9 月 10 日	江南国际售楼部即将于 9 月 20 日盛装开放，接受登记中，欢迎莅临品鉴！ 咨询电话：×××	20000		

表 10 - 8　第二阶段（9 月 20 日至 10 月 20 日）

类别	时间	内容	数量	媒体	备注
户外广告	10 月 1 日	10 月 20 日　江南国际 VIP 卡公开发售 繁华都市新天地　得意人生新起点 黄金地段　财富恒久 高额投资回报　投资有"金"无险	4	户外	
报纸广告	9 月 20 日—10 月 20 日	江南国际 VIP 卡公开发售中	整版	春城晚报	参考
	9 月 20 日—10 月 20 日	江南国际 VIP 卡公开发售中	整版	春城晚报	参考
加油周刊	9 月 20 日—10 月 20 日	江南国际 VIP 卡公开发售中	整版	加油周刊	参考
	9 月 20 日—10 月 20 日	江南国际 VIP 卡公开发售中	整版	加油周刊	参考
电视	9 月 20 日—10 月 20 日	××××节目由江南国际冠名播出	1	冠名	参考
	9 月 20 日—10 月 20 日	江南国际 VIP 卡于 10 月 20 日公开发售，购卡客户开盘最高可享受 5% 优惠，诚邀莅临品鉴！咨询电话：	1	移动字幕	参考
电台	9 月 20 日—10 月 20 日	江南国际 VIP 卡于 10 月 20 日公开发售，购卡客户开盘最高可享受 5% 优惠，诚邀莅临品鉴！咨询电话：	30 秒	交通电台	参考

续表 10 - 8

类别	时间	内容	数量	媒体	备注
围墙	10 月 1 日	繁华都市新天地　得意人生新起点 黄金地段　财富恒久 一铺在手　终身无忧 （资江南国际　下一个百万富翁就是你） 绝版商业旺地　江南国际与您共赴财富盛宴 入主江南国际　把握未来商脉之源 高额投资回报　投资有金无险 投资江南国际　一席赚尽天下财 新中心，新财富，新生活，新潮流 10 月 20 日　江南国际 VIP 卡公开发售中 财富热线：×××　招商热线：×××	8	围墙	
道旗	10 月 1 日	繁华都市新天地　得意人生新起点 黄金地段　财富恒久 一铺在手　终身无忧 （资江南国际　下一个百万富翁就是你） 绝版商业旺地　江南国际与您共赴财富盛宴 入主江南国际　把握未来商脉之源 高额投资回报　投资有金无险 投资江南国际　一席赚尽天下财 新中心，新财富，新生活，新潮流 10 月 20 日　江南国际售楼 VIP 卡公开发售 财富热线：×××　招商热线：×××	8	道旗	
公交车身	9 月 20 日—10 月 20 日	10 月 20 日 江南国际 VIP 卡公开发售 选择江南国际，乐享财富人生		公交车身	参考
DM 单	10 月 15 日	产品实际卖点 + 售卡信息	5 万		
短信	10 月 10 日	江南国际 VIP 卡于 10 月 20 日公开发售，购卡客户开盘最高可享受 5% 优惠，诚邀莅临品鉴！咨询电话：×××	20000		

表10－9　第三阶段(10月20日至2011年1月1日)

类别	时间	内容	数量	媒体	备注
户外广告	12月1日	选择江南国际　乐享财富人生 ——2011年1月1日江南国际盛大开盘 亿万财富问鼎茶城　江南国际独领风骚 都市巅峰财富席位　无限钱景傲视天下 江南国际　开启普洱百年财富之源	4	户外	
报纸广告	10月20日—2011年1月1日	2011年1月1日　江南国际盛大开盘	整版	春城晚报	参考
	10月20日—2011年1月1日	2011年1月1日　江南国际盛大开盘	整版	春城晚报	参考
加油周刊	10月20日—2011年1月1日	2011年1月1日　江南国际盛大开盘	整版	加油周刊	参考
	10月20日—2011年1月1日	2011年1月1日　江南国际盛大开盘	整版	加油周刊	参考
电视	10月20日—2011年1月1日	×××节目由江南国际冠名播出	1	冠名	参考
	10月20日—2011年1月1日	"选择江南国际，乐享财富人生"。江南国际即将于2011年1月1日盛大开盘，住宅30～100平米户型，商业5～100平米户型，诚邀莅临品鉴！咨询电话：×××	1	移动字幕	参考
电台	10月20日—2011年1月1日	"选择江南国际，乐享财富人生"。江南国际即将于2011年1月1日盛大开盘，住宅30～100平米户型，商业5～100平米户型，诚邀莅临品鉴！咨询电话：×××	30秒	交通电台	参考
围墙	12月1日	亿万财富问鼎茶城　江南国际独领风骚 都市巅峰财富席位　无限钱景傲视天下 江南国际　开启普洱百年财富之源 坐享财富金矿　挑战收益极限 高额投资回报　投资有金无险 黄金街铺雷霆登场　激情分享财富盛宴 黄金旺铺　虚席以待 选择江南国际　乐享财富人生 2011年1月1日　江南国际盛大开盘 财富热线：×××　招商热线：×××	8	围墙	

续表 10 - 9

类别	时间	内容	数量	媒体	备注
道旗	12 月 1 日	亿万财富问鼎茶城　江南国际独领风骚 都市巅峰财富席位　无限钱景傲视天下 江南国际　开启普洱百年财富之源 坐享财富金矿　挑战收益极限 高额投资回报　投资有金无险 黄金街铺雷霆登场　激情分享财富盛宴 黄金旺铺　虚席以待 选择江南国际　乐享财富人生 2011 年 1 月 1 日　江南国际盛大开盘 财富热线：×××　招商热线：×××	8	道旗	
公交车身	10 月 20 日—2011 年 1 月 1 日	2011 年 1 月 1 日　江南国际盛大开盘 黄金旺铺　虚位以待		公交车身	参考
DM 单	12 月 1 日	户型卖点 + 开盘信息	5 万	DM 单	
短信	12 月 20 日	"选择江南国际，乐享财富人生"。江南国际即将于 2011 年 1 月 1 日盛大开盘，住宅 30 ~ 100 平米户型，商业 5 ~ 100 平米户型，诚邀莅临品鉴！咨询电话：×××	20000	短信平台	

- 人员安排
- 广告预算（略）
- 小结

（1）本计划主要针对江南国际的广告推广。

（2）本广告计划本着用最少的钱做最好的传播的原则。

（3）由于版面限制，媒体广告部分仅提供标题参考。

（4）本广告计划中的时间安排及内容信息仅供参考，具体操作执行时可做适当调整。

三、媒体的购买

规范的广告媒体购买一般通过广告代理公司进行，即广告主委托广告代理公司代为向媒体订购广告单位并负责广告刊播及监测。这一点在一些执行广告代理制的国家已十分普遍，但在我国，由于广告代理制尚未全面实施，一部分广告媒体购买仍由广告主自己进行。在广告媒体购买过程中应根据产品的需要以及目标市场的特点采取不同的购买策略。

1. 充分发挥媒体广告效益，巧妙运用非黄金时段资源

由于媒体时空的差异，导致了媒体广告单位价格的不同。一般认为，黄金时段具有较高的收视率和受众注意程度，在该时段投放广告的效果也应较高。但如果涉及具体的产品，则要根据媒体节目安排和受众特性加以分析，有时也能达到甚至超过黄金时段所产生的广告效果。例如，1994 年娃哈哈果奶欲在上海东方电视台播放广告，当时有关代理建议在黄金时段播出，但经过权衡，公司放弃另外在黄金时段播出广告的打算，并改为在被认为是非黄金时段的 19 点 45 分播出，其中最重要的一个原因是这个时间正是孩子们放学回家之后在电视机前收看动画片的时间，与产品及目标对象相吻合。此外，这个时段的费用是黄金时段的 50%。此举不仅很好地发挥了广告的效用，还大大节省了广告费用。

2. 注意集中购买的优势

广告公司在进行媒体购买时应尽可能争取集中购买，它不仅有费用上的优势，还能获取付费上的灵活。现在虽然大多数媒体都已制定了固定的价格标准，但实际上，媒体的广告收费标准并不是一成不变的。媒体购买人员在与媒体进行谈判时，要参考当时以及相当一个时期的广告供需情况。当要投放的广告数量较大时，媒体优惠是必然的。现在许多具有实力的广告代理公司，其主要的工作就是进行媒体广告的集中购买和代理。如传力媒体、实力媒体、美铭传播等。

3. 特约广告和贴片广告

特约广告是对某一媒体栏目前后广告实行特别购买，或者是随着一类节目进行播出。随着媒体协作中对电视节目资源的共同运用，以及节目制作中经营机制的引入，一种固定的电视贴片广告也十分普及。这种广告通常是随着某一节目的交流，在不同地区的不同媒体上进行播出。作为一种特别约定，贴片广告是与电视节目成为一体的。这种广告成本相对较低，对于那些要求高暴露率，产品营销空间较大，又有统一广告规划的公司比较有利。与此类似的还有一些比赛赞助、晚会协办之类的广告活动都具有特别的意义。

四、媒体的监测

广告在媒体投放以后，便进入了对媒体的监测阶段。媒体购买人员需要通过对媒体刊播质量、广告投放数量、目标受众的情况、媒体投放目标的实

现程度等各项指标进行调查与研究，以此分析媒体战略及媒体计划的实施情况并对其进行弥补和应急处理，以确保广告预期目标的实现。例如，在电视媒体中，由于媒体方面的客观原因，如技术问题造成的对广告发布排期的调整，或是广告的漏播、错播，都会对广告信息的传播造成障碍。在这种情况下，就需要媒体企划人员对媒体实施及时有效的监测，并及时作出调整和补救措施，以避免不必要的传播不畅，确保广告效果。

复习思考题

1. 媒体计划的实施步骤有哪些？
2. 撰写媒体计划书的结构是什么？

实践训练题

试分析 Lee's 牛仔裤媒体执行

1950 年，美国第一大牛仔品牌 Lee's 的销售额是 200 万美元，而到 1975 年，销售额已达到 10 亿美元。巨额利润吸引了众多竞争者，在激烈的市场竞争中，Lee's 牌牛仔脱颖而出，一跃成为美国牛仔服第二大品牌，并在市场上备受女性青睐，无人匹敌。在美国，当问及女性消费者下一次购买牛仔服会是什么品牌时，40% 的女性会说是 Lee's。到 1992 年，在牛仔服装市场疲软、销售额下降 2% 的情况下，Lee's 公司却比上年增长了 38.4%，市场占有率增加了 7.6%；同期，该公司最大的竞争对手 Lee's 的市场份额却下降了 17 个百分点。到 1992 年 8 月，Lee's 牛仔服的市场份额达到了 20%。更重要的是，Lee's 公司的领导发现，Lee's 的消费者有极大的品牌忠诚度，他们预测，现在的这些消费者即使将来老了，也会继续穿 Lee's 牌牛仔服。

"最贴身的牛仔"，是 Lee 的经典广告文案。一个"贴"字，将 Lee's 与众不同的特点表达得淋漓尽致。

曲线牛仔："贴"近目标市场

在美国，第一大牛仔品牌 Levis 的目标消费群是男性。使得问世百年以来，牛仔服也一直被公认为是男性服装，所以女性市场被大大忽略。晚它近 40 年的 Lee's 能迅速成为第二品牌，制胜法宝之一，就是正确的定位。Lee's 抓住女性市场这一主体——对 25～44 岁的女性定性研究表明，牛仔是她们青春的见证，而"贴身"是她们最关心的。多数女性需要的是腰部和臀部都很合身且活动自如的牛仔服，据测，她们平均要试穿 16 件牛仔裤才能找到一件称心如意的。于是，Lee's 聪明地定位于此。在设计上一改传统的直线裁剪，突出女性的身材和线条，并专为这些女性开发出一种五兜夹克服，其代表产品是"休闲骑士"牌（Relaxed Rider）。曲线的牛仔迎合了女性的审美心理，这一创新可以说是服装业的一次革命，而这一创意也为 Lee's 的成功奠定了基础。

广告创意焦点：Fit

为了打开女性市场，公司决定寻找一家广告公司帮助宣传，经过筛选，Lee's 公司在 1986 年指定弗仑（Fallon）广告公司作为其广告代理商。

美国著名广告大师雷斯在 20 世纪 50 年代提出了一个具有广泛影响的 USP 广告创意策略理论，即独特的销售主张。弗仑广告公司为 Lee's 所做的广告就是建立在 USP 的理论基础上。"最贴身的牛仔"（the brand that fits），就是其经典广告文案，寥寥几字却独具匠心。"贴"（Fit）将 Lee's 的创意焦点淋漓尽致地表现出来。其他厂商大多采用说服性广告，要么宣传自己的品牌"领导潮流"，要么说自己的产品"最漂亮"等等，词藻华丽，内容空洞。而 Lee's 的广告抓住"贴身"这一诉求点，充分体现 Lee's 恰到好处的贴身和穿脱自如，表现 Lee's 的与众不同。

以"最贴身的牛仔"为主题，弗仑制作了第一个电视广告片。在片中描述一些妇女们因穿不合适的牛仔服而很费力的情景，然后表现了 Lee's 牛仔恰到好处的贴身，穿脱自如。印刷媒体广告也宣传了这一主题。

创意改变，陷入误区

Lee's 的广告仅播出很短的时间，便遭到中间商，特别是零售商的批评。他们自恃更了解消费者心理，认为消费者要购买的是时装，大多数牛仔服广告，也的确在宣传产品的时尚和品位，而 Lee's 的广告避开时尚，宣传"贴身"。他们认为 Lee's 的广告主题太陈旧，表现手法太理性和迂腐。Lee's 公司接受了这一意见，将其目标重新定位于 18～34 岁的年轻女性，并要求弗仑重新制作新潮导向的广告。弗仑运用创造性手法在广告中淋漓尽致地渲染了时髦的色彩。这则广告播出后，获得了中间商的赞誉。但是当时一些市场研究公司断言：Lee's 的广告走入误区。从创意角度看，这的确是生动的作品，而其失败之处也在于这种随波逐流的广告，没能准确地把握 Lee's 的个性，不能与其他竞争品牌很好的区分，因此不能显示 Lee's 的鲜明特色。果然，这则广告在媒体上使用了两年，而 Lee's 牛仔的销售却陷入困境。

研究市场，寻求答案

结论：第一，这些女性消费者对牛仔服装情有独钟。她们情愿将那些自已曾经穿过而现在已经过时，或者不再合身的牛仔服珍藏多年。这些女性之所以对牛仔服充满眷恋，是因为她们是穿牛仔长大的，牛仔是她们青春的见证。穿牛仔服是她们这代人的象征。第二，是否贴身是这些女性最关心的。大多数女性都需要腰部和臀部很贴身，且活动自如的牛仔。结果，她们对买到称心的牛仔已失去信心，她们不再专门为买牛仔而试穿。第三，女性倾向于依据使用场合，而不是以品牌将牛仔服装分类。一些女性需要打扮一番时才穿牛仔，而另一些却是在下班休闲时才会穿，还有些人将牛仔视为日常穿着。第四，这些女性认为，Lee's代表"一种精心的、安全的、货真价实的品牌"。

重返"Fit"

依据上述研究，弗仑采取的策略是：①重新建立起USP的广告创意策略，仍将广告创意焦点定于"最贴身的牛仔"。②钊对研究中所发现的妇女与牛仔之间的感情联系，广告诉求也就不能再用纯理性手法。

要真正走入女性的生活，去叩响女性的心弦。就要以感性手法去表达理性的USP的诉求。弗仑公司重新制作Lee's的电视广告片，当中描绘了一个30岁左右的妇女费力地穿脱各种牛仔服，最后穿上Lee's。当然，只有Lee's最贴身。尽管一些玩世不恭的人责问如果Lee's总是那么合身的话，为什么电视中的女模特不一上来就先穿上Lee's？但不管怎么说，该广告提供的信息还是被观众有效地接受了。

成功的媒体策略

为了有效占领市场，Lee's使用了媒体组合广告。在电视上，公司买下周三至周末晚上9点至11点半收视率最高的时间段播放权。

平面广告兼有双重功能，既沟通消费者又沟通中间商。为了加强这种功能，公司在三类不同的刊物上登了广告：

（1）时髦类——《艾丽》、《魅力》、《时装》；

（2）娱乐类——《周末娱乐》、《人》；

（3）日常生活类——《乡村生活》、《消费指南》。较宽的广告范围保证了覆盖率。

参考文献

［1］郭庆光. 传播学教程. 北京：中国人民大学出版社, 1999

［2］方汉奇. 中国新闻事业通史. 北京：中国人民大学出版社, 1992

［3］丁俊杰. 现代广告通论. 中国物价出版社, 1997

［4］陈刚. 新媒体与广告. 中国轻工业出版社, 2002

［5］陈培爱. 中外广告史. 中国物价出版社, 1997

［6］孙有为. 广告学. 世界知识出版社, 1991

［7］孙有为. 整体广告策划. 世界知识出版社, 1991

［8］［美］丹·E·舒尔茨等. 广告运动策略新论. 中国友谊出版社公司, 1994

［9］［日］仁科贞文. 广告心理学. 中国友谊出版公司, 1994

［10］［美］吉·苏尔马尼克. 广告媒体研究. 中国友谊出版公司, 1994

［11］［美］大卫·奥克威. 一个广告人的自白. 中国友谊出版公司, 1994

［12］［加］马歇尔·麦克卢汉. 理解媒介. 商务印书馆, 2003

［13］［美］马克·波斯特. 第二媒介时代. 南京大学出版社, 2001

［14］［美］雪莉·贝尔吉. 媒体与冲击. 东北财经大学出版社, 2000

［15］［美］丹·E·舒尔茨等. 整合营销传播. 中国物价出版社, 2002

［16］朝阳堂. Media 媒体计划——理论与运作. 朝阳堂广告丛书, 1991

［17］曾淑慧编译. 日本最新广告战略研究. 台北故乡出版社, 1988

［18］马煤超. 广告心理——广告人对消费行为的心理把握. 中国物价出版社, 1997

［19］陈俊良. 广告媒体研究——当代广告媒体的选择依据. 中国物价出版社, 1997

［20］徐智明, 高志宏. 广告策划. 中国物价出版社, 1997

［21］周建梅, 路盛章, 董立津. 电波广告·平面广告——四大媒体广告的实际创作. 中国物价出版社, 1997

［22］刘超. 广告媒体策略. 中国建筑工业出版社 2008

［23］［美］David Meerman Scott . 新规则用社会化媒体做营销和公关. 机械工业出版社, 2011

［24］喻国明. 拐点中的传媒抉择. 经济日报出版社, 2007

［25］纪华强. 广告媒体策划. 复旦大学出版社, 2003

［26］夏琼. 广告媒体. 武汉大学出版社, 2002

［27］江帆. 广告媒体策略. 浙江大学出版社, 2004

［28］刘友林, 熊比玲, 刘志华等. 网络广告实务. 中国广告电视出版社, 2003

［29］张海鹰, 腾谦. 网络传播概论. 复旦大学出版社, 2001

［30］周亦龙. 媒体的做点. 企业管理出版社, 1999

［31］何辉编著. 当代广告学教学. 北京广播学院出版社, 2004

［32］蒋原伦. 媒体文化与消费. 中央编译出版社, 2004

图书在版编目(CIP)数据

广告媒体运作/蔡学平,董旭,宋蓓蓓主编.
—长沙:中南大学出版社,2013.1
ISBN 978-7-5487-0775-2

Ⅰ.广... Ⅱ.①蔡...②董...③宋... Ⅲ.广告学－教材
Ⅳ.F713.81

中国版本图书馆 CIP 数据核字(2013)第 018008 号

广 告 媒 体 运 作

主编 蔡学平 董 旭 宋蓓蓓

□责任编辑	彭亚非	
□责任印制	易红卫	
□出版发行	中南大学出版社	
	社址:长沙市麓山南路 邮编:410083	
	发行科电话:0731-88876770	
	传真:0731-88710482	
□印　　装	长沙印通印刷有限公司	

□开　　本	730×960 1/16	□印张 14	□字数 246 千字
□版　　次	2013 年 1 月第 1 版		□2017 年 1 月第 2 次印刷
□书　　号	ISBN 978-7-5487-0775-2		
□定　　价	30.00 元		